高等职业院校“双高计划”建设教材

“十四五”高等职业教育财经商贸类系列教材

网络营销

主　编◎侯彦明　田英伟

副主编◎赵　磊　唐　悦　邱　月

中国铁道出版社有限公司

CHINA RAILWAY PUBLISHING HOUSE CO., LTD.

内 容 简 介

本书从实战出发，以理论与实践的有机结合为基本原则，力求充分体现网络营销教材的前沿性、实用性与创新性。全书共分 4 个项目 16 个任务，介绍了网络调研方法、网络营销策略（包含网络产品策略、网络价格策略和网络促销策略），着重讲解网络营销的策划与实施，以帮助读者达成学以致用的目的，最后介绍了网络营销的效果评估，以便读者能够根据最终效果，改进和提高网络营销技能。

本书适合作为高等职业院校电子商务、信息管理、市场营销、工商管理等专业的教材，也可供企业工作人员学习。

图书在版编目（CIP）数据

网络营销 / 侯彦明，田英伟主编 . — 北京：中国铁道出版社有限公司，2024.5

高等职业院校“双高计划”建设教材　“十四五”高等职业教育财经商贸类系列教材

ISBN 978-7-113-30943-5

Ⅰ. ①网…　Ⅱ. ①侯… ②田…　Ⅲ. ①网络营销 – 高等职业教育 – 教材　Ⅳ. ① F713.365.2

中国国家版本馆 CIP 数据核字（2024）第 018792 号

书　　名：**网络营销**

作　　者：侯彦明　田英伟

策　　划：潘星泉　　编辑部电话：（010）51873090

责任编辑：潘星泉　闫钇汛

封面设计：高博越

责任校对：刘　畅

责任印制：樊启鹏

出版发行：中国铁道出版社有限公司（100054，北京市西城区右安门西街 8 号）

网　　址：http://www.tdpress.com/51eds/

印　　刷：北京联兴盛业印刷股份有限公司

版　　次：2024 年 5 月第 1 版　2024 年 5 月第 1 次印刷

开　　本：787 mm×1 092 mm 1/16　**印张**：14.75　**字数**：345 千

书　　号：ISBN 978-7-113-30943-5

定　　价：55.00 元

前　　言

当今时代已迈入数智时代，网络已渗透社会、经济生活中的各个领域，在这样一个网络环境下，电子商务得到了众多企业的重视、认可和应用。网络营销这门伴随着电子商务和网络市场而诞生的带有很强实践性的课程，已经越来越受到重视和应用。

本书从网络市场分析、网络营销策略、网络营销策划与实施、网络营销效果评估四个着力点入手，突出了学生技能的培养，通过融入企业家精神，引导学生转换角色，达成学以致用、知行合一的目的。

本书作为新形态教材，其主要特色如下：其一，全面性。通过本书学习可以全面了解及掌握网络营销的思想、思维与方法，以及应用与实施。其二，实用性。本书内容由课程团队经过市场调查及企业实际需要选取，内容具有很强的针对性与实用性。其三，前瞻性。考虑互联网发展迅速，网络工具会不断衍生，本书内容在设计时非常注重营销思维与理念的传达，知识与内容具有很强的迁移性。其四，思政融入。通过案例及附加资源将课程思政要素融入本书，培养学生爱国、爱岗敬业的思想情怀。其五，在书中设计了任务单、执行单、评价单等，以方便学生进行操作和评价。

本书由侯彦明和田英伟担任主编，赵磊、唐悦、邱月担任副主编。具体分工如下：侯彦明负责编写项目四任务一；田英伟负责编写项目二任务三，项目三任务七、任务八，项目四任务二；赵磊负责编写项目一任务三，项目二任务一，项目三任务三、任务五、任务六；唐悦负责编写项目一任务二，项目二任务二、任务四，项目三任务四；邱月负责编写项目一任务一、任务四，项目三任务一、任务二。全书由侯彦明统稿和定稿。

由于时间仓促，加之编者水平有限，书中不足之处在所难免，恳请读者提出宝贵意见，以使本书不断完善。读者可将意见发送至作者邮箱：tianyingwei@163.com。

编　者

2023 年 5 月

目　录

项目一　网络市场分析

【知识目标】

1. 理解网络市场分析的含义，掌握调查问卷的设计要点。
2. 了解网络营销环境的概念。
3. 掌握网络调研的常用方法。
4. 了解网络消费者购买行为及网络消费者购买决策过程。

【能力目标】

1. 能够开展网络市场调研及网络市场分析。
2. 能够独立完成调查问卷的设计，并能够结合调查结果进行初步分析。
3. 掌握网络消费者群体特征，能够分析网络消费者购买行为。

【素质目标】

1. 加强大学生动手实践能力培养，激发其学习的主观能动性。
2. 培养学生积极主动解决问题的能力。
3. 培养学生自主、探究、合作及创新精神。

任务一　网络调研

子任务一　网络问卷设计

【引导案例】

当奶茶不再只作为一种解渴的饮料，而成为一种当代大学生的生活方式时，各种品牌的奶茶店相继选址在大学校园附近，而由此引发的市场竞争也越来越激烈。那么到底为什么奶茶能如此吸引消费者呢?

为此，某调研小组开展了调查大学校园周边奶茶市场的计划，同时以调查问卷的形式，具体调研奶茶店在校园及周边的市场竞争地位及优劣势。

以下是相关情况介绍：

首先，从整体来看，将传统奶茶与传统文化融为一体，为消费者提供更健康、更具活力的特色饮品，其前景还是比较乐观的。

为了满足人们对于奶茶的需求，调研小组计划针对人们对奶茶的不同需求做一次调查。每个人对奶茶的需求因素，如杯型、环境、价格等都不一样，调研的目的是为广大消费者提供想要的风格与味道。

结合案例，结合其调研计划，试探讨该调研小组可以从哪些方面进行奶茶店的问卷调查设计？

【任务分析】

通过本节任务，结合实际情况设计两份网上问卷调查表，并学会网络问卷调查的方法和技巧。其任务背景如下：

（1）设计大学生网络购物满意度调查表内容。其序言部分如下：

亲爱的朋友：您好！首先非常感谢您抽出宝贵时间参与此次调查，本问卷主要调研影响大学生网络购物满意度因素有哪些，从而为网络购物平台提供商提供改善大学生满意度的建议。本问卷仅供学术研究分析之用，您所提供的材料将不对外公开，敬请放心填答！再次感谢您的真诚参与，您的协助将会使本研究更有价值！

（2）设计一份潜在用户的问卷调查表。先分析产品特点、消费对象等，然后设计一份问卷调查表。下面是亚布力滑雪旅游度假区潜在客源市场调查表的摘要。

亚布力滑雪旅游度假区潜在客源市场调查与研究摘要：亚布力滑雪旅游度假区拥有世界级滑雪场，但近年来经营状况出现滑坡现象。本文针对此情况，在实地调查基础上，分析了亚布力滑雪旅游度假区潜在客源市场特征，得出其四季旅游产品开发市场潜力巨大；在分析外来游客及市民前往亚布力滑雪旅游度假区旅游意向的基础上，最后提出激活其潜在客源市场的几点建议。

关键词：亚布力；旅游度假区；潜在客源市场；调查与研究

【任务操作】

1. 创建问卷

打开“问卷星”网站首页，单击“免费使用”按钮进行注册，注册完成后使用账号登录网站，创建问卷，选择调查。

2. 填写问卷标题

问卷标题包含与调查主题相关的关键词，这些关键词具有一定的专业性，使被调查者通过标题就可以了解调查目的和基本内容。在“问卷星”中输入问卷标题后，有两种方法可以创建问卷：一是可以选择通过别人的模板创建；二是可以选择文本导入，自由编辑，自动生成问卷。

3. 添加问卷说明

问卷说明可简述调查的目的及意义，明确被调查人的隐私保护范畴，必要时可留下调查者的姓名和联系方式，还可以通过一些言语激发用户填写问卷的积极性。问卷星填加说明界面如图 1-1-1 所示，可将本任务中的问卷序言填入问卷说明中。

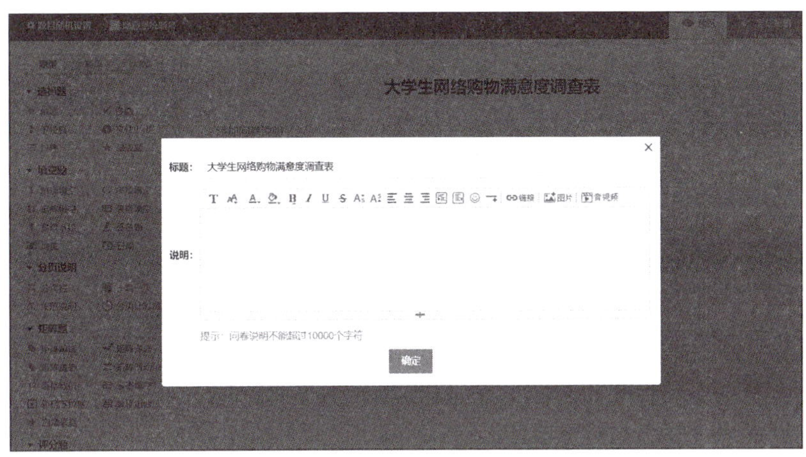

图1-1-1　问卷星添加说明界面

4. 设计调查内容

在设计问卷前，应尽可能多地了解相关资料，明确调查目的以及期望获得的调查结果和信息，确定调查研究对象。然后根据调查目的设计问卷题目，问卷选项要从调查所期望的结果及被调查者两个角度考虑。问卷内容应保持精简，问卷题目最多不要超过 20 个（建议 6 ~ 10 个问题）。问卷星批量添加页面如图 1-1-2 所示。

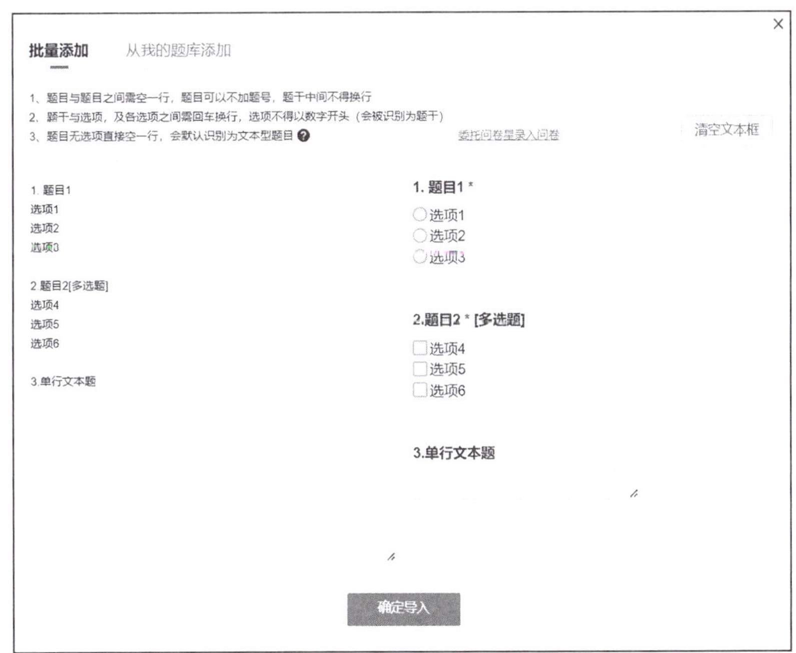

图1-1-2　问卷星批量添加页面

5. 设计问卷、发送问卷、分析下载问卷

图 1-1-3 至图 1-1-5 所示分别为问卷星问卷设置界面、发送问卷界面及问卷链接与二维码生成界面。

图1-1-3　问卷星设置界面

图1-1-4　问卷星发送问卷界面

图1-1-5　问卷星链接与二维码界面

【任务小结】

本任务主要是对网络问卷设计的调查方法进行了介绍，通过具体问卷的设计案例实操，帮助读者熟练掌握调查问卷的设计方法，理解调查问卷设计的步骤及方法，进而在此基础上，完成调查问卷的设计。

【思考与练习】

1. 请简述支持在线调查问卷设计的网站有哪些？

2. 调查问卷包含哪几个部分？

3. 结合所学知识，查找一份调查问卷设计案例，并分析其问卷设计上是否存在相关问题。

子任务二　网络调研方法

【引导案例】

男人长胡子，因而要刮胡子；女人不长胡子，自然也就不必刮胡子。然而，美国的吉列公司却把“刮胡刀”推销给女人，居然大获成功。吉列公司创建于1901年，其产品因使男人刮胡子变得方便、舒适、安全而大受欢迎。进入20世纪70年代，吉列公司的销售额已达20亿美元，成为世界著名的跨国公司。然而吉列公司的领导者并不满足于此，而是想方设法继续拓展市场，争取更多用户。在1974年，公司提出了面向女性的专用“刮毛刀”。这一决策看似荒谬，却是建立在坚实可靠的基础之上的。

吉列公司先用一年的时间进行了周密的市场调研，发现在美国30岁以上的女性中，有65%的人为保持美好形象，要定期刮除腿毛和腋毛。这些女性之中，除使用电动刮胡刀和脱毛剂之外，主要靠购买各种男用刮胡刀来满足此项需要，一年在这方面的花费高达7 500万美元。相比之下，美国女性一年花在眉笔和眼影上的钱仅有6 300万美元、染发剂5 500万美元。毫无疑问，这是一个极有潜力的市场。

根据调研结果，吉列公司精心设计了新产品，它的刀头部分和男用刮胡刀并无两样，采用一次性使用的双层刀片，但是刀架则选用了色彩鲜艳的塑料，并将握柄改为弧形以利于女性使用，握柄上还印压了一朵雏菊图案。这样一来，新产品立即显示了女性的特点。为了使雏菊刮毛刀迅速占领市场，吉列公司还拟定几种不同的“定位观念”到消费者之中征求意见。这些定位观念包括：突出刮毛刀的“双刀刮毛”；突出其创造性的“完全适合女性需求”；强调价格的“不到50美分”；表明产品使用安全的“不伤玉腿”；等等。

最后，公司采纳了多数女性的意见，选择了“不伤玉腿”作为推销时突出的重点，刊登广告进行刻意宣传。结果，雏菊刮毛刀一炮打响，迅速畅销全球。

思考：

1. 为什么吉列公司的女士“刮毛刀”能够迅速占领市场？

2. 结合案例分析，吉列公司开展了哪些方面的市场调研？

【任务分析】

网络市场调研是指企业利用互联网作为沟通和了解信息的工具，对消费者、竞争者及整体市场环境等与营销有关的数据系统进行调查分析研究。这些相关的数据包括顾客需求、市场机会、竞争对手、行业潮流、分销渠道以及战略合作伙伴方面的情况。网络市场调研与传统的市场调研相比有着无可比拟的优势，如调研费用低、效率高、调查数据处理方便、不受时间地点的限制。因此网络市场调研称为网络时代企业进行市场调研的主要手段。

【任务操作】

1. 网络市场直接调研的方法步骤

（1）确定要调研的目标市场。

（2）识别目标市场中要加以调研的讨论组。

（3）确定可以讨论或者准备讨论的具体话题。

（4）登录相应的讨论组，通过过滤系统发现有用的信息，或创建新的话题让大家讨论，从而获得有用的信息。具体地说，目标市场可以向讨论组的参与者查询其相关名录，还应该注意查阅讨论组上的常见问题，以便确定能否根据名录来进行市场调研。

2. 网络市场间接调研方法步骤

请大家按照如下方法，搜集关于关键词“电子商务”相关资料，具体步骤如下：

1）利用搜索引擎查找相关资料

在 PC 端打开百度指数网页，在其中搜索“电子商务”关键词，查看趋势研究、人群画像等，简单说一下你有哪些发现。同时可以打开巨量算数指数网页，通过关键词搜索，查看关于“电子商务”的相关话题，看看有哪些新的发现。

2）访问相关的网站搜集资料

查找有关“电子商务”的相关网站，可以直接访问这些网站获得相关资料。

3）利用相关的网上数据库查找资料

查找网上有哪些数据库资源平台，查看自己学校是否有免费的文献数据库资源，并在免费文献信息型数据库资源中下载关于“电子商务”的相关资料。

【任务小结】

本任务主要是对网络调研方法进行了介绍，通过网络调研方法的实操案例，帮助读者理解网络调研的方法与步骤，进而在此基础上，完成基础调研数据的搜集。

【思考与练习】

1. 请阐述网络调研方法有哪些？
2. 问卷调查法属于网络调研方法的哪一种？
3. 试论述网络市场调研的步骤和方法。

子任务三　网络调研程序

【引导案例】

艾瑞市场咨询（iResearch）成立于 2002 年。iResearch 专 注于对网络媒体、电子商务、网络游戏、网络广告、无线增值等新经济领域消费者行为的深入了解和研究，并为网络行业客户及传统行业客户提供市场调查研究和战略咨询服务。iResearch 目前的主要服务产品有 iAdTracker（网络广告监测分析系统）、iUserSurvey（网络用户调研分析）、iDataCenter（网络行业研究数据中心）等。

iUserSurvey 是针对网络用户的一种网络调研分析服务，至今已拥有 200 万有效网民样本库和一套完整的针对网络用户的调研分析系统，该系统可以根据网民的不同特性进行深入的调研和分析，同时支持网上联机调查及 E-mail 调研。其开放性的客户调研后台，更可以协助客户定制分析数据。

iUserSurvey 问卷流程由程序判断，在实行跳转、循环等步骤时，将比传统的调研方式更为科学严谨，iUserSurvey 凭借多年在互联网上进行网民调研所累积下来的经验，已经开发了一套针对中国网民的调研方法，包括调研问卷的设计、寻找合适的样本群，以及制定科学的样本回收机制。它能安全、有效地帮助客户达到调研目的，发现市场契机，找出自身问题，以便客户掌握自己在所在市场的地位。

结合案例分析：艾瑞市场咨询中 iUserSurvey（网络用户调研分析）产品是如何进行调研的？

【任务分析】

网络市场调研与传统的市场调研一样，应遵循一定的方法与步骤，以保证调研的质量，网络市场调研一般包括以下几个步骤：①明确问题与调研目标；②制定调查计划；③确认调查手段；④收集信息；⑤分析信息；⑥提交报告。

【任务操作】

（1）选定满意度调查主体。

（2）阅读二手材料和进行一手材料的收集整理，得到初步的关于公司的概况，以备后面要进行的焦点小组座谈和问卷的设计。

（3）进行有效的焦点小组座谈，形成一份初步的调查问卷表。

（4）通过电话调研软件，对一部分消费者进行电话调研访问，收集信息。

（5）通过网络问卷收集信息。

（6）对收集的数据进行分析，最终得出有效的满意度测评分析。

（7）结合满意度调查发现的问题，提出改进建议。

【知识扩展】

1. 调研问卷的设计过程

（1）准确界定调研问题

调研问卷要求如实、有效、简洁和完备。如实就是要客观地反映调研主题和访问事实；有效就是要求每个问句都必须有助于调研结果的实现，不能出现任何无效的问句；简洁是问句用语和问卷结构的必然特征，但简洁不表示可以遗漏；完备的问题项和必备的答案项是调研问卷的重要特征。

（2）搜集问卷设计的相关资料

根据界定的需调研的问题搜集相关资料。

（3）规范而完整的调研问卷的组织结构

①眉头部分。一般由问卷名称、问卷编号、调查组织名称、城市编号、访问员、问卷复核人等信息组成。

②开场白 / 介绍。开场白 / 介绍是由访问员读出的或印在问卷上的调研情况的说明部分（介绍），一般包括问候语、调研主题、调研组织、访问者身份、调研用途、访问请求以及其他信息（如承诺对调研的保密性）。

③填表说明。填表说明主要是对问卷填写提出一些具体的要求或做出的解释说明。

④编码。编码是将调研问卷中的调研项目以及备选答案给予统一设计的代码。编码一般应用于大规模的调研问卷中。因为在大规模调研问卷中，调研资料的统计汇总工作十分繁重，借助于编码技术和计算机，则可以大大简化这一工作。编码可分为：预编码，即在问卷设计的同时就设计好的编码；后编码，即在调研工作完成以后再设计的编码。在实际调研中，一般采用预编码。

⑤筛选 / 过滤部分。过滤题，如在数码照相机用户满意度调研中，首先要筛选受访者是否是数码照相机用户。

⑥主体部分。问卷的主体部分就是问题和备选答案。

⑦背景资料（人文统计）部分。一般包括受访者的性别、年龄、婚姻状况、家庭人数、家庭 / 个人收入、职业、教育程度等信息。

⑧结束语。如邮寄问卷的结束语："再次感谢您参与访问，麻烦您检查一下是否还有尚未回答的问题后，将问卷放入随附的回邮信封并投入信箱。"

（4）设定问卷结构

设计问题并进行排序，确定问卷中各问题的内容。

2. 设计调研问卷需要注意的问题

（1）遵循完整性和一致性原则。

（2）遵循准确性原则。

（3）检查各问题内容的可行性与可靠性。

（4）确定题量时一定要把握好"度"。

3. 网络调研的方法

（1）网络直接调研方法

网络直接市场调研是指利用互联网技术，通过网上问卷等形式调研网络消费者行为及其意向的一种市场调研类型。分类是认识事物的重要方法，根据不同的标志，可以将网上直接调研方法分为若干种类型。

（2）网络间接调研方法

网络间接市场调研主要是利用互联网收集与企业营销相关的市场、竞争者、消费者以及宏观环境等方面的信息。网络间接调研的方法，一般通过搜索引擎搜索有关站点的网址，然后访问想查找信息的网站或网页。

【任务小结】

本项目主要是对问卷调研设计、网络调研方法及网络调研程序进行介绍，通过具体问卷的设计案例，帮助读者熟练掌握调研问卷设计方法，理解调研方法的含义及步骤，进而完成调研数据的基础分析。

【思考与练习】

1. 如何阐述在线问卷调研表的卷首语?
2. 网络市场直接调研方法与间接调研方法有什么区别?
3. 结合所学知识，查找自己感兴趣方向的关键词，并搜集相关资料。

【任务单】
1.任务名称
设计一份关于大学生日常消费情况的调查问卷。
2.达成目标
（1）完成问卷基本信息、问候语及题目等环节的设置。 （2）在问卷星后台进行问卷添加。 （3）进行调研问卷的发布与统计工作。
3.方法和建议
（1）设计好调研的题目。 （2）做好问卷统计工作。
4.任务提交形式
分析报告或PPT。

5.困惑和建议（实施之后反馈）

【执行单】
1.任务名称
根据任务单要求完成相关日常消费情况调查问卷设计。
2.任务执行的具体步骤
3.任务过程数据和结论
4.任务执行中的困难和反馈（实施之后反馈）

【评价单】				
任务内容	分数占比	个人评价	小组评价	教师评价
任务分工	5			
团队合作	5			
任务执行	20			
任务结论	40			
方法能力	10			
计划能力	10			
任务汇报	10			

任务二　网络营销环境分析

子任务一　网络营销宏观环境分析——人口环境

【引导案例】

1997 年，国家主管部门研究决定由中国互联网络信息中心（CNNIC）牵头组织开展中国互联网络发展状况统计调查，形成了每年年初和年中定期发布《中国互联网络发展状况统计报告》（以下简称《报告》）的惯例，截至 2023 年 8 月 31 日已持续发布 52 次。

下面内容截取自《第 50 次中国互联网发展状况统计报告》：

截至 2022 年 6 月，我国网络新闻用户规模达 7.88 亿，较 2021 年 12 月增长 1 698 万，占网民整体的 75.0%。

截至 2022 年 6 月，我国网络直播用户规模达 7.16 亿，较 2021 年 12 月增长 1 290 万，占网民整体的 68.1%。

截至 2022 年 6 月，我国在线医疗用户规模达 3.00 亿，较 2021 年 12 月增长 196 万，占网民整体的 28.5%。

截至 2022 年 6 月，我国即时通信用户规模达 10.27 亿，较 2021 年 12 月增长 2 042 万，占网民整体的 97.7%。

截至 2022 年 6 月，我国网络视频（含短视频）用户规模达 9.95 亿，较 2021 年 12 月增长 2017 万，占网民整体的 94.6%；其中，短视频用户规模达 9.62 亿，较 2021 年 12 月增长 2 805 万，占网民整体的 91.5%。

截至 2022 年 6 月，我国网络支付用户规模达 9.04 亿，较 2021 年 12 月增长 81 万，占网民整体的 86.0%。

【任务分析】

《报告》通过核心数据反映了我国的网络强国建设历程，成为我国政府部门、国内外行业机构、专家学者和广大人民群众了解中国互联网发展状况的重要参考，本任务旨在通过对报告内容查阅的基础上，对我国网络环境及发展状况有基本掌握。

【任务操作】

本任务要求大家浏览中国互联网络信息中心（CNNIC）发布的第 51 次《报告》，通过报告中的权威数据分析我国当前网民规模及结构状况。该统计报告可在中国互联网络信息中心官网下载。

分析我国网民规模及结构状况的操作步骤如下：

（1）登录中国互联网络信息中心官网，找到统计报告数据板块，如图 1-2-1 所示，下载统计报告。

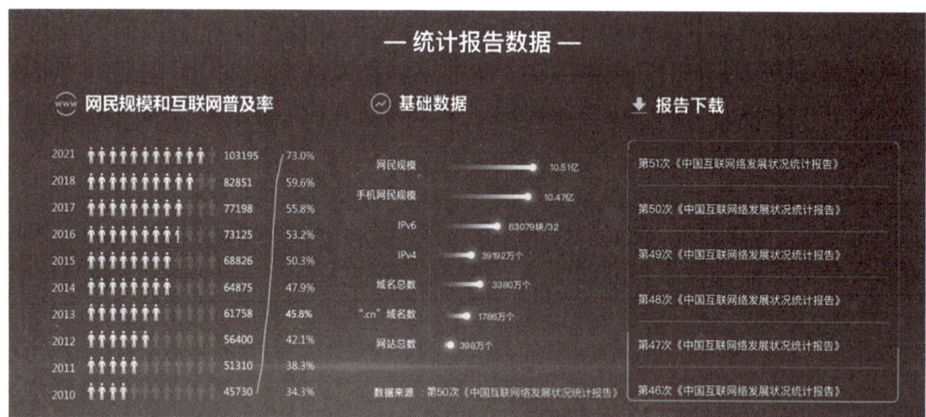

图1-2-1　统计报告数据

（2）找到报告中第二部分关于网民的描述，对这部分数据进行分析并填写表 1-2-1。

表1-2-1　网民数据分析

总体网民规模		男女网民比例	
手机网民规模		手机网民占比	
网民年龄结构分析			
网民学历结构分析			
网民收入结构分析			

【任务小结】

通过对本任务的实操，可以使同学们从官方统计口径中获悉我国目前互联网发展的真实状况，通过真实数据对网络宏观环境中重要的组成部分——网民结构，有清晰认知。

【思考与练习】

1. 除了 CNNIC 的报告，我们还可以通过哪些途径了解网络发展业态？
2. 通读报告全篇后，您对我国互联网发展情况的优势和劣势有哪些认识？

子任务二　网络营销宏观环境分析——政治、法律环境

【引导案例】

网络营销市场运作的规范性、公平性需要政治法律的约束和保障，因此，企业开展网络营销活动，必须了解并遵守国家或政府颁布的有关经营、贸易、投资等方面的法律法规。

《中华人民共和国电子商务法》（以下简称《电子商务法》）已由中华人民共和国第十三届全国人民代表大会常务委员会第五次会议于 2018 年 8 月 31 日通过，中华人民共和国主席令（第七号）公布，共七章节八十九条，自 2019 年 1 月 1 日起施行。该法是我国第一部电商领域的综合法律，对于解决电子商务存在的突出问题，规范并促进电商发展具有重要意义。

【任务分析】

政治法律环境是指一个国家或地区的政治制度、体制、方针政策、法律法规等方面的因素。这些因素常常制约、影响企业的经营行为，尤其是影响企业较长期的投资行为。企业营销组合的每个方面都受法律法规的影响，政府对某一新兴产业的重视程度及扶持与否，往往体现在政府制订的政策上，所以，了解并遵守法律法规是网络营销管理的必修课。

【任务操作】

1. 通过互联网搜索《电子商务法》原文并浏览。
2. 总结《电子商务法》主要解决的问题，并完成表 1-2-2。

表1-2-2　《电子商务法》主要解决的问题

关于市场主体	
关于平台方	
关于商家	

关于物流纠纷	
关于购后评价	
其他	

【知识扩展】

网络营销环境是指影响企业的生存和发展、与企业网络营销活动有关联因素的各种内部和外部条件的集合，即与企业网络营销活动有关联的各种因素的总和。

宏观环境要素，即对企业网络营销活动影响较为间接的各种因素的总称，主要包括人口、经济、政治、法律、科学技术、社会文化及自然等多方面的因素。

1. 人口环境

人口是构成市场的基本因素，人口规模的大小决定市场规模的大小。人口的特征，如人口规模、人口年龄结构、地理分布及人口迁移等，都会对市场格局产生深刻影响，并直接影响企业的网络营销活动。因此，人口状况是影响营销宏观环境的重要因素。同理，网民状况是影响网络营销宏观环境的重要因素。

2. 经济环境

经济环境是指企业开展营销活动所面临的外部社会条件，其运行状况及发展趋势会直接或间接地对企业营销活动产生影响。经济环境是影响营销活动的主要因素，一般包括消费者收入因素、消费结构、政府支出、家庭支出等。从网络营销环境来看，经济环境是分析全世界各国的经济发展阶段、宏观经济走势、消费者收入水平、居民消费倾向等对网络经济的影响。现阶段的中国互联网，其普及程度是与经济发展水平密切相关的。网络营销不仅需要网民，还需要强劲的购买力。在一定经济条件下所具有的购买力取决于收入、价格、储蓄、信贷等情况。企业必须特别注意收入与消费模式变化的主要趋势。

3. 政治、法律环境

政治、法律环境是指一个国家或地区的政治制度、体制、方针政策、法律法规等方面的因素。这些因素常常制约、影响企业的经营行为，尤其是影响企业较长期的投资行为。企业营销组合的每个方面都受法律法规的影响，政府对某一新兴产业的重视程度及扶持与否，往往体现在政府制定的政策上。所以，了解并遵守法律法规是营销管理的必修课。营销市场运作的规范性、公平性需要政治法律的约束和保障，因此，企业开展网络营销活动，必须了解并遵守国家颁布的有关经营、贸易、投资等方面的法律法规。

4. 科学技术环境

科学技术是推动社会生产力发展因素中最活跃的因素，技术的进步对市场营销的影响更是直接而显著的。网络营销是以网络信息技术为基础的营销活动，它的发展必须以网络环境的完善及网络技术的发展为前提。网络营销是以互联网为基础的营销模式，全球互联网的高速发展促进了网络营销的繁荣。作为网络营销宏观环境的一部分，科技环境不仅直接影响企业内部的生产和经营，同时还与其他环境因素互相依赖、相互作用。

5. 社会文化环境

社会文化主要指一个国家或地区的民族特征、价值观念、生活方式、风俗习惯、伦理道德、教育水平、语言文字等的总和。人们在不同的社会文化背景下成长和生活，各有其不同的基本信念和生活方式，这是在不同的人文环境中不知不觉形成的，一个社会的核心文化和价值观念具有高度的持续性，并影响和制约着人们的行为，包括消费者行为。处于特定社会文化背景中的消费者的文化教育、职业、传统习惯、价值观和审美观等因素都会影响需求欲望和购买行为。企业存在于一定的社会环境中，不可避免地受到社会文化环境的影响和制约，企业开展网络营销必须重视对当地社会文化环境的研究。

6. 自然环境

自然环境是指能够影响社会生产过程的自然因素，包括自然资源、企业所处地理位置、生态环境等。在科技进步、社会生产力提高的过程中，自然环境对经济和市场的影响总体上趋于下降，但自然环境制约经济和市场状况的内容、形式则不断变化。

【任务小结】

《电子商务法》的颁布实施保护了电商的合法竞争、保护了消费者的权益，《电子商务法》首次将微商、社交电商和直播电商等新业态的经营方式纳入监管范围，其两大核心原则是：持证经营，合规纳税。与此同时，2019 年 4 月，为规范网络交易市场秩序、维护各方主体合法权益、促进网络交易持续健康发展，市场监管总局在修改网络交易管理办法（原工商总局令第 60 号）基础上，起草了网络交易监督管理办法（征求意见稿），这是电子商务法实施后首部针对电商监管的具体细则，影响深远。作为电商从业者一定要对相关法律法规了然于胸。

【思考与练习】

1. 除了《电子商务法》，还有哪些法律法规对行业规范发展起到了助力与保障的作用?
2. 科学技术环境是如何制约网络营销的发展的?
3. 社会文化环境是如何制约网络营销发展的?

子任务三　网络营销微观环境分析——企业内部环境

【引导案例】

ZARA 是西班牙 Inditex 集团旗下的一个子公司，于 1975 年设立于西班牙，隶属于 Inditex 集团，为全球排名第三、西班牙排名第一的服装商，在世界各地设立 2 000 多家连锁店。尽管 ZARA 品牌的连锁店只占到 Inditex 公司所有分店数的三分之一，但其销售额却占到了公司总销售额的 75% 左右。ZARA 深受全球时尚青年的喜爱，不仅有着设计师品牌的优异设计，价格也较为低廉。传统服装业生产者走完整条生产流通过程，即产品设计、原料采购、仓储运输、订单处理、批发经营及终端零售，常规需要180天左右，而ZARA走完整个流程平均只需12天，秘诀就在于ZARA企业内部提供了充足的网络营销所需的资源，还有企业信息化管理及其他部门的高度配合：

（1）强大的管理信息系统，ZARA成功的秘诀就在于它建立了强大的信息管理系统。信息系统成了ZARA商业模式的核心，它将ZARA服装的设计、生产加工、物流配送及门店销售四个环节融为一体，确保ZARA品牌成为"买得起的快速时尚"。正是在信息方面的卓越表现，才使得ZARA拥有了惊人的速度。

（2）其配送中心在快速、高效地运作，其配送中心的主要功能是周转而不是存储。

（3）ZARA专卖店基本上采用从配送中心直配的模式，大多数服装企业都是在当地设分公司建仓库，积压了大量成品库存；ZARA采取高频、快速、少量、多款的补货策略也保证了专卖店的出样丰富但库存少。

【任务分析】

企业内部环境是指对企业网络营销活动产生影响而营销部门又无法直接控制或改变的各种企业内部环境因素的总称，请以飒拉（ZARA）为例，分析企业内部环境对企业网络营销成败的影响。

【任务操作】

通过互联网了解飒拉（ZARA）的信息，结合线下线上门店购物经验，对下列问题进行分析并完成实训表1-2-3。

表1-2-3　实训表

企业基本信息	
仓储运输	
供应商管理	

产品设计	
零售终端	
系统开发	

【知识扩展】

微观环境要素，即与企业紧密相连、直接影响其网络营销活动的各种因素的总称，主要包括企业的供应商、中间商、顾客、竞争者以及社会公众和影响营销管理决策的企业内部各个部门。

1. 企业内部环境分析

企业内部环境是指对企业网络营销活动产生影响的各种企业内部环境因素总称，具体分为企业网络营销人员、企业内部组织结构、企业内部管理信息化和网络化。在内部各环境要素中，人员是企业网络营销策略的确定者与执行者，是企业最重要的资源。对一个企业来说，开展网络营销的必要条件是要有真正的网络营销人才，即集网络技术与营销技能于一身的人员。很多传统企业要开展网络营销，一方面可以直接引进人才，另一方面也可以对企业已有人员进行培训。企业内部环境的另一个要素是企业的组织结构。这主要是指企业经营者或营销部门与企业其他部门之间在组织结构上的相互关系。企业内部管理信息化、网络化是企业进行网络营销的基础。企业内部应建立和完善企业管理信息系统，特别是网络营销信息系统，拓展网络业务领域，同时要遵守国家及有关部门制定的相关法律法规、技术标准和安全管理规定。

2. 供应商分析

供应商就是为企业提供所需要的产品和服务的厂商，是企业外部供应链的重要组成部分，与企业之间具有战略性的关系。如果没有资源作为保障，企业就无法正常运转，也就无法提供给市场所需要的产品。

3. 营销中介分析

营销中介是指协调企业促销和分销其产品给最终购买者的企业和个人。主要包括：销售商，即销售商品的企业；中间商，如批发商和代理商；服务商，如物流配送机构、仓储企业等；营销服务机构，如市场调研企业、广告公司，营销策划企业等；金融中介机构，如银行、互联网金融平台、保险公司等。

4. 顾客（或用户）分析

顾客是企业直接或最终的营销对象，是企业最重要的环境因素。企业的一切营销活动都是以满足顾客的需要为中心的，顾客是企业服务的对象，也就是企业的目标市场。因此，开展网络营销的企业需要把握目标客户跨地域的共同特点，并以此作为网络营销策划的依据。

5. 竞争者分析

竞争是商品经济的必然规律，在任何领域，只要存在商品的生产和交换，就必然有竞争对手的较量。在开展网络营销的过程中，企业不可避免地要遇到业务与自己相同或相近的竞争对手，这个时候，我们要对竞争对手进行分析，企业所面临的竞争对手包括以下几类：平行竞争者，形式竞争者，品牌竞争者。

【任务小结】

企业内部环境对网络营销的影响无疑是巨大的，企业内部管理信息化、网络化是营销的基础，人才是网络营销的必要条件，企业组织结构快速应变能力是网络营销的保障。

【思考与练习】

1. 网络营销背景下的供应商和传统营销环境下的供应商的不同点是什么？
2. 我们对网络营销竞争者进行分析时，应重点分析哪些方面？

任务三　网络消费者分析

子任务一　认识网络消费者群体

【引导案例】

截至 2023 年 6 月，中国互联网普及率已经达到 76.4%，网民规模突破 10.79 亿人，整体发展进入成熟阶段。与此同时，互联网整体人口红利基本消失，各企业开始将竞争的焦点转移至垂直群体市场。群体经济市场消费者具有同类特点，对于企业而言，其推广成本更低、收益更明显、商业模式更加清晰。IiMedia Research（艾媒咨询）数据显示，2023 年女性经济市场规模和老年市场总体规模已分别超过 5 万亿元，小镇青年、Z 世代、单身人群群体规模超亿人，各类群体经济均进入万亿级市场。但不同群体间需求差异也十分明显，新中产人群追求品质生活，而Z世代人群个性化消费需求则更为明显，垂直群体对产品适配性要求高，因此服务各群体市场的产品也需要更具针对性。

【任务分析】

了解网络消费者能够帮助我们了解网络消费者的需求，认识网络消费者的行为模式，同时为选择营销手段和方式打下基础。只有更好地认识与了解网络消费者的结构，才能有针对性地开展营销活动，让营销活动事半功倍。

【任务操作】

1. 网络消费者群体分析

（1）查看店铺创建时间、店铺动态评分及消费者保障承诺与履行情况。

步骤一：进入店铺首页，查看创店时间、店铺动态评分及消费者保障承诺，如图 1-3-1 所示。

图1-3-1　创店时间、店铺动态评分及消费者保障承诺

步骤二：点击“店铺动态评分”自定义页面进入，查看店铺动态评分情况，如图 1-3-2 所示。

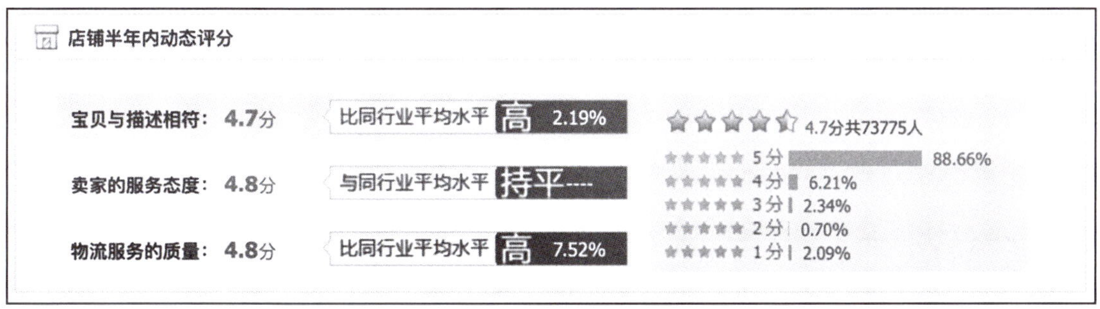

图1-3-2　店铺动态评分情况

步骤三：查看店铺 30 天内服务情况，如图 1-3-3 所示。

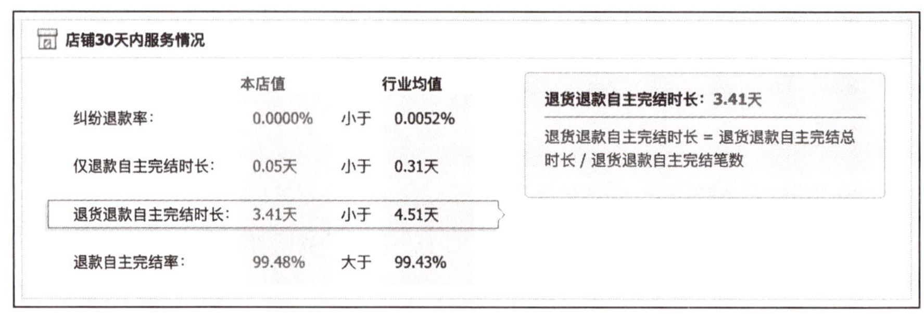

图1-3-3 店铺30天内服务情况

（2）从网店的商品数量、结构、特性及价格定位、装修风格、评价内容等方向来分析面向的消费群体。

网店商品结构、数量、特性及价格定位分析表见表1-3-1。通过访问网店主页对商品结构、数量、价格等数据进行采集。商品价格分析则需要进入商品分类页面进行统计调查。

表1-3-1 网店产品结构、数量、特性及价格定位分析表

类目名称	宝贝数（个）	价格区间	特性
毛衣			
裤子			
卫衣/绒衫			
毛呢外套			
衬衫			
腰带/皮带/腰链			
连衣裙			
牛仔裤			
毛针织衫			
短外套			
T恤			
羽绒服			
半身裙			
棉衣/棉服			
风衣			

2. 消费者画像信息采集

描绘消费者画像的第一步需要明确消费者画像涉及到的分析指标有哪些，通常情况下会选择从客户基本信息、客户偏好、客户消费层级与客户来源等纬度入手分析。因此我们需要先从店铺后台获取相关指标数据并整理，见表1-3-2。

表1-3-2　客户画像数据表-1

用户名	年龄	来源	性别	地区	客户职业	产品名称	产品价格/元	订单数量
编号0757	23	PC端	女	沈阳	医生	产品A	198	1
能蟹子	45	手机端	男	上海	企业员工	产品D	99	1
飞飞的水	34	手机端	女	重庆	自由职业	产品B	168	2
下雪的时	25	PC端	女	成都	企业员工	产品C	238	1
银杏叶子	36	PC端	女	上海		产品D	99	3
小小美	27	PC端	男		学生	产品A	198	2
百汇	35	手机端	男	苏州	医生	产品A	198	1
葵	29	PC端	女	重庆	学生	产品B	168	2
lsxn788	38	PC端	男		自由职业	产品C	238	1
夏天柠檬	43	手机端	女	重庆	企业员工	产品D	99	1
呵呵呵的	42	手机端	男	上海	企业员工	产品A	198	1
小小骆驼	39	PC端	女	成都	企业员工	产品B	168	2

3. 绘制消费者画像

（1）补充缺失信息。对数据表中缺失信息进行补充，见表 1-3-3。

（2）消费者性别、地区分析。选取数据表中消费者性别、地区列绘制饼状图，如图 1-3-4 和图 1-3-5 所示。

表1-3-3　客户画像数据表-2

用户名	年龄	来源	性别	地区	客户职业	产品名称	产品价格/元	订单数量
编号0757	23	PC端	女	沈阳	医生	产品A	198	1
能蟹子	45	手机端	男	上海	企业员工	产品D	99	1
飞飞的水	34	手机端	女	重庆	自由职业	产品B	168	2
下雪的时	25	PC端	女	成都	企业员工	产品C	238	1
银杏叶子	36	PC端	女	上海	不详	产品D	99	3
小小美	27	PC端	男	不详	学生	产品A	198	2
百汇	35	手机端	男	苏州	医生	产品A	198	1
葵	29	PC端	女	重庆	学生	产品B	168	2
lsxn788	38	PC端	男	不详	自由职业	产品C	238	1
夏天柠檬	43	手机端	女	重庆	企业员工	产品D	99	1
呵呵呵的	42	手机端	男	上海	企业员工	产品A	198	1
小小骆驼	39	PC端	女	成都	企业员工	产品B	168	2

（3）消费者产品偏好、价格偏好分析。分析客户产品偏好、价格偏好，需要选中数据表中“产品价格”“产品名称”对应的区域，插入数据透视表。操作时，注意需要将“产品价格”“产品名称”在“行”与“值”中各设置一次，并将“产品价格”的值显示方式设置为“平均值”，得到数据透视表，根据数据透视表绘制组合图，如图 1-3-6 和图 1-3-7 所示。

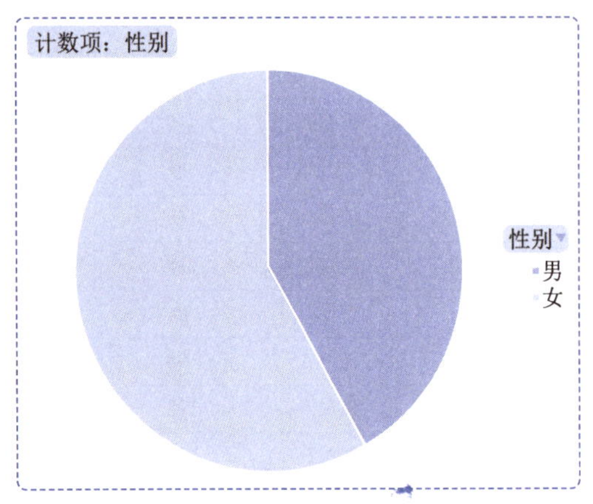

图1-3-4　消费者性别饼状图

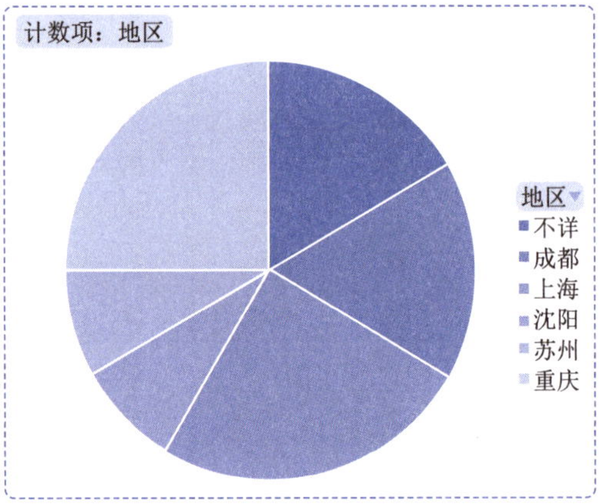

图1-3-5　消费者地区饼状图

产品名称	产品价格	平均值项：产品价格	计数项：产品名称
⊟产品A		198	4
	198	198	4
⊟产品B		168	3
	168	168	3
⊟产品C		238	2
	238	238	2
⊟产品D		99	3
	99	99	3
总计		172.416 666 7	12

图1-3-6　产品偏好、价格偏好数据透视表

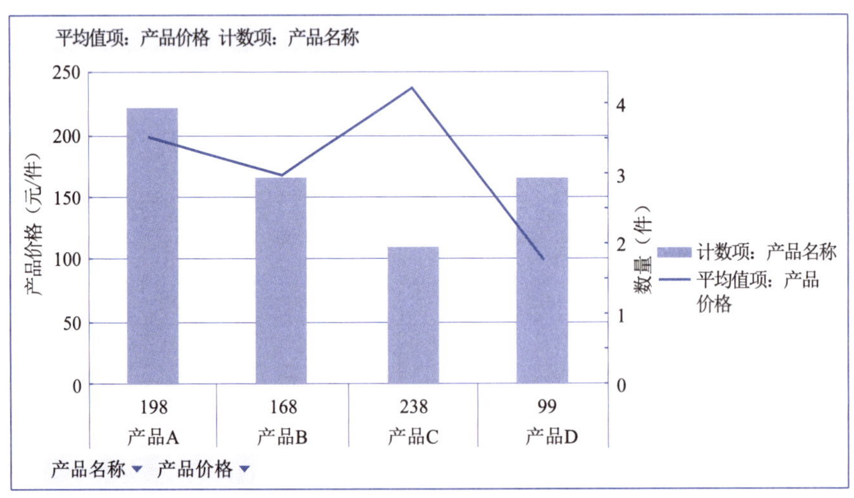

图1-3-7　产品偏好、价格偏好组合图

（4）消费者职业、来源分析。选取数据表中职业及来源数据列绘制饼状图，如图 1-3-8 和图 1-3-9 所示。

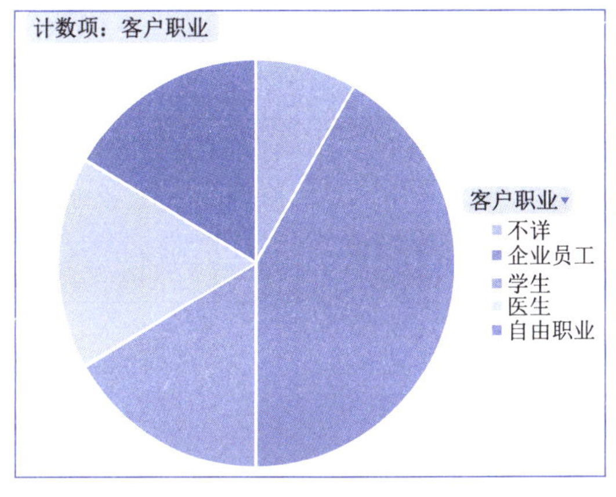

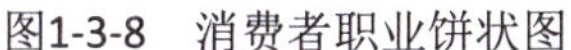
图1-3-8 消费者职业饼状图

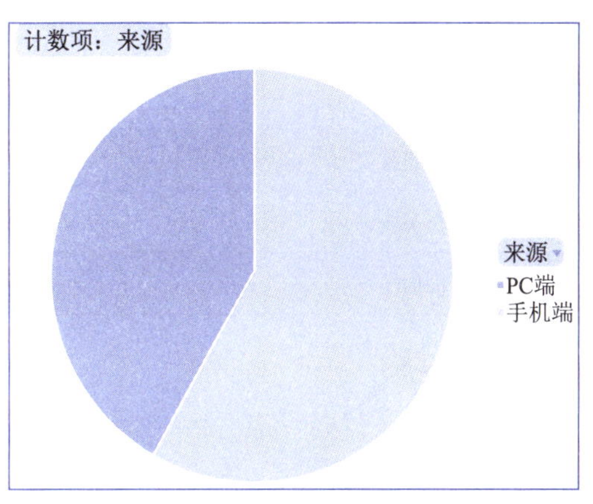

图1-3-9 消费者来源饼状图

（5）消费者年龄分析。对于消费者年龄分析需要采用分组分析的方法，可以根据采集到的具体数据将分组设定为：20~25 岁、25~30 岁、30~35 岁、35~40 岁、40 岁以上，在表格中增加年龄段列，完成操作后效果如图 1-3-10 所示。

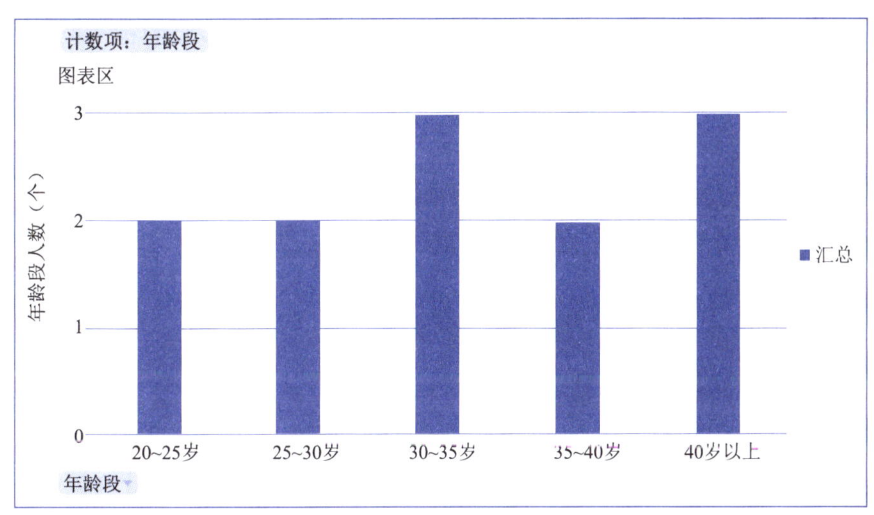

图1-3-10 消费者年龄分析

汇总分析结果形成消费者画像，见表 1-3-4，进而形成分析结论并提出合理的客户营销策略指导新产品推广。

表1-3-4 消费者画像

标　签	客户画像
年龄	
来源	
性别	
地区	

续表

标　签	客户画像
客户职业	
价格偏好	
产品偏好	
建议	

最后完成店铺消费者群体分析报告。

【知识扩展】

1. 网络消费者群体现状认知

在了解网络消费者群体之前，让我们先看一下我国网络购物发展现状。中国互联网络信息中心（CNNIC）第52次《中国互联网络发展状况统计报告》（以下简称《报告》）中显示，截至2023年6月，我国网民规模达10.79亿，互联网普及率达76.4%。网络零售成为消费新引擎，短视频与直播、电商相互加成，电商直播用户占直播用户比重超60%。

2. 网络消费者类型

（1）简单型

简单型的消费者需要的是方便直接的网上购物。这个类型的消费者上网的时间不多，但他们进行的网上交易却比其他类型的消费者更多。这类型消费者在进行网络消费的时候会更加关注购物的便利性和是否能够帮助他们节约更多的时间。因此电商企业们需要为这一类型的人提供真正的便利，让他们觉得在你的网站上购买商品将会节约更多的时间。因此要满足这类人的需求，首先要保证订货、付款系统的安全、方便，最好设有购买建议或者设置产品套装的SKU（Stock Keeping Unit，最小存货单位），能够让这种类型的消费者方便、快捷地购买到他所需要的商品。

（2）冲浪型

冲浪型的消费者大约占常用网民的8%，而他们在网上花费的时间却很多，大约占了32%，冲浪型消费者对常更新、具有创新设计特征的网站很感兴趣。这种类型的消费者在消费过程中会用大量的时间来浏览商品，对商品进行对比，因此是否能够在众多商品中脱颖而出成为了留住冲浪型消费者的关键。

（3）接入型

接入型的消费者是刚触网的新手，大约占网络消费者的三分之一，因为是网络新手，接入型的消费者们更愿意相信生活中他们所熟悉的品牌。另外，这些消费者的上网经验不是很丰富，一般地，对于网页中的简介、常见问题的解答、名词解释、站点结构之类的链接会更加感兴趣。

（4）议价型

议价型消费者有一种趋向购买便宜商品的本能，喜欢讨价还价，并有强烈的在交易中获胜的愿望。如果电商企业在自己的网站上打出“大减价”“清仓处理”“限时抢购”之类的字眼，能够很容易地吸引到这类消费者。

3. 网络消费者特征

（1）注重自我

网络消费者大都是具有超前意识的年轻人，他们对新事物反应灵敏，接受速度很快，有自己独立的见解和想法，对自己的判断能力也比较自信。所以他们的具体要求越来越独特，而且变化多端，个性化越来越明显。因此，从事网络营销的企业应想办法满足用户独特的需求，尊重用户的意见和建议，而不是用大众化的标准来适应大批的消费者。

（2）头脑冷静，理性分析

由于网络用户中城市的、较高学历的年轻人占比较多，他们不会轻易受舆论左右，对各种产品宣传有较强的分析判断能力，因此，从事网络营销的企业应该加强信息的组织和管理，加强企业自身文化的建设，诚信待人。

（3）喜好新鲜事物，有强烈的求知欲

网络用户爱好广泛，无论是对新闻、股票市场，还是网上娱乐都具有浓厚的兴趣，对未知的领域有着永不疲倦的好奇心。

（4）好胜，但缺乏耐心

因为网络用户以年轻人为主，因而比较缺乏耐心，当他们搜索信息时，也比较注重搜索所花费的时间，如果连接、传输的速度比较慢的话，他们一般会马上离开这个站点。

【任务小结】

网络购物用户数量的增长为电子商务的发展提供了坚实的基础，催生出了各种各样的电子商务形式，使电子商务的发展速度逐步加快。对于网络消费者这一群体的深入了解与认识将帮助电子商务企业更好地开展商业活动。

【思考与练习】

请选择淘宝平台店铺完成网络消费者情况分析并绘制消费者画像。

子任务二　分析网络消费者行为

【引导案例】

IiMedia Research（艾媒咨询）数据显示，Z 世代的生活网络化程度较高，尤其体现在购物、生活和出行领域，如图 1-3-11 所示。动漫亚文化在 Z 世代中掀起一股热潮，移动互联网是 Z 世代学习语言的好帮

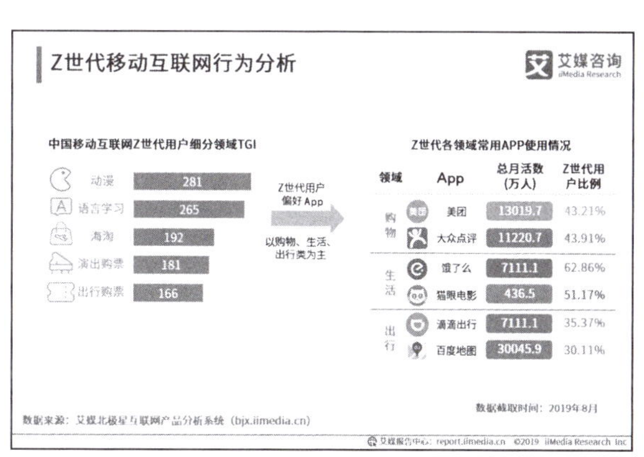

图1-3-11　Z世代移动互联网行为分析

手。Z世代热衷于海淘，喜欢观看演出，喜欢外出喜欢“网上冲浪”。

【任务分析】

互联网时代下，电商平台为网络消费者提供了多种多样的便利，例如：购物的选择更多了，视频的大量运用更加直观地展示了商品，电商平台各类优惠及折扣大大降低了消费者的购买成本。网购已经从各个方面渗透进了我们的生活。淘宝、京东这些电商行业里的龙头企业也创造出如“双十一”“618”等购物新节日，曾经出现过单日交易额超百亿元的历史性记录。而这些平台并没有止步不前，而是在不停地进行更新迭代，以淘宝为例，通过不停地更新提供了更多的个性化服务，接下来需要通过对某淘宝网店近一个月的用户行为数据进行分析，找出本店铺的消费者行为特征和本店铺存在的问题，并提出优化方案。

【任务操作】

1. 采集消费者行为数据

消费者行为是指消费者在购买商品时执行的决策过程、影响和动作，以电商为例，消费者的行为包括支付前的一系列动作，包含曝光、点击、浏览商品页、浏览店铺页、浏览首页、搜索、加入购物车、收藏、下单、支付等。消费者行为分析是指通过数据分析方法的科学应用与理论推导，结合数据可视化模型，能够相对完整地揭示用户行为的内在规律。

①消费者行为分析指标选择。根据消费者行为分析目的，我们可以基本确定本次消费者行为分析需要采集到的指标包括浏览量、收藏量、下单买家数、付款买家数等指标。

②消费者行为指标采集。本次采集的数据主要是店铺自身消费者行为相关指标，因此可以从店铺后台进行数据采集，以淘宝网为例，我们可以通过生意参谋获得上述相关指标数据。获得数据后进行整理，形成消费者行为数据表，见表1-3-5。

表1-3-5　消费者行为数据表

统计时间	浏览量	收藏量	下单买家数	支付买家数
2021年10月1日	2 014	321	102	92
2021年10月2日	1 623	301	243	218
2021年10月3日	2 654	256	67	60
2021年10月4日	2 765	284	243	219
2021年10月5日	2 354	241	166	149
2021年10月6日	1 965	265	157	141
2021年10月7日	1 865	232	132	119
2021年10月8日	1 835	221	189	170
2021年10月9日	2 056	201	193	174
2021年10月10日	2 213	198	68	61
2021年10月11日	2 541	196	86	77
2021年10月12日	2 632	165	32	29
2021年10月13日	2 501	143	3	3

续表

统计时间	浏览量	收藏量	下单买家数	支付买家数
2021年10月14日	2 333	182	79	71
2021年10月15日	2 015	196	59	53
2021年10月16日	1 965	192	67	60
2021年10月17日	1 865	201	102	91
2021年10月18日	2 019	231	128	115
2021年10月19日	1 501	225	168	151
2021年10月20日	2 036	241	98	88
2021年10月21日	2 202	286	172	155
2021年10月22日	2 593	245	159	143
2021年10月23日	2 638	223	180	162
2021年10月24日	2 674	196	97	87
2021年10月25日	2 322	186	102	92
2021年10月26日	2 100	158	89	80
2021年10月27日	1 983	169	112	101
2021年10月28日	1 654	201	107	96
2021年10月29日	1 556	225	109	98
2021年10月30日	1 895	200	131	118

2. 消费者浏览量及收藏量分析

对消费者浏览量及收藏量进行分析，制作组合图，如图 1-3-12 所示。

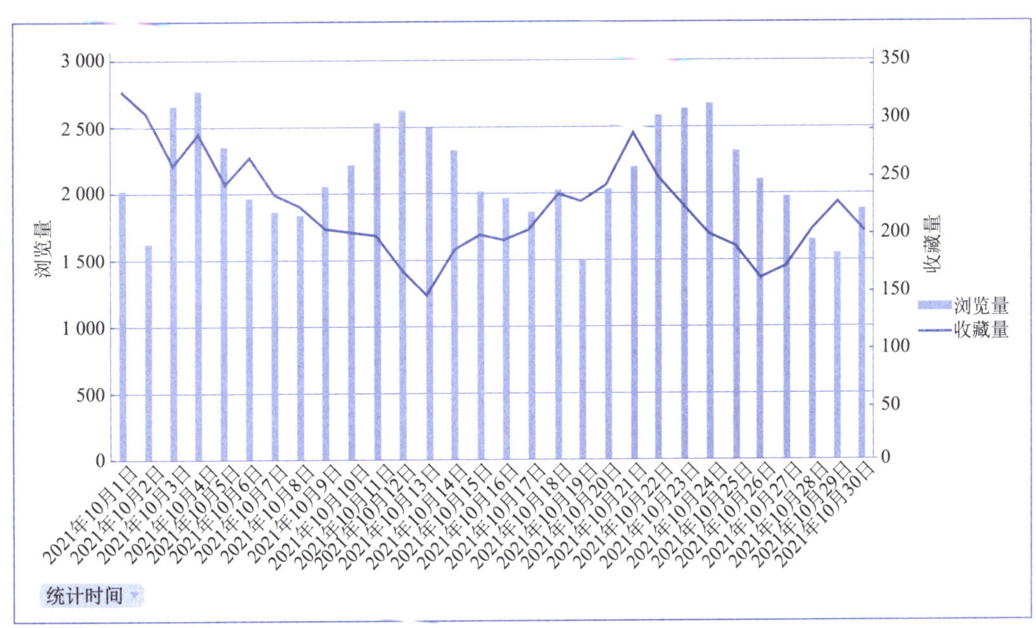

图1-3-12　消费者浏览及收藏情况分析

从分析结果可以看出，在统计周期内，有几个时间段店铺访问量与收藏量呈现了较大幅度的反向波动，例如从 2021 年 10 月 8 日至 2021 年 10 月 13 日期间，店铺浏览量呈上升趋势，但收藏量却呈下降趋势。浏览量上升表示引流情况较好，收藏量下降体现出流量质量较差，及店铺无法留住消费者，这种现象可能是由于推广渠道选择不当、店铺页面设计问题或入口渠道设置问题等原因导致的，接下来需要对消费者店内行为轨迹进行进一步的分析来确定具体原因。

3. 消费者下单与支付情况分析

根据统计数据对店铺下单与支付情况进行分析，分析结果如图 1-3-13 所示，见表 1-3-6。

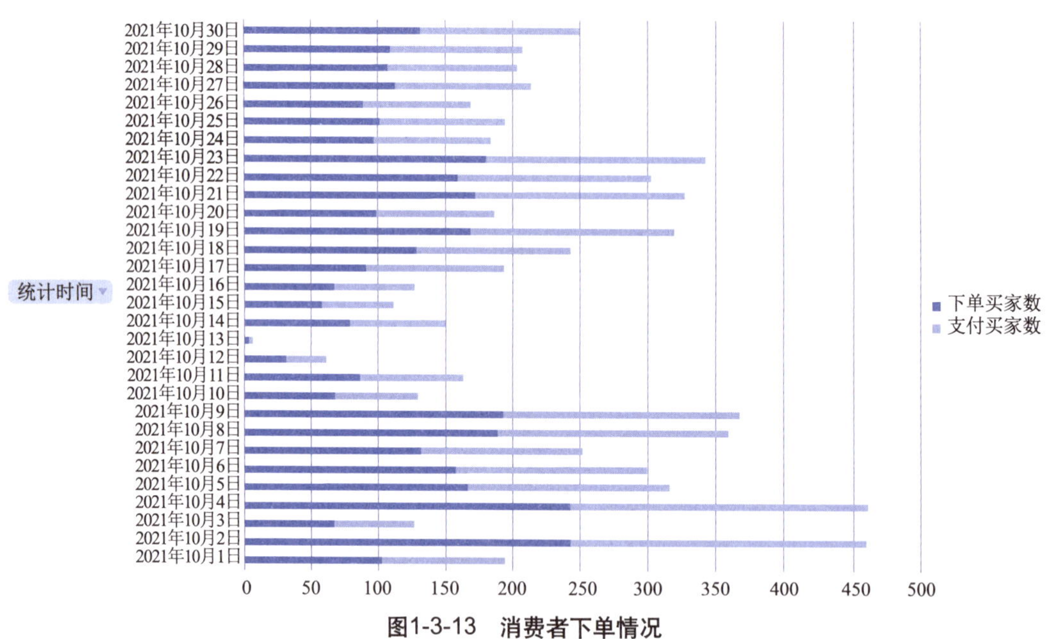

图1-3-13　消费者下单情况

通过图表我们可以看出，统计周期内每天的下单买家数与支付买家数差距不大，通过数据计算，可以看出支付买家数占比比较稳定，但值得注意的是，在 10 月 13 日当天，下单买家数与支付买家数仅为 3 人，观察当日浏览量为 2 501，收藏量为 143，收藏量明显低于平均水平，与其他日期相比较为特殊，需要分析收藏量过低的具体原因。

表1-3-6　支付买家数占比情况

统计时间	浏览量	收藏量	下单买家数	支付买家数
2021年10月1日	2 014	321	102	92
2021年10月2日	1 623	301	243	218
2021年10月3日	2 654	256	67	60
2021年10月4日	2 765	284	243	219
2021年10月5日	2 354	241	166	149
2021年10月6日	1 965	265	157	141
2021年10月7日	1 865	232	132	119

续表

统计时间	浏览量	收藏量	下单买家数	支付买家数
2021年10月8日	1 835	221	189	170
2021年10月9日	2 056	201	193	174
2021年10月10日	2 213	198	68	61
2021年10月11日	2 541	196	86	77
2021年10月12日	2 632	165	32	29
2021年10月13日	2 501	143	3	3
2021年10月14日	2 333	182	79	71
2021年10月15日	2 015	196	59	53
2021年10月16日	1 965	192	67	60
2021年10月17日	1 865	201	102	91
2021年10月18日	2 019	231	128	115
2021年10月19日	1 501	225	168	151
2021年10月20日	2 036	241	98	88
2021年10月21日	2 202	286	172	155
2021年10月22日	2 593	245	159	143
2021年10月23日	2 638	223	180	162
2021年10月24日	2 674	196	97	87
2021年10月25日	2 322	186	102	92
2021年10月26日	2 100	158	89	80
2021年10月27日	1 983	169	112	101
2021年10月28日	1 654	201	107	96
2021年10月29日	1 556	225	109	98
2021年10月30日	1 895	200	131	118

【知识扩展】

1. 消费者行为的含义与特征

（1）消费者行为的含义

消费者行为从狭义上讲，指消费者的购买行为以及对消费资料的实际消费；从广义上讲，指消费者为索取、使用、处置消费物品所采取的各种行动以及先于且决定这些行动的决策过程，甚至是包括消费收入的取得等一系列复杂的过程。消费者行为是动态的，它涉及感知、认知、行为以及环境因素的互动作用，也涉及交易的过程。

（2）消费者行为的特征

①效用最大化：指消费者通过对商品和服务的消费追求满足的最大化。效用最大化的原则是建立在边际效用价值理论的基础上的，根据这一原则，当消费者在各项消费支出上所取得的边际效用相等时，消费者所取得的总效用最大。效用最大化原则有助于从理论上对消费

者的行为进行分析。

②习惯性：指消费者的行为方式要受过去习惯的影响。短期内，我们可以假定消费习惯和消费者偏好不变。消费者行为习惯的养成，一方面由收入水平决定，另一方面，消费者的价值观念和所处的社会文化环境也是不可忽视的因素。而后者的改变，显然需要一定时间。

③不可逆性：指消费者的消费支出不仅要受自己目前收入水平的影响，而且也受自己过去的收入水平和消费水平的影响。消费者一旦形成某种消费水平，这种消费水平的保持会对他目前的消费行为产生影响，即使他的收入水平有所降低，他也仍试图保持原有的消费水平。消费者可以通过减少储蓄、提取储蓄或者借贷来维持原有的消费水平。

④示范性：消费者的行为方式不仅受自身的收入水平、消费习惯的影响，还受周围人的影响，这就是消费者行为的示范性。每个人的行为方式都受其他人的影响，同样也对其他人产生着影响。这种示范作用的大小，与消费者社交活动的范围和程度都有很大的关系。

⑤复杂性：消费者的行为方式受各种因素变化的影响，其中不仅因为收入、性别、年龄、受教育程度等个人特征的差异而在行为方式上有很大的区别，而且由于性别、兴趣、气质等心理特征的差异而造成行为方式的不同。

2. 消费者行为分析

在电商领域，消费者行为是买家从登录 App 到支付的过程中体现出来的，买家从登录到支付要经过浏览、搜索、加入购物车、提交订单、支付订单等过程，通过对所有细分用户计算每一步的流向，累加生成一个整体的用户行为路径图像与行为画像，以此来了解消费者在整个电商交易过程中的行为倾向，进而来分析产生这种倾向的原因。用户真实的购物过程是一个反复过程，如提交订单后，用户可能会返回继续搜索商品，也可能去取消订单，对用户的行为进行分析可以让电商企业更加准确地找到问题所在，也可以帮助电商企业优化店铺设置。用户行为路径分析可以用于了解用户行为模式、识别用户频繁 / 最优路径、验证用户路径是否合理、识别流失节点、发现异常路径、探寻用户原始行为、将动机细分对比不同来源、特征用户的行为差异、识别典型路径中的用户群体类型等。

（1）全面了解用户整体行为及访问路径

通过消费者行为及访问路径分析图表，可以将消费者行为的上下游进行可视化展示，运营人员可通过用户整体行为路径找到不同行为间的关系。

（2）定位影响转化的行为环节，促进运营优化

消费者行为分析对运营优化有着很大的帮助，了解用户从进入店铺到购买整体行为的主路径和次路径，以及路径中各个环节的转化率，发现用户的行为规律和偏好，也可以用于监测和定位用户路径走向中存在的问题，判断影响转化的主要因素和次要因素，也可以发现某些异常或高价值的典型路径。

（3）发现不同的用户群体，实现消费精细化运营

通过消费者行为分析，对以购买行为为终点的用户进行如下分类：

①冲动型消费者：进入店铺后的行为与路径没有目的性，浏览行为比例较高，一旦遇上促销互动节点，就很容易消费下单。

②理性型消费者：行为与路径非常具有目的性，搜索行为比例较高，不容易被促销优惠所动。

③比较型消费者：行为路径存在反复比较性，在多商家同类产品间浏览比例较高。

④贪婪型消费者：行为路径中更偏好领取优惠券和赠品，且愿意为了优惠而成交。

【任务小结】

消费者行为的研究是指研究个人、集团和组织究竟怎样选择、购买、使用和处置商品、服务、创意或经验以满足他们的需要和愿望。消费者行为研究就是要研究不同消费者的各种消费心理和消费行为，以及分析影响消费心理和消费行为的各种因素，揭示消费行为的变化规律。总之，消费者行为的研究对象是各类消费者的消费行为产生和发展的规律。电商企业通过研究消费者行为及其在店铺内的行为路径可以了解消费者的行为习惯及行为倾向，为电商企业的营销推广及店铺设计提供决策基础。

【思考与练习】

通过对案例店铺的消费者行为进行分析，为企业提供运营策略优化建议，提升营收。

任务四　网络市场细分与定位

子任务一　网络市场细分

【引导案例】

在时代观念的转变下，婚纱摄影已不再是婚庆的专属。从旅行拍摄到微电影，从结婚周年纪念到一个人的婚礼，婚纱摄影的形式、场景和用户群体越来越多样化。要想切入利基市场，就必须了解用户的购买观念，以实现需求导向的精准营销和产品设计。具有不同婚摄消费观的用户往往仅关注其核心诉求的相关方面，从而进行不同的消费选择。那些企图获得所有消费者的青睐而制定大众化产品的商家，很可能弄巧成拙。因此某平台拟对用户的过往购买行为进行研究，通过用户在评论中展示出的显性偏好，来感知购买行为所代表的隐形需求并发掘相关细分市场。

该平台选取目前注册用户数最高的一站式婚庆平台婚礼纪作为数据来源。样本爬取自婚礼纪网站的婚纱摄影板块，从来自 391 个城市的 1.4 万个商家的 5.18 万件产品中随机抽取其中的 1 万件产品爬取评论。过滤了评论仅有一页的产品后，共爬取到 200 万条评论观测数据，每条评论数据代表一个用户（婚庆产品中同一用户回购概率极低的可视为一次性消费）。

用户信息分为三部分，商品网址码记录用户购买行为，商品评论体现了用户观念，评论日期标记评论的时间维度。

对于大多数消费者而言，价格在购买决策中占据着重要地位，在商品首页设置一个较低的最低价可以为商品营造出较强的吸引力。婚摄产品中最低价主要分布在 0~300 元和 2 000~4 000 之间，很少有高于 5 000 元的。对于 2 000 元以下的最低价，根据现实经验，通常是证件照等其他摄影产品售价，而非婚摄产品售价。因此大部分商品的最低价在 2 000~4 000 之间，分布较为集中。说明激烈的竞争下大部分商家议价能力不高，应推出差异化产品来提高议价能力。

为了识别消费者的差异性购买倾向，建立细分市场，该平台结合文本挖掘为用户建立标签画像，通过文本聚类将消费需求相近的消费者归集到统一的群体中，帮助企业实施精准营销和提供个性化服务。该平台选择 K-means 聚类，对以评论为代表的用户进行聚类分析。

以样本为聚类对象，进行 K-means 聚类。初始化多个类别进行聚类，选择误差平方和（sum of squared errors，SSE）下降最快的分类数，即四类，分别为体验党、场景党、专业党和造型党，样本量分别为 235 743、210 375、16 349 和 54 376。

四组消费者偏好各有不同。体验党的关键词为“美好”“感受”“温馨”“舒服”等，他们注重拍摄过程中的情感和互动，渴望轻松愉快的氛围。场景党的关键词为“成都”“三亚”“景色”等，他们认为场景的选择是衡量产品质量的关键之一，如三亚这样拥有天然优势的地点是首选。专业党的关键词是“精修”“修片”“片子”“原片”等，他们了解关于摄影的专业名词，希望获得高度专业的拍摄过程和后期处理。造型党的关键词为“不同”“大片”“美丽”“摆姿势”等，他们喜爱独特的充满设计感和细节感的妆造，希望能拍出大片的意蕴。

说明：根据以上案例分析，作为婚摄平台，可以进行哪些市场细分？

【任务分析】

本任务要求大家从客户分类中筛选老客户，需要采集客户交易数据，包括交易状态、交易金额等，通过对交易数据进行分析，从中筛选出符合企业条件的客户作为老客户。小李所在企业规定老客户是成交订单数大于或等于 2 且成交金额大于 40 元的客户，小李决定采用数据透视表分析出客户的成交订单数和成交金额，然后将符合条件的客户划归到老客户类型中，并制定对应的回馈策略。

【任务操作】

任务背景：在网络市场细分中，可以按照消费者行为、需求、习惯等角度来进行细分，本任务以客户交易行为中客户分类角度为例，阐述网络市场细分的方法。客户分类除了能够帮助企业实现客户的识别和分类管理外，也能够指导企业优化资源配置和营销策略，使企业实现以客户为中心的个性化、精准化营销。某企业近日将迎来店庆活动，为感谢老客户多年的信任与支持，企业负责人计划举办一场回馈老客户的活动，在回馈老客户的同时增强客户黏性。运营部门经理安排小李对客户进行分类，从中筛选出老客户并制定匹配的回馈策略。

1. 获取客户交易数据

学员可以从教材电子资源中获取小李所在企业 2022 年 9 月的客户交易数据，获取数据后，学员以个人为单位，将数据添加至 Excel 表中，添加后的效果如图 1-4-1 所示。

	A	B	C
1	客户	交易状态	交易金额（元）
2	im编号007	交易成功	36
3	幻蓝蟹子	交易关闭	36
4	起舞的水晶鞋	等待买家付款	129
5	下雪	交易成功	15.9
6	漂亮的银杏叶子	交易关闭	15.9
7	青岛小美	等待买家付款	139
8	百乐汇	交易关闭	11.9
9	向日葵	交易成功	6.9
10	lsxn222	交易成功	15.9
11	夏天柠檬	等待买家付款	139
12	微笑的猫猫	交易关闭	29.9
13	沙漠骆驼	交易关闭	15.9
14	咫尺天涯	交易成功	15.9
15	一起走	交易成功	15.9
16	流浪的诗人	交易关闭	15.9
17	四眼照万丈	交易成功	15.9
18	明天来之前	交易关闭	15.9
19	爱笑的苹果	交易成功	36
20	im编号007	等待买家付款	15.9
21	最好的遇见	交易成功	15.9
22	爱在西元前	交易关闭	15.9
23	爱吃小饼干	交易成功	139
24	百乐汇	交易成功	19.9
25	紫色的眼睛	等待买家付款	15.9
26	夏天柠檬	交易成功	15.9
27	触礁	交易成功	15.9
28	一起走	交易关闭	139
29	遇见更好的自己	交易成功	139
30	ijsyeh776	交易成功	139
31	yy102	交易成功	15.9
32	im编号007	交易成功	13.9
33	最好的遇见	交易成功	15.9
34	一起走	等待买家付款	15.9
35	下雪	交易关闭	9
36	触礁	交易成功	9
37	im编号007	交易成功	9
38	漂亮的银杏叶子	等待买家付款	13.9
39	向日葵	交易成功	13.9
40	微笑的猫猫	交易关闭	139
41	夏天柠檬	交易成功	139
42	夏天柠檬	交易成功	15.9
43	沙漠骆驼	交易成功	13.9
44	百乐汇	交易成功	29.9
45	im编号007	交易关闭	6.9
46	流浪的诗人	交易成功	6.9
47	yy102	等待买家付款	139
48	明天来之前	交易成功	139
49	微笑的猫猫	交易成功	139
50	你的小尾巴	交易成功	15.9
51	最好的遇见	交易成功	13.9
52	爱在西元前	交易成功	13.9
53	漂亮的银杏叶子	交易关闭	15.9
54	明天会更好	交易成功	15.9
55	紫色的眼睛	交易成功	15.9
56	im编号007	等待买家付款	15.9
57	触礁	交易成功	15.9
58	海一样的蓝	交易关闭	15.9
59	夏天柠檬	交易成功	6.9
60	ijsyeh776	等待买家付款	15.9
61	yy102	交易成功	13.9

图1-4-1　小李所在企业2022年9月客户交易数据

2. 客户交易数据分析

使用数据透视表，对客户交易数据进行分析，通过分析得出每个客户的交易情况，包括各交易状态下的订单数及订单金额。

操作时，在“数据透视表字段”选中区域对应的所有内容，将“客户”“交易状态”设置为“行”，将“客户”“交易金额”设置为“值”（“客户”设置为“计数项”，“交易金额”设置为“求和项”），通过操作，得到数据透视表如图 1-4-2 所示。

行标签	计数项:客户	求和项:交易金额（元）
ijsyeh776	2	154.9
等待买家付款	1	15.9
交易成功	1	139
im编号007	6	97.6
等待买家付款	2	31.8
交易成功	3	58.9
交易关闭	1	6.9
lsxn222	1	15.9
交易成功	1	15.9
yy102	3	168.8
等待买家付款	1	139
交易成功	2	29.8
爱吃小饼干	1	139
交易成功	1	139
爱笑的苹果	1	36
交易成功	1	36
爱在西元前	2	29.8
交易成功	1	13.9
交易关闭	1	15.9
百乐汇	3	61.7
交易成功	2	49.8
交易关闭	1	11.9
触礁	3	40.8
交易成功	3	40.8
海一样的蓝	1	15.9
交易关闭	1	15.9
幻蓝蟹子	1	36
交易关闭	1	36
流浪的诗人	2	22.8
交易成功	1	6.9
交易关闭	1	15.9
明天会更好	1	15.9
交易成功	1	15.9
明天来之前	2	154.9
交易成功	1	139
交易关闭	1	15.9
你的小尾巴	1	15.9
交易成功	1	15.9
漂亮的银杏叶子	3	45.7
等待买家付款	1	13.9
交易关闭	2	31.8
起舞的水晶鞋	1	129
等待买家付款	1	129
青岛小美	1	139
等待买家付款	1	139
沙漠骆驼	2	29.8
交易成功	1	13.9
交易关闭	1	15.9
四眼照万丈	1	15.9
交易成功	1	15.9
微笑的猫猫	3	307.9
交易成功	1	139
交易关闭	2	168.9
下雪	2	24.9
交易成功	1	15.9
交易关闭	1	9
夏天柠檬	5	316.7
等待买家付款	1	139
交易成功	4	177.7
向日葵	2	20.8
交易成功	2	20.8
一起走	3	170.8
等待买家付款	1	15.9
交易成功	1	15.9
交易关闭	1	139
遇见更好的自己	1	139
交易成功	1	139
咫尺天涯	1	15.9
交易成功	1	15.9
紫色的眼睛	2	31.8
等待买家付款	1	15.9
交易成功	1	15.9
最好的遇见	3	45.7
交易成功	3	45.7
总计	60	2438.8

图1-4-2　小李所在企业2022年9月客户交易数据透视表操作截图

3. 客户分类 - 筛选老客户

通过上面的操作后得到的数据透视表内容，筛选出老客户，完成表 1-4-1 的填写。

表1-4-1　老客户统计表

老客户统计表	
客 户 名 称	实际成交次数

4. 制定老客户的回馈策略

确定了哪些客户是老客户后，请学员帮助企业制定老客户回馈策略，填写并上传提交。

【任务小结】

本任务主要是对网络市场细分方法进行了介绍，通过 Ecxel 表格中原始店铺数据的市场细分，帮助读者理解网络市场细分的方法，进而在此基础上，熟悉 Ecxel 表格中数据透视表的操作方法，并完成网络市场细分的操作应用。

【思考与练习】

1. 请阐述网络市场细分可以根据哪些方面进行细分？
2. 为什么要进行网络市场细分？
3. 结合实操案例探讨，案例中应用了哪种网络市场细分的方法？

子任务二　网络目标市场选择

【引导案例】

为了扩大市场占有率，可口可乐公司绞尽脑汁。以公司总部所在地亚特兰大为例，可口可乐贩卖机遍布在各种大小商场、杂货店。

除了在可乐市场上雄霸一方以外，可口可乐公司还把目光投向了茶、咖啡等其他饮品市场，可口可乐公司认为，目前全美共有 200 万家商店、45 万家餐厅及 140 万个贩卖机和冷藏柜行销可乐产品，看起来市场已经相当饱和，但如果从各地的平均消费量来分析，消费形态还存在差异，美国人平均每年的可口可乐的消费量还可以提高一成，即每人增加 80 盎司，为此，可口可乐公司开始增加品牌曝光的机会。

可口可乐公司改变了以往赞助各种大型社会活动的宣传方法，直接在公众场合摆上贩卖机，吸引游客在此停留，多买一些可乐。此举果然奏效，据报道，一年下来，可口可乐在华纳影城的收入增长了约 127%。

根据案例分析，可口可乐公司是如何做目标市场选择的？

【任务分析】

进行子行业市场容量分析，需要了解子行业支付金额较父行业占比，并借助图表进行展示。行业集中度可以反映某个行业的饱和度和垄断程度，需要借助赫芬达尔指数来反映。在进行该指数的计算前，首先需要取得行业潜在竞争对手的市场占有率，并将较小的竞争对手忽略，然后计算出行业竞争对手市场占有率的平方值，最后计算出平方值之和。赫芬达尔指数的数值越小，说明行业的集中度就越小，趋于自由竞争，可以选择进入该行业。

任务背景如下：

电商企业在进入新的行业前，需要全面地了解行业的发展状况，据此提前规避风险，避免进入红海行业或处于衰退期的行业。某电商企业想要探索女装行业，并从中选择市场容量大、销售前景好的子行业进入，并进一步分析子行业的集中度，明确是否还有进驻该行业的机会。为了保险起见，领导安排小张进一步进行行业集中度分析，明确该行业的饱和度及垄断程度，为企业决策提供数据支持。

【任务操作】

该电商企业已经确定进入女装行业，但对目标行业下各个子行业的发展状况不是非常了解，为了明确计划切入的品类，并为后期的品类上新计划提供决策依据，小张决定进行女装子行业市场容量分析，其操作步骤和关键节点成果展示如下：

1. 明确分析目标

通过分析目标行业下子行业的市场容量，从中选出市场容量大、销售前景好的子行业进入。

2. 采集并整理数据

考虑到女装行业下各个子行业的季节性因素，小张计划采集一个自然年的数据进行综合比较。因计划入驻淘宝平台，小张进入生意参谋，单击市场功能，采集女装子行业 2022 年构成数据如图 1-4-3 所示。该数据表读者可以从教材电子资源中获得。

3. 创建数据透视表

通过整理的数据可以了解到女装各子行业“支付金额较父行业占比”，即子行业的市场容量情况，为了直观展现，可在 Excel 中创建一个数据透视表，将“类目名”字段添加到“行”列表框；将“支付金额较父行业占比”字段添加到“值”列表框，并更改“值字段设置”中“计算类型”为求和，单击“确定”即可完成数据透视表的创建，如图 1-4-4 所示。

	A	B	C	D	E
1	日期	类目名	交易增长幅度	支付金额较父行业占比	支付子订单数较父行业占比
2	1月	羽绒服	43.86%	13.61%	4.30%
3	1月	毛呢外套	-21.25%	10.33%	4.45%
4	1月	连衣裙	-0.52%	8.35%	8.24%
5	1月	裤子	-36.54%	7.96%	16.05%
6	1月	棉衣/棉服	-47.57%	7.03%	6.21%
7	1月	皮草	-27.55%	6.69%	1.06%
8	1月	毛衣	-32.31%	6.49%	9.01%
9	1月	毛针织衫	-27.93%	5.32%	6.62%
10	1月	短外套	-6.88%	4.26%	3.28%
11	1月	牛仔裤	-20.92%	3.52%	5.61%
12	1月	中老年女装	1.01%	3.51%	3.11%
13	1月	套装/学生校服/工作制服	-17.18%	3.40%	3.58%
14	1月	卫衣/绒衫	-28.29%	3.03%	4.57%
15	1月	半身裙	-19.21%	2.96%	5.18%
16	1月	T恤	-15.01%	2.39%	6.25%
17	1月	衬衫	13.27%	2.14%	3.08%
18	1月	婚纱/旗袍/礼服	-9.33%	1.97%	1.25%

女装子行业数据

图1-4-3　女装子行业2022年构成数据

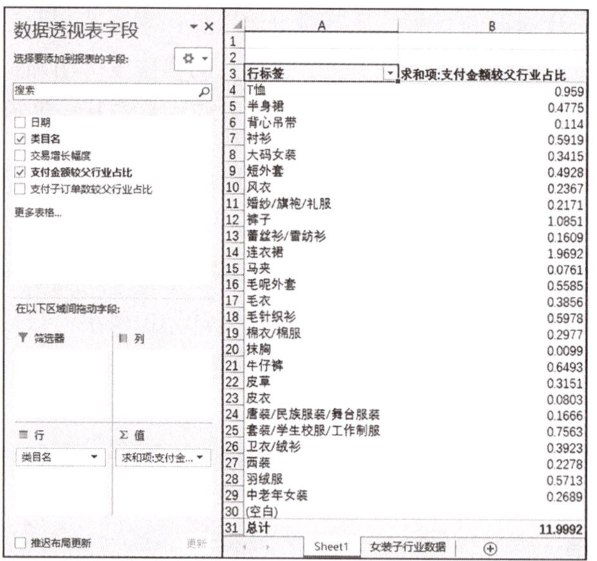

	A	B
1		
2		
3	行标签	求和项:支付金额较父行业占比
4	T恤	0.959
5	半身裙	0.4775
6	背心吊带	0.114
7	衬衫	0.5919
8	大码女装	0.3415
9	短外套	0.4928
10	风衣	0.2367
11	婚纱/旗袍/礼服	0.2171
12	裤子	1.0851
13	蕾丝衫/雪纺衫	0.1609
14	连衣裙	1.9692
15	马夹	0.0761
16	毛呢外套	0.5585
17	毛衣	0.3856
18	毛针织衫	0.5978
19	棉衣/棉服	0.2977
20	抹胸	0.0099
21	牛仔裤	0.6493
22	皮草	0.3151
23	皮衣	0.0803
24	唐装/民族服装/舞台服装	0.1666
25	套装/学生校服/工作制服	0.7563
26	卫衣/绒衫	0.3923
27	西装	0.2278
28	羽绒服	0.5713
29	中老年女装	0.2689
30	(空白)	
31	总计	11.9992

图1-4-4　女装子行业2022年构成数据透视表操作字段部分截图

4. 插入数据透视图

展示数据的占比情况，适合选用饼图。为了使得饼图中的数据更加直观，可以在数据透视表“求和项:支付金额较父行业占比”下选择任意数据右击,在弹出的快捷菜单栏中选择“排序”→“降序”，并设置“值显示方式”为“总计的百分比”。随后选择数据透视表中的任意数据，单击“数据透视图”，选择饼图，单击“插入”，对图表进行美化，可得出图 1-4-5 所示的饼图。

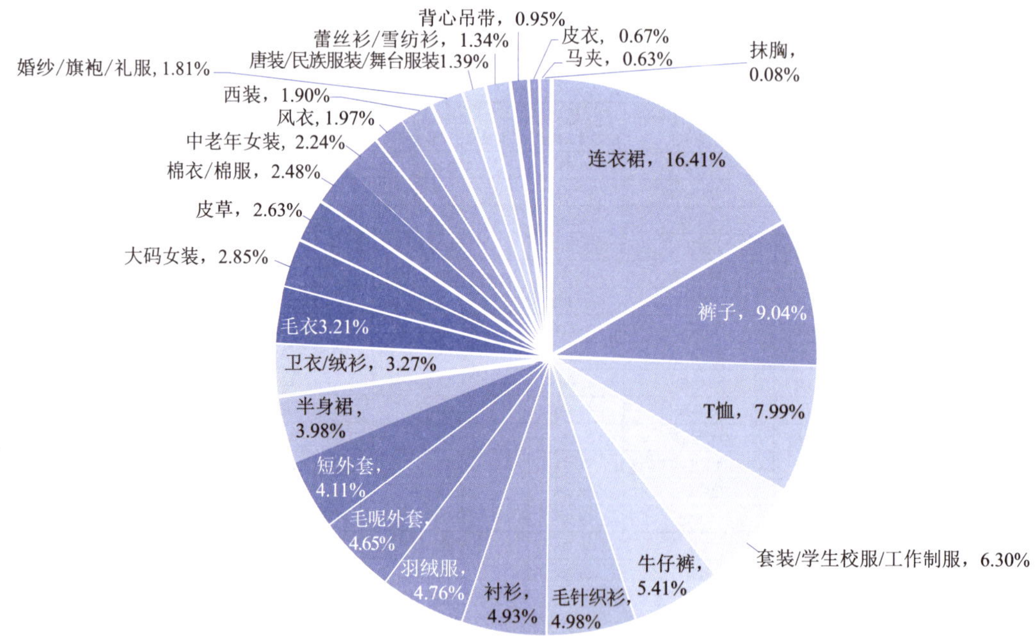

图1-4-5　女装行业2022年构成数据统计结果饼状图

5. 插入切片器

通过整理后的饼图，就可以查看当月女装子行业的市场容量情况，但女装具有一定的季节性，为了准确判断，需要查看一整个自然年的数据，为了便于查看并分析全年数据，可以在数据透视图中插入切片器工具，利用该工具可以控制分析的日期跨度，如图 1-4-6 所示，女装子行业 2022 年全年女装各子行业的市场容量情况，可按月查看。

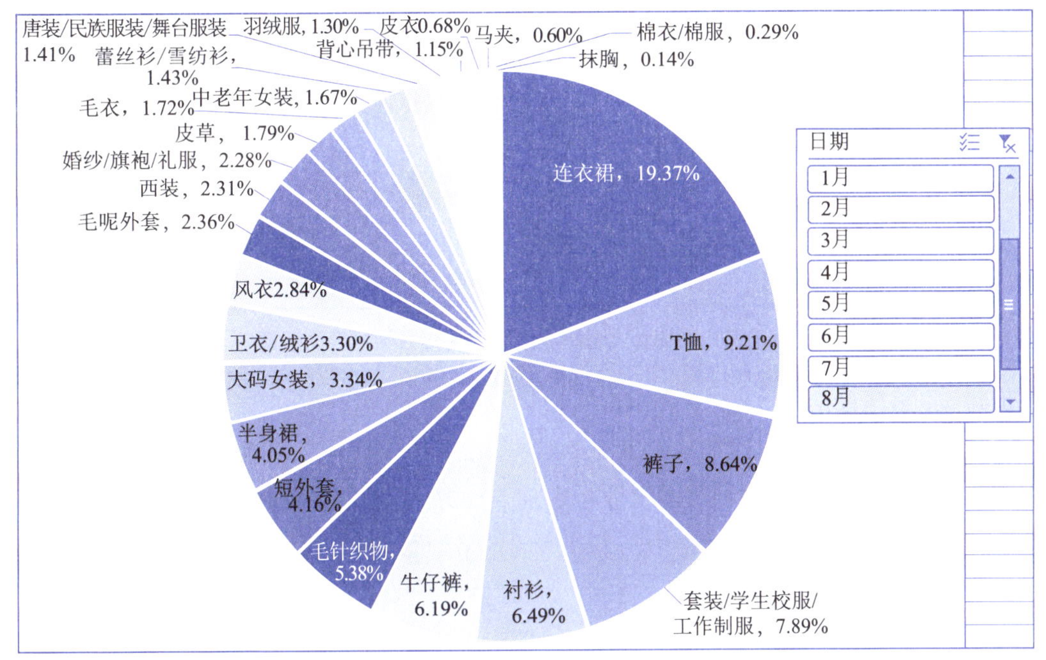

图1-4-6　女装子行业2022年每月女装各子行业的市场容量情况统计结果饼状图

6. 分析女装子行业市场容量

通过饼图中的切片器可灵活查看每个月子行业的市场容量情况，通过对全年的数据进行分析，选出其中市场容量大的子行业，并将分析结果填写上传提交。

小张通过综合分析子行业市场容量，选出了其中市场容量比较大的子行业，但考虑到季节性因素，该企业计划首先进入女式羽绒服行业，并进一步分析女式羽绒服行业的集中度，其操作步骤及关键节点成果展示如下：

步骤 1：明确分析目标。

小张此次进行行业集中度分析的目的是了解羽绒服行业的饱和程度，分析该行业是否被垄断，是否有进入的机会。

步骤 2：采集数据。

因该企业初步确定的销售平台为淘宝，后期逐渐进驻京东、苏宁易购等，小张为了确保数据的针对性更强，对不同平台的行业数据分别进行采集。

小张进入淘宝网生意参谋，单击“品牌排行”功能，单击“品牌”即可采集女式羽绒服行业最近一个月排名前 50 的品牌交易指数，如图 1-4-7 所示。

品牌排行　高交易　高流量　请输入品牌关键词

排名		品牌	交易指数	交易增长幅度	支付转化指数	操作
1	升2名	C G	305,667	-25.86%	333	趋势分析
2	持平	yaloo/雅鹿	295,408	-33.32%	382	趋势分析
3	升1名	Bosideng/波司登	275,939	-34.16%	263	趋势分析
4	升10名	moncler	175,307	+0.41%	220	趋势分析
5	升7名	Tagkita/她及其他	171,304	-8.33%	467	趋势分析
6	持平	Goldfarm/高梵	170,976	-37.19%	340	趋势分析
7	升14名	Chericom/千仞岗	128,056	+10.03%	405	趋势分析

图1-4-7　采集女式羽绒服品牌交易指数数据界面截图

步骤 3：整理数据。

学员通过源数据“2-2 行业集中度原始数据 .xlsx”（该表可以从教材数据资源中获得），可以获取小张统计出的女式羽绒服行业排名前 50 的品牌的交易指数。学员以个人为单位，将获取到的数据整理到 Excel 表格中，整理后的效果如图 1-4-8 所示。

	A	B	C
1	行业排行	品牌	交易指数
2	1	C G	305,667
3	2	yaloo/雅鹿	295,408
4	3	Bosideng/波司登	275,939
5	4	moncler	175,307
6	5	Tagkita/她及其他	171,304
7	6	Goldfarm/高梵	170,976
8	7	Chericom/千仞岗	128,056
9	8	moose knuckles	127,120
10	9	鸭鸭	124,890
11	10	PEACEBIRD/太平鸟	122,275
12	11	JNBY/江南布衣	120,123
13	12	SNOW FLYING/雪中飞	118,923

图1-4-8　品牌排行数据截图

步骤 4：计算市场份额。

学员分别计算各个品牌的市场份额，品牌的市场份额为该品牌的交易指数除以 50 个品牌的交易指数之和，例如排名第一的 C G，其市场份额的计算公式为“=C2/SUM($C$2：$C$51)”，50 个品牌的交易指数之和可以使用 SUM 函数，而其中的“$”符号表示绝对引用，防止复制公式到其他单元格后，单元格地址自动变化。学员在 Excel 表格中输入需要计算的字段名，依次完成其他品牌市场份额的计算，如图 1-4-9 所示。

D2 =C2/SUM($C$2:$C$51)

	A	B	C	D
1	行业排行	品牌	交易指数	市场份额
2	1	CG	305, 667	0. 062718639
3	2	yaloo/雅鹿	295, 408	
4	3	Bosideng/波司登	275, 939	
5	4	moncler	175, 307	
6	5	Tagkita/她及其他	171, 304	
7	6	Goldfarm/高梵	170, 976	
8	7	Chericom/千仞岗	128, 056	

图1-4-9　品牌市场份额界面截图

步骤 5：计算市场份额平方值。

学员输入需要计算的字段名"市场份额平方值"，如排名第一的品牌的市场份额平方值计算公式为"=D2*D2"，如图 1-4-10 所示，学员依次完成其他品牌市场份额的计算。

E2 =D2*D2

	A	B	C	D	E
1	行业排行	品牌	交易指数	市场份额	市场份额平方值
2	1	CG	305, 667	0. 062718639	0. 003933628
3	2	yaloo/雅鹿	295, 408	0. 060613634	
4	3	Bosideng/波司登	275, 939	0. 056618864	
5	4	moncler	175, 307	0. 035970571	
6	5	Tagkita/她及其他	171, 304	0. 03514921	
7	6	Goldfarm/高梵	170, 976	0. 035081909	
8	7	Chericom/千仞岗	128, 056	0. 026275319	

图1-4-10　市场份额平方值操作界面截图

步骤 6：计算行业集中度。

上述两项数值计算完成后，计算赫芬达尔指数，即行业集中度。学员输入需要计算的字段名，随后输入计算公式"=SUM(E2：E51)"，如图 1-4-11 所示。

F2 =SUM(E2:E51)

	A	B	C	D	E	F
1	行业排行	品牌	交易指数	市场份额	市场份额平方值	行业集中度
2	1	CG	305, 667	0. 062718639	0. 003933628	0.027333367
3	2	yaloo/雅鹿	295, 408	0. 060613634	0. 003674013	
4	3	Bosideng/波司登	275, 939	0. 056618864	0. 003205696	
5	4	moncler	175, 307	0. 035970571	0. 001293882	
6	5	Tagkita/她及其他	171, 304	0. 03514921	0. 001235467	

图1-4-11　赫芬达尔指数操作界面截图

步骤 7：分析数据。

学员结合理论教材所学，分析行业集中度的计算数据，并将分析结果进行提交。

【任务小结】

本任务主要是对网络目标市场选择进行了介绍，通过行业集中度、赫芬达尔指数等指标的分析，帮助读者理解并掌握网络目标市场选择的方法，理解行业市场容量分析的方法，进而在此基础上，完成网络目标市场选择。

【思考与练习】

1. 请阐述什么是网络目标市场选择？
2. 传统目标市场选择的方法有哪些？
3. 试论述网络目标市场选择的方法。

子任务三　网络市场定位

【引导案例】

拼多多的一个基本的市场逻辑是“价格优势”,用拼多多的创始人黄峥的话来说就是“优惠”，这点和初期的京东有些类似，以低价快速获得用户规模，有些产品的价格甚至是同行的一半。目前拼多多已经成为国内第三大电商，逼近京东。

另外，拼多多在市场策略上定位的客户群，主要是中国非一二线城市和农村的电子商务市场，成功地绕过了京东和阿里的一二线城市的主战场，将小城市、县城、乡镇作为重点市场。黄峥曾笑称：“我们的核心就是五环内的人理解不了。”拼多多的客户群很多都是：年龄偏大、文化程度不高、主要通过智能手机来接触电商，相信很多人都在自己的朋友圈里看到过老家的父母、亲戚及在县城工作的同学分享的拼多多链接。精准的客户群定位加上优惠的价格就是拼多多更大的优势，可以说势如破竹，三年走完了其他电商公司十年走的路。

再次，社交电商的策略让拼多多非常容易打造“爆款”，拼多多描述自己的模式为CTOB拼团，用黄峥的话来说就是：拼多多的线上拼购模式就是复制线下的庙会、团购等消费场景，而这种传统的线下模式在之前的传播中是有空间局限的，而腾讯作为拼多多的大股东，拼多多毫无疑问可以极力地发挥微信的社交能力，实现其爆炸式的增长。拼多多相关负责人曾介绍过，自2022年以来，国内外一线品牌在平台开设官方旗舰店的数量同比增长330%。在年度活跃人数上，拼多多在2022年第一季度达到8.82亿，实现了质的飞跃。

结合案例分析，拼多多是如何进行市场定位的？

【任务分析】

网络目标市场确定以后，企业必须进行市场定位，为本企业及其产品在市场上树立预定的形象，并争取获得目标客户的认同。它需要向目标市场说明，本企业与现有的、潜在的竞争者有什么区分，以使目标客户理解和正确熟悉本公司有别于其他竞争者象征的行为，就是市场定位。

【任务操作】

相信接触过阿里巴巴的商家都非常清楚，虽然产品是店铺最基本的核心和基础，但是店铺定位关系着店铺的运营与发展;店铺定位不清晰,好的产品没人买，店铺想提升就会变得很困难。本任务以阿里巴巴市场店铺定位为例来阐述网络市场定位策略，进行店铺定位时，需按以下步骤进行：

1. 行业分析

（1）类目下子行业的产品销售成交情况如何？可以通过在 1688 产品市场查看同行的销售情况，看线上的在线交易情况，目的是看看这个产品的在线销售数据。

（2）子类目下什么样的款式市场容量最大？点击对应的子类目之后可以看到对应的产品销售数据情况，我们看下什么款式的产品是比较受市场欢迎，可以手动使用表格进行数据记录，然后再汇总数据，并采集市场上前 100 条销售较好的数据作为标准。

（3）客户在该类目里面会选择什么价位区间？以淘宝为例，可以在搜索相关关键词后的搜索结果页面，点击“筛选”即可查看到，如图 1-4-12 所示。

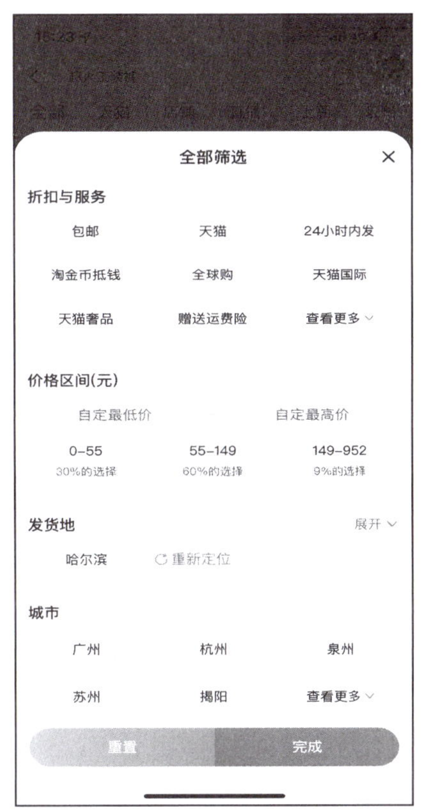

图1-4-12　淘宝筛选界面

（4）主打产品的淡旺季分布如何？目前只能自己调查这个产品在不同的季节里面的需求变化情况如何，阿里后台的生意参谋暂时没数据查询。

2. 竞争对手分析

（1）分析竞争对手产品的销售情况。如果大家在行业分析里面得不到相关数据，参考竞争对手的数据就是最直观的。

（2）分析竞争对手在产品的定价方面情况，再查看自己的定价是否合理和具有优势。

（3）分析竞争对手在使用哪些手段进行促销,以决定我们后续是否使用同样的促销手段。

（4）分析竞争对手的产品评分和评价情况分析。

（5）分析竞争对手的详情页是如何规划的，自己有哪些地方可以借鉴。

（6）分析竞争对手的主打卖点情况如何，和自己相比是否具有其他特点。

（7）与竞争对手相比，差异化在哪里？自己有什么不同的优势之处。

3. 自我分析

（1）资源

作为主打，首先考虑我们的货源是否能足够、稳定地供给；产品渠道的优势情况如何，在产品的质量、价格、服务上有哪些的优势。

（2）人员分配

我们的店铺有几人在打理，产品售前、售中、售后各自的分配是否充足合理。

（3）资金

做推广后续是需要投入资金，我们的预算有多少。

（4）规划

后期自己对店铺的规划情况准备如何着手，是否有清晰的思路。

4. 买家分析

我们的产品最终都是为客户准备的，客户的需求才是产品的核心卖点，那么应该在哪些方面进行分析？

（1）自己的目标客户是谁。以某做汽车线的公司为例，他们的目标客户是做电子产品类的商家，定制型为主。

（2）目标客户的需求情况分析。分析客户对于产品的价格、质量、功能情况需求如何，更注重哪方面。

（3）客户的主要顾虑是什么。例如对于电子线材类产品，客户顾虑的最大因素是价格和产品合格率，如果非要在这两个上面再选一个，那么合格率是最重点的，要知道一条线材的性能会对电子产品的性能影响有多大。

（4）如何解决客户的顾虑。公司实力展示、产品认证证书、研发证书、企业规模、生产流水线、团队人员等描述可以提升公信力，还要给出承诺保障，并展示出合作客户案例等。

【知识扩展】

1. 网络目标市场细分的含义

网络目标市场细分，一般就是具体细致地划分与网络有关的市场，使企业在调查研究的基础上，依据网络消费者的需求、动机与习惯爱好的差异性，把网络营销市场划分成不同类型的消费者群体的过程，每个消费群体就构成了企业的一个细分市场。

2. 网络营销市场细分的标准

一种产品的整体市场可以细分，是由于消费者或用户的需求存在差异性。在 B2C 市场上，市场是由以满足生活消费为目的的消费者构成的，消费者的需求和购买行为等具有许多不同的特性，这些不同的需求差异性因素，便是 B2C 市场细分的基础。由于引起消费者需求差异性的因素很多，在实际操作过程中，企业一般是综合运用有关标准来细分市场的，而不是单一采用某一标准。概括起来，B2C 市场细分的标准主要有四类，即地理因素、人口因素、心理因素、行为因素。以这些因素为标准来细分市场就产生出地理细分、人口细分、心理细分和行为细分四种市场细分的基本形式。

（1）按地理因素细分市场。互联网虽然打破了常规地理区域的限制，但是不同地理区域之间的人口、文化、经济等差异将会长期存在。

地理细分是按照消费者所处的地理位置、自然环境来细分市场，比如，根据国家、地区、城市规模、气候、人口密度、地形地貌等方面的差异将整体市场细分为不同的细分市场。

地理因素之所以作为市场细分的标准，是因为处在不同地理环境下的消费者对于同一类产品往往有不同的需求与偏好，他们对企业采取的营销策略与措施会有不同的反应。比如，在我国南方沿海一些省份，某些海产品被视为上等佳肴，而内地的许多消费者则觉得味道平常。又如，由于居住环境的差异，城市居民与农村消费者在室内装饰用品的需求上大相径庭。

地理变量易于识别，是细分市场应予以考虑的重要因素，但处于同一地理位置的消费者的需求仍会有很大差异。比如，在我国的一些大城市，流动人口逾百万，这些流动人口本身就构成一个很大的市场，很显然，这一市场有许多不同于常住人口市场的需求特点。所以，简单地以某一地理特征区分市场，不一定能真实地反映消费者的需求共性与差异，企业在选择目标市场时还需结合其他细分变量予以综合考虑。

（2）按人口因素细分市场。按人口统计因素，如年龄、性别、家庭规模、家庭生命周期、收入、职业、教育程度、国籍等为基础细分市场。消费者需求、偏好与人口统计变量有很密切的关系。人口统计变量较容易衡量，有关数据也相对容易获取，由此构成了企业经常以它作为市场细分标准的重要原因。人口因素包括以下几种：

①性别，男性与女性在产品需求与偏好上有很大不同，如在服饰、鞋帽、化妆品等方面的需求明显有别。像美国的一些汽车制造商，过去一直是迎合男性要求设计汽车，现在，随着越来越多的女性参加工作和社会经济地位的改变与提高，这些汽车制造商正研究市场机会，设计具有吸引女性消费者特点的汽车。

②年龄，不同年龄的消费者对商品需求的特征也有明显的差异。一般来说，儿童需要玩具、食品、童装、儿童读物；青年人则需要学习、体育和文娱用品；老年人需要营养品与医疗保健品等。

③收入，不同收入的消费者对商品的需求也有明显的差异。

④职业与教育，指按消费者职业的不同、所受到教育的不同以及由此引起的需求差别细分市场。比如，教师、职员、工人、农民、学生等不同职业者，对商品的需求有明显差异。又如，由于消费者所受教育水平的差异所引起的在兴趣、生活方式、文化素养等方面的差异，会影响到他们的购买种类、购买行为、购买习惯等，不同消费者对居室装修用品的品种、颜色等有不同的偏好就是一个证明。

⑤家庭生命周期，一个家庭按年龄、婚姻和子女状况等，可划分为七个阶段。在不同阶段，家庭购买力、家庭成员对商品的兴趣与偏好有较大差别。

单身阶段：年轻，单身，几乎没有经济负担，新消费观念的带头人，娱乐导向型购买。

新婚阶段：年轻夫妻，无子女，经济条件比较好。他们购买力强，对耐用品、大件商品的购买欲望强烈。

满巢阶段Ⅰ：年轻夫妻，有6岁以下子女，家庭用品购买的高峰期。不满足现有经济状况，注意储蓄，购买较多的儿童用品。

满巢阶段Ⅱ：年轻夫妻，有6岁以上未成年子女，经济状况较好，购买趋于理智，受广告及其他市场营销刺激的影响相对较少，注重档次较高的商品及子女的教育投资。

满巢阶段Ⅲ：年长的夫妇与尚未独立的成年子女同住，经济状况较好，妻子或子女皆有工作。他们注重储蓄，购买趋向冷静、理智。

空巢阶段：年长夫妇，子女离家独立。前期收入较高，购买力达到高峰期，较多购买老年人用品，如医疗保健品、娱乐及服务性消费支出增加。后期退休，收入减少。

孤独阶段：单身老人独居，收入锐减。特别注重情感、关注等需要及安全保障。

（3）按心理因素细分市场。根据购买者所处的生活方式、个性特点等心理因素细分市场就叫作心理细分。

①生活方式。通俗地讲,生活方式是指一个人怎样生活。人们追求的生活方式各不相同，有的追求新潮、时髦，有的追求恬静、简朴，有的追求刺激、冒险，有的追求稳定、安逸。如一些服装生产企业，为“简朴的妇女”“时髦的妇女”分别设计不同的服装就是根据生活方式细分市场。

②个性特点。个性是指一个人比较稳定的心理倾向与心理特征，它会导致一个人对其所处的环境做出相对一致和持续不断的反应。通常，个性会通过自信、自主、支配、保守、顺从、适应等性格特征表现出来。

（4）按行为因素细分市场。根据购买者对产品的了解程度、态度、使用情况及反应等将他们分成不同的群体，叫行为细分。许多人认为，行为变量能更直接地反映消费者的需求差异，因而成为市场细分的最佳起点。按行为因素细分市场主要包括：

①购买时机。根据消费者提出需要、购买和使用产品的不同时机，将他们划分成不同的群体。如有些是时令商品（如电扇、空调、取暖器等），有些商品是节日礼品或婚庆用品，消费者购买时间有一定的规律性。

②追求利益。依据消费者通过购买、消费产品期望得到的主要利益进行市场细分，如购买手表有的追求经济实惠、价格低廉，有的追求耐用可靠和使用维修方便，还有的偏向于显示出社会地位。

③使用者情况。根据顾客是否使用和使用程度细分市场，通常可分为经常购买者、首次购买者、潜在购买者、非购买者。

④使用数量。根据消费者使用某一产品的数量大小细分市场，通常可分为大量使用者、中度使用者和轻度使用者。

⑤品牌忠诚度。企业可以根据消费者对产品的忠诚程度细分市场。有些消费者经常变换品牌，另外一些消费者则在较长时期内专注于某一品牌或少数几个品牌。

3. 网络市场细分方法

（1）完全细分

假如购买者的需求不同，那么每个消费者都可能是一个单独的市场，完全可以按照这个市场所包括的消费者数目进行最大限度细分。即这个市场细分后的小数目也就是构成此市场的购买数目。

（2）按一个营销需求的因素细分

对某些通用性比较大、挑选性不太强的产品，往往可以按其中一个影响购买者需求最强的因素进行细分，如可按收入不同划分，或按不同年龄范围划分。

（3）按两个以上影响需求的因素细分

大多数产品的销售都受多种需求因素的影响，如不同年龄范围的消费者，因生理或心理的原因对消费品有不同要求；同一年龄范围的消费者，因收入情况的不同，也会产生需求差异。因此，大多数产品都需要按照两个或两个以上的因素细分。

4. 网络市场定位

（1）网络市场定位的概念

企业在进行网络商务过程中，通过先进的理念、方法和技术，突出企业以及企业产品的特色，在网络消费者和网友心目中树立良好的形象与塑造优质的品牌，以求与竞争者的产品和形象的差异化。

（2）网络市场定位的步骤

①分析目标市场的现状，确认潜在的竞争优势。这一步骤的中心任务是要回答以下三个问题：竞争对手产品定位如何？目标市场上顾客欲望满足程度如何以及确实还需要什么？针对竞争对手的市场定位和潜在顾客真正需要的利益要求，企业应该能够做什么？

②准确选择竞争优势，对目标市场初步定位。竞争优势表明企业能够胜过竞争对手的能力。这种能力既可以是现有的，也可以是潜在的。选择竞争优势实际上就是一个企业与竞争者各方面相比较的过程。比较的指标应是一个完整的体系，只有这样，才能准确地选择相对竞争优势。

③显示独特的竞争优势和重新定位。这一步骤的主要任务企业要通过一系列的宣传促销活动，将其独特的竞争优势准确传达给潜在顾客，并在顾客心目中留下深刻印象。为此，企业首先应使目标顾客了解、熟悉、认同、喜欢和偏爱本企业的市场定位，在顾客心目中建立与该定位相一致的形象。其次，企业通过各种努力强化目标顾客形象，稳定目标顾客的态度和加深目标顾客的感情来巩固与市场相一致的形象。最后，企业应注意目标顾客对其市场定位理解出现偏差或由于企业市场定位宣传上的失误而造成目标顾客模糊、混乱和误会，及时纠正与市场定位不一致的形象。企业的产品在市场上定位即使很恰当,但在下列情况下，还应考虑重新定位：

- 竞争者推出的新产品定位于本企业产品附近，侵占了本企业产品的部分市场，使本企业产品的市场占有率下降。
- 消费者的需求或偏好发生变化，使本企业产品销量骤减。

【任务小结】

本项目主要针对网络市场细分、网络目标市场选择及网络目标市场定位三个方面的内容，以市场细分理论为支撑，结合具体的子任务，让同学们了解该部分实操，由于该部分并未阐述理论，同学们可以在学习前参考知识扩展。

【思考与练习】

1. 什么是网络市场细分？
2. 网络目标市场该如何选择？
3. 假设你想要在拼多多上开店，请问该如何进行目标市场定位？

【任务单】
1.任务名称
根据要求完成生腰果的市场分析报告制作。
2.达成目标
（1）完成腰果的基础信息的调查。 （2）调查生腰果的产地、供应商等信息。 （3）搜集腰果的前20名供应商情况调查。
3.方法和建议
依据百度平台查找相关信息。 登录阿里巴巴或者淘宝网完成供应商及农户信息调查。
4.任务提交形式
分析报告或PPT。
5.困惑和建议（实施之后反馈）

【执行单】
1.任务名称
根据案例要求制作生腰果的市场分析报告。
2.任务执行的具体步骤
（1）登录百度平台，检索腰果的生产地、生产时间、质量标准，消费人群及消费习惯等信息； （2）分析生腰果的生命周期（消费高峰），分析目前市场上腰果波士顿矩阵中的位置，以及其在需求层次理论中的位置； （3）登录阿里巴巴/淘宝网，检索生腰果的供应商信息，搜集销量前20名的供应商信息； （4）了解各地的生腰果批发市场信息、种植农户信息； （5）咨询供应商生腰果的市场信息、种植农户信息； （6）确定供应商/代理商/分销商的合作条款或协议，制定供应商情况登记表； （7）撰写一份800字左右的商品采购/分销的市场分析报告。

3.任务过程数据和结论

4.任务执行中的困难和反馈（实施之后反馈）

【评价单】

任务内容	分数占比	个人评价	小组评价	教师评价
任务分工	5			
团队合作	5			
任务执行	20			
任务结论	40			
方法能力	10			
计划能力	10			
任务汇报	10			

项目二　网络营销策略

【知识目标】

1. 了解互联网新产品的含义与特点。
2. 了解网络品牌的概念与特点及设计品牌标识的注意事项。
3. 了解网络营销渠道的概念、中间商的概念。
4. 理解网络渠道和传统渠道的区别。
5. 理解网络直销和网络分销的优缺点。
6. 了解网络广告的概念及分类。
7. 了解常见的网络促销方式。

【能力目标】

1. 掌握网络品牌打造基本技巧。
2. 掌握基于互联网基础的新产品开发技巧。
3. 掌握网络营销价格制定策略。
4. 能够建立网络直销渠道及分销渠道，并能够进行渠道管理。
5. 能够进行网络广告创意策划。
6. 能够进行网络促销策划及运营。

【素质与思政目标】

1. 培养学生独立分析和解决问题的能力。
2. 培养学生现代管理的意识。
3. 培养学生增强民族自信。
4. 培养学生具有品牌意识。

任务一　网络产品策略

子任务一　基于互联网基础的新产品开发

【引导案例】

新年的第一瓶“可口可乐”你想与谁分享

2009年春节，“可口可乐”抓准了受众微妙的心态，倡导可口可乐积极乐观的品牌理念，推出“新年第一瓶可口可乐，你想与谁分享？”这个新年期间的整合营销概念，鼓励人们跨越过去，冀望未来，以感恩与分享的情愫，营造了2009年新年伊始的温情。

活动充分整合了目前国内年轻人热衷的大部分网络资源：社交型网站、视频网站及每日都不可离开的手机。利用了社交型网站、视频等途径，让数以万计的消费者了解了“新年第一瓶可口可乐”的特殊含义，并积极参加了分享活动，分享了自己的故事和自己想说的话。

除了使用在年节时最广为应用的短信拜年，向iCoke会员发出“新年第一瓶可口可乐”新年祝福短信，同时也在iCoke平台上提供国内首次应用的全新手机交互体验，让拥有智能手机的使用者，体验到手机增强现实技术的科技。用户收到电子贺卡时，只要将手机的摄像头对准荧幕上的贺卡,就能看见一瓶三维立体的可口可乐与环绕的“新年第一瓶可口可乐，我想与你分享”的动态画面浮现在手机屏幕上，并伴随着活动主题音乐，新技术的大胆运用给年轻消费者与众不同的超前品牌体验。

自活动开始，参与人数随着时间不断增长。超过五百万的用户上传了自己的分享故事及照片，超过三百万的SNS用户安装了定制的API参与分享活动，近两百万的用户向自己心目中想分享的朋友发送了新年分享贺卡。同时，论坛、视频网站和博客上一时间充满“新年第一瓶可口可乐”的分享故事。除了惊人的数字外，消费者故事的感人程度、与照片视频制作的精致程度，均显示了该活动所创造的影响力及口碑，也证明了可口可乐在消费者情感诉求与网络趋势掌握方面的精准度。

【任务分析】

随着全球经济的一体化进程不断推进，市场竞争的焦点已从价格竞争转向差异化竞争。企业的差异化竞争主要表现为产品、服务、人事和形象差异化方面。新产品开发是企业通过产品差异化建立竞争优势的基础。在市场全球化的环境下，企业如何在最短的时间开发出能被用户接受并满意的新产品已经成为企业赢得市场竞争的重要因素。新产品开发并不是一个不可控制、不可预测的过程，新产品的开发有着固定的流程。随着网络技术和知识管理理论的发展和完善，人们在网络环境下将知识管理应用到新产品的开发当中去，极大地促进了新产品开发的效率和成功率，尤其是知识管理在新产品开发当中的应用，在很大程度上缩短了新产品开发的周期。

【任务操作】

基于互联网基础的新产品开发是当前非常热门的领域。在开发此类产品之前，需要通过深入了解目标市场和客户需求，制定详细的产品规格，设计优秀的用户界面和用户体验，选择适合的技术和平台，确定开发计划和预算，并进行持续的测试和改进来确保产品质量和性能达到预期。这些建议能够帮助企业成功地开发基于互联网基础的新产品，并在市场上取得成功。

1. 确定目标市场和客户需求

在开发基于互联网的新产品之前，需要深入了解目标市场和客户需求，以确定产品的设计和功能。可以通过市场调研、用户调研等方式收集数据和反馈。具体填写项目见表2-1-1。

表2-1-1　目标市场及客户需求表

目标市场	
产品需求	
目标用户	
用户需求	
竞争对手分析	

在填写表格时，需要尽可能详细地描述每个项目，以确保能够充分了解目标市场和客户需求，从而为产品的设计和功能提供参考和方向。目标市场及客户需求样表可见表 2-1-2。

表2-1-2　目标市场及客户需求样表

目标市场	智能家居设备市场
产品需求	一款智能音箱，支持语音助手功能，可以连接其他智能设备，如灯光、智能门锁、温度调节器等，并且具有优秀的音质表现
目标用户	家庭用户和办公室用户
用户需求	用户希望智能音箱能够简化他们的生活和工作流程，通过语音控制实现一系列的操作，如播放音乐、查询天气、设置闹钟、控制家庭电器等。此外，他们还期望智能音箱的音质表现具有高保真度，能够为他们带来极佳的听觉享受
竞争对手分析	在智能音箱市场上，竞争对手较为激烈，主要包括亚马逊的Echo系列、谷歌的Google Home系列、苹果的HomePod系列以及小米的小爱音箱系列等。这些竞争对手在产品的功能和性能上有不同的优劣势，因此需要从不同的角度进行分析和比较，才能制定出更加有效的市场策略

2. 制定产品规格

根据市场和客户需求，制定产品规格，包括功能、设计、性能、材料等要求。对于基于互联网的产品，还需要考虑数据安全、隐私保护等方面的要求。

根据前面调查分析得到的目标市场、目标用户和用户需求，以及竞争对手分析，制定智能音箱的产品规格见表 2-1-3。

表2-1-3　产品规格详情表

语音助手功能	支持语音控制，可以与其他智能设备进行联动，实现更加便捷的生活和工作体验
多功能操作	支持播放音乐、查询天气、设置闹钟、控制家庭电器等多种功能，方便用户的日常使用
高音质表现	采用优质的音响系统，具有高保真度，能够为用户带来极佳的听觉享受
设计风格	设计简约、时尚，适合放置在家庭或办公室中，与现代生活环境相匹配
互联互通	能够连接Wi-Fi网络，并支持蓝牙、AUX等多种连接方式，方便用户进行各种不同场景的使用
安全性能	支持语音识别技术和数据加密技术，保护用户的隐私和信息安全
品质保证	采用高质量的材料和制造工艺，具有良好的耐用性和品质保证

根据以上规格，制定出符合目标市场和用户需求的智能音箱产品，可以更好地满足用户需求，提高市场竞争力。

3. 设计用户界面和用户体验

对于基于互联网的产品，用户界面和用户体验非常重要。需要设计直观、易用、美观的用户界面，提高用户满意度和使用率。

（1）界面设计：简洁、直观、易于操作的界面设计是用户体验的重要组成部分，需要尽可能地减少冗余和复杂的操作，让用户能够轻松地找到自己需要的功能。界面设计描述表见表 2-1-4。

表2-1-4　界面设计描述表

主界面	应该显示当前时间、天气情况和音箱的连接状态。接下来，应该有一个“语音助手”按钮，用户点击后可以进行语音控制。下方应该有一个音乐播放控制区域，包括播放/暂停、上一曲、下一曲、音量调节等功能
导航栏	在主界面上方，包括“天气”“闹钟”“设备控制”“设置”等功能。用户可以通过导航栏轻松进入相应的功能界面
设备控制	在“设备控制”界面中，用户可以找到连接的各种智能设备，如灯光、智能门锁、温度调节器等，并进行控制
设置	在“设置”界面中，用户可以进行个性化设置，如Wi-Fi连接、音箱名称、语音助手设置等

总之，界面设计应该简洁明了，便于用户理解和操作。

（2）交互设计：通过良好的交互设计，让用户在使用产品时有良好的交互体验，提高用户对产品的满意度。交互设计要注重用户的反馈和需求，及时响应用户的操作，避免用户的疑惑和不满。

（3）语音交互：智能音箱作为一款语音控制设备，需要具有良好的语音交互能力，能够识别用户的语音指令并做出相应的反应。同时还需要支持多种语音交互方式,如语音识别、语音合成、自然语言处理等。

（4）用户体验：用户体验是产品成功的关键因素之一，需要注重用户的感受和需求，提供良好的用户体验。在设计智能音箱的用户体验时，可以考虑采用用户画像、用户调研等方式来分析用户需求，然后根据用户需求和产品特性进行设计。

综上所述，设计一个良好的用户界面和用户体验需要多方面的考虑和综合，需要注重用户需求和产品特性，以实现最佳的用户体验。

4. 选择合适的技术和平台

在开发基于互联网的新产品时，需要选择合适的技术和平台，如云计算、大数据、人工智能等技术，以及移动端、网页端等平台，以满足产品的需求和用户的使用习惯。

基于本次智能音响开发，选择合适的技术和平台是其中至关重要的一步，因为它直接决定了产品的功能和性能，并且也会影响到产品的成本和制造难度。以下是几种常见的智能音箱技术和平台：

（1）语音助手技术：智能音箱的核心技术之一就是语音助手技术，目前市场上主流的语音助手技术包括亚马逊的 Alexa、谷歌的 Google Assistant 和苹果的 Siri 等。选择哪种语音助手技术需要考虑其语音识别准确度、语音交互体验以及支持的智能设备种类等因素。

（2）操作系统平台：智能音箱需要一个操作系统平台来支持其功能运行，目前市场上主流的智能音箱操作系统平台包括亚马逊的 Alexa Voice Service（AVS）、谷歌的 Google Assistant SDK 和微软的 Cortana Skills Kit 等。选择哪种操作系统平台需要考虑其稳定性、可扩展性和开发难度等因素。

（3）连接技术：智能音箱需要连接到互联网和其他智能设备，因此需要选择合适的连接技术，包括 Wi-Fi、蓝牙、NFC 等。不同的连接技术会影响到产品的连接稳定性、传输速度和设备兼容性等方面。

（4）音频技术：智能音箱作为音频设备，需要选择合适的音频技术来保证其音质表现。目前市场上主流的音频技术包括普通音响技术、立体声技术和虚拟环绕声技术等。选择合适的音频技术需要考虑产品的音质表现、成本和制造难度等因素。

综合考虑以上因素，可以选择一种适合自己产品的技术和平台组合，以实现产品的设计要求和市场需求。

5. 确定开发计划和预算

在开发基于互联网的新产品之前，需要确定开发计划和预算，包括开发时间、人员和资源需求、成本等，以确保项目按时、高质量完成。

表 2-1-5 是一个简单的开发计划表格。

表2-1-5　开发计划样表

任务名称	开始日期	结束日期	负责人	预算
需求分析	2023-05-01	2023-05-10	产品经理	10 000元
技术研究	2023-05-11	2023-05-20	技术团队	20 000元
界面设计	2023-05-21	2023-06-01	设计师	15 000元
系统架构设计	2023-06-02	2023-06-10	技术团队	25 000元
程序开发	2023-06-11	2023-07-31	开发团队	300 000元
测试与优化	2023-08-01	2023-08-31	测试团队	50 000元
发布与推广	2023-09-01	2023-09-30	市场团队	100 000元

表 2-1-5 中，“任务名称”列列出了需要完成的各项任务；“开始日期”和“结束日期”列标明了各项任务的开始和结束日期；“负责人”列标明了各项任务的责任人；“预算”列标明了各项任务的预算费用。这个表格可以帮助团队更好地规划和控制开发进度和预算，确保项目按计划完成，并保持在预算范围内。

6. 进行持续的测试和改进

在产品开发过程中，持续的测试和改进是非常重要的，可以帮助发现和解决潜在的问题，提高产品的质量和稳定性。可以采用以下步骤进行测试和改进：

（1）单元测试：在开发每个模块时，进行单元测试，测试该模块是否满足预期的功能和要求。

（2）集成测试：在将所有模块集成成一个完整的系统后，进行集成测试，测试系统的各项功能是否能够协同工作。

（3）系统测试：在集成测试通过后，进行系统测试，测试系统在不同的环境和条件下的稳定性和性能表现。

（4）用户测试:在系统测试通过后，进行用户测试，邀请一些真实用户对产品进行测试，收集他们的反馈和意见，了解产品在实际使用中的体验和问题。

（5）改进和优化：根据测试结果和用户反馈，及时对产品进行改进和优化，解决存在的问题和提升产品的性能和体验。

需要在开发计划中预留足够的时间和资源进行测试和改进，并根据测试结果和用户反馈进行相应的调整和优化。

表 2-1-6 是一个示例表格，用于记录智能音箱的功能和性能测试结果。

表2-1-6 产品性能及功能测试样表

测试项目	测试方法	测试结果
语音识别	输入各种语音指令，观察智能音箱的识别准确度和响应速度	识别准确度高，响应速度快
连接稳定性	连接智能音箱的Wi-Fi和蓝牙，测试连接稳定性和传输速度	连接稳定，传输速度快
音质表现	播放不同类型的音乐，观察音质表现和高保真度	音质表现良好，高保真度
功能多样性	测试不同功能模块的性能和操作便捷性	功能多样，操作便捷
设计风格	观察智能音箱的外观设计和与环境的匹配度	设计简约、时尚，与现代生活环境相匹配
安全性能	测试语音识别技术和数据加密技术的安全性和可靠性	安全性能良好，保护用户隐私和信息安全
品质保证	测试智能音箱的耐用性和制造工艺	品质保证良好，采用高质量材料和制造工艺
用户界面和用户体验	观察用户界面的简洁程度和操作的易用性，收集用户反馈	用户界面简洁、易用，用户反馈积极

这个表格可以帮助记录智能音箱的各种测试结果，以便团队进行持续的改进和优化。同时，根据用户的反馈，可以及时修正一些设计和功能上的缺陷，从而不断提升产品的质量和用户体验。

【知识扩展】

1. 互联网新产品的含义与特点

（1）互联网新产品的含义

互联网新产品是指利用互联网技术和新型商业模式开发出来的创新产品。这些产品通常涵盖了互联网、移动应用、人工智能、区块链、虚拟现实、增强现实等先进技术，具有更高的智能化、便捷性、个性化等特点。互联网新产品通常具有更强的用户体验、更广泛的应用领域以及更高的商业价值,已经成为互联网产业中不可或缺的创新驱动力之一。同时，随着技术的不断进步和市场需求的不断变化，互联网新产品也在不断涌现和更新换代。

（2）互联网新产品的特点

①创新性：互联网新产品通常采用最新的技术和商业模式进行创新，以满足用户不断变化的需求。这些产品的研发过程需要不断地探索、试错和改进，具有较高的技术含量和商业价值。

②个性化:互联网新产品通常可以根据用户的需求和偏好进行个性化定制，如推荐系统、

智能助手等，以提高用户满意度和用户忠诚度。

③智能化:互联网新产品通常利用人工智能、大数据分析等技术，实现自动化和智能化，为用户提供更加智能化、高效化的服务。

④互联网化:互联网新产品的核心特点是基于互联网技术和网络的开发，具有更加高效、快捷、便利的特点，可以跨越地域限制，满足全球化的需求。

⑤高附加值：互联网新产品通常是基于互联网平台的生态系统，可以通过与其他产品、服务的协同作用，产生更多的附加值，创造更多的商业机会和利润。

2. 常见互联网新产品

（1）虚拟现实电影院——这是一种新型的电影院概念，通过虚拟现实技术，用户可以在家中的虚拟环境中观看电影，感受更加真实的电影观影体验。

（2）人工智能家庭助手——这是一种智能家居概念,可以通过语音或手势控制家庭设备，如灯光、电视、空调等，也可以提供日程安排、天气预报、提醒等智能服务。

（3）区块链身份验证——这是一种基于区块链技术的身份验证概念，可以确保个人身份信息的安全性和可靠性，避免身份被盗用和伪造等问题。

（4）智能健康监测设备——这是一种智能穿戴设备概念，可以通过传感器和算法实时监测用户的健康状态，如心率、血压、运动量等，并提供健康建议和跟踪记录。

（5）人工智能教育助手——这是一种基于人工智能技术的教育助手概念，可以根据学生的学习情况和需求提供个性化的学习建议和资源，帮助学生更高效地学习。

【任务小结】

互联网产品开发是一个复杂的过程，需要从市场调研、用户需求分析、产品设计、技术选择、开发计划和预算、测试改进等方面全面考虑。以下是一些总结和建议：

（1）市场调研和用户需求分析是产品开发的关键，要充分了解市场和用户，发掘用户真正需要的功能和体验，而不是简单地追求技术创新。

（2）产品设计需要综合考虑用户界面、用户体验、功能性和可用性等方面,注重用户体验，让用户能够方便地使用产品，达到最佳的体验效果。

（3）技术选择需要考虑产品的特点和需求，以及团队的技术实力和经验，选择合适的技术和平台进行开发，尽可能提高开发效率和产品质量。

（4）开发计划和预算需要合理规划，确定好各个阶段的时间和预算，避免过度拖延和超支，同时保证产品的质量和稳定性。

（5）测试和改进是持续的过程，需要不断地进行测试和优化，确保产品质量和用户体验能够得到持续改进。

（6）团队协作和沟通是开发过程中不可忽视的关键因素，需要建立良好的沟通机制和协作模式，加强团队成员之间的协作和配合，确保产品能够按时交付和达到预期效果。

【思考与练习】

请依据所学知识尝试开发一款智能家居安防系统。

【任务单】	
目标市场	
产品需求	
目标用户	
用户需求	
竞争对手分析	

【执行单】	
功能	
设计	
性能	
材料	
互联互通	
安全性能	
品质保证	
主界面	
导航栏	
设备控制	
设置	

【执行单】

任务名称	开始日期	结束日期	负责人	预算
需求分析				
技术研究				
界面设计				
系统架构设计				
程序开发				
测试与优化				
发布与推广				

测试项目	测试方法	测试结果

【评价单】	
任务名称：________________	
任务说明：________________	
任务完成质量（满分：10分）	
任务目标是否明确，并且符合要求？	
任务完成是否仔细、准确、完整？	
是否做到了额外要求或者做得更好？	
时间管理（满分：5分）	
是否在规定时间内完成任务？	
是否充分利用时间来完成任务？	
合作能力（满分：5分）	
是否积极参与组内合作？	
是否与他人友好沟通？	
是否在小组任务中担任了角色并完成了任务？	
创新思维（满分：5分）	
是否富有创造性地完成了任务？	
是否能够提出创新的想法和解决方案？	

总分：25 分

评价人：____________________

日期：______________________

子任务二　把握网络产品生命周期

【引导案例】

一家初创公司决定开发一款全新的社交媒体平台，旨在提供独特的社交体验和创新的功能。该平台将包括用户个人资料、消息互动、内容分享等功能，旨在吸引广泛的用户群体。我们将通过这个案例关注如何把握社交媒体平台的网络产品生命周期。

阶段一：市场调研和产品规划

公司进行广泛的市场调研，了解用户对社交媒体的需求和市场上已有的竞争产品。基于市场反馈，公司制定了详细的产品规划，包括用户界面设计、社交互动机制、隐私保护等。

阶段二：产品开发和测试

在这个阶段，公司进行平台的开发工作。软件工程师负责搭建平台的前端和后端系统，安全团队确保用户数据的隐私安全。同时，产品经理和测试团队对平台进行全面测试，确保各项功能的稳定性。

阶段三：市场推广和用户增长

一旦平台开发和测试完成，公司就着手进行市场推广。通过社交媒体广告、合作推广、用户口碑等手段，提高平台的知名度，吸引用户注册和使用。公司可能采用免费试用期、推出首批用户奖励等策略，促使用户活跃度的提高。

阶段四：用户反馈和持续改进

平台上线后，公司需要积极收集用户反馈，了解用户的喜好和不满之处。通过数据分析和用户调查，公司可以及时调整产品策略，提升平台的用户满意度，并持续改进产品功能，以适应不断变化的市场需求。

阶段五：持续运营和安全维护

公司需要建立强大的运营团队，负责推出活动、更新内容，保持平台的新鲜感和活跃度。同时，安全团队需要定期审查和加强平台的安全措施，以应对潜在的安全威胁和隐私问题。

阶段六：创新和拓展

为了在竞争激烈的社交媒体市场中保持领先地位，公司需要不断创新。可以通过推出新功能、合作伙伴关系、拓展国际市场等手段，不断拓展平台的影响力和用户基础。

阶段七：衰退与升级

当平台的用户增长出现趋缓或者市场环境发生重大变化时，公司需要认真考虑平台的升级或者转型。这可能包括推出全新版本、与其他公司合并或者进入新的市场领域。在衰退阶段，公司需要保持灵活性和创新性，以适应变化的市场条件。

通过以上七个阶段，公司可以全面把握社交媒体平台的网络产品生命周期，实现从产品规划到市场推广，从用户反馈再到创新升级的全方位管理。这样的生命周期管理有助于确保产品在不断变化的市场中保持竞争力，满足用户需求。

【任务分析】

互联网产品生命周期分析是企业制定产品策略、进行产品管理、实现市场营销的重要依据。通过对互联网产品生命周期的分析，可以更好地理解产品在市场中的表现、用户需求的变化和市场趋势的变化，进而制定合理的产品策略，提高产品的市场占有率和竞争力。

在互联网产品的生命周期中，产品的市场份额和用户需求是不断变化的。产品的初期阶段，需要进行大量的研发和市场营销，以吸引用户的关注和提高用户量；成长期阶段，则需要快速扩大用户规模，不断优化产品功能和体验，提高用户满意度和忠诚度；成熟期阶段，需要巩固现有用户群体，提高用户满意度，增加用户黏性，进一步提高市场份额；衰退期阶段，则需要适应市场的变化，进行创新和转型，以重新获得用户的关注和信任。

总之，互联网产品的生命周期是一个不断变化的过程，在不同的阶段需要采取不同的策略和措施。企业需要根据市场变化和用户需求的变化，不断进行调整和改进，以提高产品的市场占有率和用户满意度，保持产品的长期竞争力。

【任务操作】

上一任务我们进行了互联网产品开发方面的学习与练习，本任务我们就从互联网产品生命周期的第二阶段——上线阶段的相关知识开始学习。

1. 制定上线阶段的推广策略

制定上线阶段的推广策略需要结合产品特点、目标用户和市场情况进行具体分析和决策。以下是一些常见的上线阶段推广策略：

（1）社交媒体推广：利用社交媒体平台（如微信、微博、QQ 等）进行产品宣传和推广，通过发布推广文案、图片、视频等形式吸引用户关注和分享。

（2）搜索引擎优化（SEO）：通过搜索引擎优化的方式提高产品在搜索结果中的排名，吸引更多的用户点击访问产品。

（3）广告投放：可以通过搜索引擎广告、社交媒体广告、移动应用广告等形式投放广告，吸引更多的用户关注和点击。

（4）线下宣传：可以在公共场所（如地铁、公交车、商场等）进行线下宣传，展示产品特点和优势，吸引用户关注和下载使用。

（5）合作推广：可以与其他相关企业或网站进行合作，共同推广产品，增加产品曝光率和用户数量。

（6）口碑营销：通过用户口碑和推荐来提高产品的知名度和信任度，可以通过邀请用户进行产品试用、发表评价等方式来增加用户口碑。

在选择推广策略时，需要根据产品特点、目标用户和市场情况进行具体分析和决策，以达到最佳的推广效果。同时，需要关注用户反馈和市场变化，及时进行优化和调整，以提高产品的市场占有率和用户满意度。表 2-1-7 为几种常见的互联网产品的产品特点、目标用户和市场情况分析表。

表2-1-7　互联网产品线上推广分析表

产品特点	目标用户	市场情况	推广策略
专业工具类产品，提供高效的解决方案和技术支持	企业用户	行业市场需求旺盛，竞争激烈	● 广告投放 ● 参加行业展会和会议 ● 与行业领先企业合作推广
移动应用类产品，提供便捷的日常服务和娱乐功能	年轻人	用户需求多元化，市场竞争激烈	● 社交媒体推广 ● 线下宣传（如大学校园、商业区） ● 合作推广（与运动、娱乐等品牌合作）
电商平台类产品，提供全品类、优质服务和购物体验	消费者	市场竞争激烈，用户需求多元化	● SEO优化（提高搜索排名） ● 社交媒体推广（发布优惠信息） ● 优惠促销活动
在线教育类产品，提供高质量的教学资源和学习体验	学生、职场人士	教育市场需求旺盛，竞争激烈	● 广告投放（教育类网站和App） ● 参加教育类展会和会议 ● 与知名教育机构合作推广
新型智能硬件类产品，提供创新的产品功能和使用体验	科技爱好者、高端消费者	市场需求相对较小，竞争激烈	● 参加科技类展会和会议 ● 科技媒体推广 ● 合作推广（与高端品牌或科技公司合作）

2. 制定成长阶段的推广策略

在互联网产品的成长阶段，推广策略需要根据产品的特点和市场情况进行调整和优化，以提高用户的认知度和用户数量。通过用户反馈和数据分析，了解用户需求和产品缺陷，并及时优化产品，提高用户满意度和用户黏性。需要注意的是，互联网产品的成长阶段是一个不断试错、不断优化的过程。推广策略需要根据实际情况不断调整和优化，以提高推广效果和用户数量。同时，产品的质量和用户体验也是提高用户数量和用户留存的关键因素。

用户反馈数据指标是评估互联网产品用户体验和用户满意度的重要指标，可以帮助产品团队及时发现和解决用户遇到的问题，提高产品的质量和用户留存率。以下是几个常见的用户反馈数据指标：

（1）用户满意度调查：通过用户调查问卷、反馈表等方式，了解用户对产品的满意度，包括产品的易用性、功能、性能等方面。以下是一个设计用户满意度调查问卷的示例，仅供参考：

1. 你使用本产品的频率是？（　　）

A. 每天使用　　B. 每周使用　　C. 每月使用　　D. 不定期使用

2. 你使用本产品的主要目的是？（　　）

A. 工作需求　　B. 娱乐消遣　　C. 学习研究　　D. 其他（请注明）

3. 你对本产品的界面设计感到满意吗？（　　）

A. 非常满意　　B. 比较满意　　C. 一般般　　D. 不满意

4. 你对本产品的功能表现感到满意吗？（　　）

A. 非常满意　　B. 比较满意　　C. 一般般　　D. 不满意

5. 你对本产品的性能表现感到满意吗？（　　）

A. 非常满意　　B. 比较满意　　C. 一般般　　D. 不满意

6. 你是否认为本产品的价格合理？（　　）

A. 非常合理　　B. 比较合理　　C. 不太合理　　D. 完全不合理

7. 你使用本产品遇到过哪些问题？（　　）

A. 界面不友好　　B. 功能不够完善　　C. 反应速度慢　D. 安全性不足

E. 其他（请注明）

8. 你是否愿意推荐本产品给其他人使用？（　　）

A. 非常愿意　　B. 比较愿意　　C. 一般般　　D. 不愿意

9. 你对本产品有哪些建议或意见？

（填写文本框）

10. 你是否愿意参加我们的用户访谈？

A. 是　　B. 否

通过以上设计的用户满意度调查问卷，可以了解用户对产品的使用频率、目的、界面设计、功能表现、性能表现、价格等方面的满意度和反馈，同时鼓励用户提供建议和意见，为产品的优化改进提供参考。

（2）用户留存率：用户留存率是指用户在一定时间内继续使用产品的比例，是评估产品用户忠诚度的重要指标。可以根据不同的用户类型和使用习惯，分别统计活跃用户的留存率，见表 2-1-8。

表2-1-8　用户留存度分析表

日期	新增用户数	留存用户数	留存率
1/1	100	80	80%
1/2	80	60	75%
1/3	70	50	71%
1/4	90	70	78%
1/5	110	75	68%
1/6	120	80	67%
1/7	100	65	65%
1/8	95	70	74%
1/9	85	60	71%
1/10	110	75	68%

通过这个统计表可以看出产品的留存率情况，从而评估产品的用户满意度和黏性。如果留存率较低，可以针对性地优化产品或推出促进留存的活动，提高用户满意度和黏性。如果留存率较高，可以继续保持并加强产品优化和用户体验，巩固用户群体。

（3）用户活跃度：用户活跃度是指用户在一定时间内使用产品的频率和时长，是评估产品黏性的指标。可以根据用户的访问时间、浏览量、互动行为等方面进行统计分析，见表 2-1-9。

表2-1-9　用户活跃度统计表

日期	活跃用户数	总用户数	活跃度
1/1	80	1 000	8%
1/2	120	1 000	12%
1/3	150	1 000	15%
1/4	130	1 000	13%
1/5	90	1 000	9%
1/6	110	1 000	11%
1/7	100	1 000	10%
1/8	170	1 000	17%
1/9	150	1 000	15%
1/10	200	1 000	20%

通过这个统计表可以看出用户的活跃度情况，从而评估产品的用户黏性和用户体验。如果活跃度较低，可以通过针对性的优化、增加促进用户活跃的功能或推出促进用户活跃的活动，提高用户黏性和用户体验。如果活跃度较高，可以继续保持并加强产品优化和用户体验，巩固用户群体。

（4）用户投诉和反馈：通过用户投诉和反馈，了解用户遇到的问题和困难，及时采取措施解决问题，提高用户满意度和产品质量。

（5）用户转化率：用户转化率是指用户从浏览产品到完成目标行为的比例，例如注册、购买、评论等。通过统计用户转化率，可以评估产品的营销效果和用户参与度。

（6）用户口碑和推荐：用户口碑和推荐是评估产品品牌价值和市场影响力的指标。通过收集用户的口碑和推荐信息，了解用户对产品的评价和推荐情况，进一步优化产品品牌策略和营销策略。

3. 制定成熟阶段的推广策略

在产品进入成熟阶段时，市场已经相对饱和，用户已经相对稳定，竞争也比较激烈。为了保持市场份额和增加用户群体，需要制定相应的推广策略。以下是一些推广策略的建议：

（1）深耕用户群体：在成熟阶段，产品已经具有一定的用户群体，可以通过深入了解用户需求和偏好，精细化产品服务，提高用户满意度和用户黏性，扩大用户口碑传播。

（2）保持差异化：在激烈的市场竞争中，产品需要有自己的特色和差异化优势，才能吸引和留住用户。因此，可以通过产品创新和不断的优化，保持产品的竞争力和市场占有率。

（3）多渠道推广：在成熟阶段，产品需要通过多个渠道推广，以达到更广泛的用户群体。可以通过社交媒体、搜索引擎优化、广告投放、线下推广等方式来宣传产品，提高产品的知名度和影响力。

（4）促销活动：在成熟阶段，促销活动是提高销量的一个有效手段。可以通过打折、满减、积分兑换等方式，吸引用户购买产品，并通过这些促销活动来增加用户黏性。

（5）拓展新市场：在成熟阶段，可以考虑拓展新的市场，如海外市场或新的用户群体。通过了解新市场的需求和用户特点，开发符合其需求的产品，扩大市场份额。

总之，在成熟阶段，产品需要更加注重用户体验和市场反馈，以满足用户需求和市场需求。需要通过多种手段来提高产品知名度和市场占有率，从而保持产品的长期竞争力。

【知识扩展】

1. 互联网产品生命周期阶段

互联网产品的生命周期一般可以分为以下几个阶段：

（1）研发阶段:这个阶段通常是产品从概念到具体产品形成的过程，需要进行市场研究、需求调研、产品设计、技术开发等工作。在这个阶段，通常需要投入较多的资金和人力资源，同时需要不断地调整和改进，确保产品的可行性和可用性。

（2）上线阶段：这个阶段是产品正式推出市场的过程，需要进行营销策划、用户招募、技术调整等工作。在这个阶段，通常需要制定合理的推广策略，吸引用户对产品进行试用和体验。

（3）成长阶段:这个阶段是产品用户规模快速增长的过程,需要进行用户留存、功能升级、品牌推广等工作。在这个阶段，关键是快速提高用户数量，并且不断优化产品功能和体验，以满足用户的需求。

（4）成熟阶段：这个阶段是产品用户规模相对稳定的过程，需要进行维护、更新、升级等工作。在这个阶段，产品的重点是维持用户数量的稳定增长，并且不断完善产品的功能和体验，以满足用户的不断变化的需求。

（5）衰退阶段：这个阶段是产品用户数量开始下降的过程，需要进行优化、创新、转型等工作。在这个阶段，产品需要通过创新和转型来适应市场变化，重新获得用户的关注和信任，以延长产品的生命周期。

（6）终止阶段：这个阶段是产品已经到达生命周期终点的过程，需要进行产品淘汰和退出等工作。在这个阶段，产品已经无法满足用户的需求，或者已经被更加先进的产品所取代，需要决定是否淘汰和退出。对于有商业价值的产品，可以考虑将其出售或者转让给其他企业或个人，实现资产变现，或者将其进行归档保留，为后续的产品研发提供借鉴和参考。对于已经过时或者无商业价值的产品，可以考虑将其彻底淘汰，以减少后续的成本和资源浪费。在任何情况下，企业需要在产品生命周期的每个阶段都保持敏锐的洞察力和市场感知能力，以便更好地应对市场的变化和挑战。

2. 用户满意度调查问卷的设计

用户满意度调查问卷是一种常用的收集用户反馈数据的方式，可以通过设计合理的调查问卷，了解用户对产品的满意度、使用体验、功能、性能等方面的评价，进一步优化产品设计和服务。

以下是一些设计用户满意度调查问卷的建议：

（1）明确调查目的：在设计调查问卷前，要明确调查目的和问题，确定需要了解哪些方面的用户反馈数据，以便更有针对性地设计调查问卷。

（2）设计简洁明了的问题：调查问卷应该设计简洁明了的问题，避免使用过于专业化的术语和难懂的语言，确保用户可以轻松理解和回答问题。

（3）使用多种问题类型：调查问卷应该使用多种问题类型，包括单选题、多选题、填空题、评分题等，以满足不同类型用户的回答需求，更全面地收集用户反馈数据。

（4）避免主观偏见：设计调查问卷时要避免主观偏见，尽量客观地提出问题，不要引导用户回答，以获得更真实的用户反馈数据。

（5）设置适当的选项数量：在设计单选题和多选题时，应该设置适当的选项数量，不要过多或过少，以确保用户能够快速、准确地回答问题。

（6）添加开放性问题：在调查问卷中添加开放性问题，鼓励用户提供自己的意见和建议，以更深入地了解用户的需求和期望，为产品优化提供参考。

（7）测试和修改：在发布调查问卷前，应该进行测试和修改，确保调查问卷的设计合理、问题清晰、选项完整，以提高问卷的有效性和可靠性。

通过以上建议，可以设计出有效的用户满意度调查问卷，收集用户反馈数据，优化产品设计和服务，提高用户满意度和产品质量。

【任务小结】

综合来看，互联网产品的生命周期推广需要在不同阶段采取不同的策略和手段，同时注重用户体验和用户满意度。在上线阶段，需要注重宣传和用户体验，提高用户使用率和口碑传播；在成长阶段，需要注重用户增长和用户满意度，通过搜索引擎优化、应用商店优化等手段吸引更多用户，并不断优化产品以提高用户体验；在成熟阶段，需要注重差异化和多元化推广，打造产品特色和优势，并通过多种渠道和手段来推广产品。

在每个阶段，需要收集和分析用户反馈数据指标，如用户留存率、用户活跃度、用户满意度等，以及根据分析结果制定相应的推广策略和决策。同时，需要不断调整和优化推广策略和手段，以适应市场变化和用户需求，最终达到长期稳定的发展。

【思考与练习】

分小组完成以下任务：

（1）选择推广产品。

（2）填写产品特点分析表。

（3）设计用户满意度调查问卷，并对问卷调查结果进行分析。

（4）制定上线阶段的推广策略。

【任务单】			
产品特点	目标用户	市场情况	推广策略

【执行单】		
任　　务	负　责　人	完成日期
选择推广产品		
填写产品特点分析表		
设计用户满意度调查问卷并分析结果		
制定上线阶段的推广策略		

产品特点分析表		
产品特点	描　　述	
名称		
类别		
目标用户群体		
产品特色		
优势与劣势		
市场定位		
价格策略		
分销渠道		
市场竞争分析		
其他相关信息		

【评价单】（非必需项）	
任务名称：________________	
任务说明：________________	
任务完成质量（满分：10分）	
任务目标是否明确，并且符合要求？	
任务完成是否仔细、准确、完整？	
是否做到了额外要求或者做得更好？	
时间管理（满分：5分）	
是否在规定时间内完成任务？	
是否充分利用时间来完成任务？	
合作能力（满分：5分）	
是否积极参与组内合作？	
是否与他人友好沟通？	
是否在小组任务中担任了角色并完成了任务？	
创新思维（满分：5分）	
是否富有创造性地完成了任务？	
是否能够提出创新的想法和解决方案？	

总分：25 分

评价人：____________________

日期：____________________

子任务三　打造网络品牌

【引导案例】

一家初创公司致力于打造一款数字化教育平台，旨在提供高质量、个性化的在线学习体验。该平台将涵盖多个学科领域，适用于各年龄段的学习者。如何通过全方位的品牌策略和推广手段，建设成功的数字化教育平台品牌呢？

阶段一：品牌定位和目标群体

公司进行市场调研，了解用户对在线教育的需求和竞争对手的情况。基于市场调研结果，确定品牌的定位和目标群体。核心价值可能包括个性化学习、优质教育资源、技术创新等。

阶段二：品牌标识设计

与专业设计团队合作，设计具有教育特色和吸引力的品牌标识。标识需要传达出公司对于教育的热情、创新以及专业性。确保标识能够引起目标用户的共鸣，并在不同平台上保持一致性。

阶段三：建立品牌网站和社交媒体平台

公司建立品牌网站，清晰展现数字化教育平台的特色、学科覆盖、师资力量等。同时，在主要社交媒体平台上注册并发布有关教育资源、学科知识分享等内容，与用户进行互动，提高品牌曝光度。

阶段四：内容营销和用户教育

通过博客、视频、直播等形式，发布有趣而富有深度的内容，向目标用户传递关于教育的知识、学习技巧等信息。建立品牌作为教育领域专业者的形象，同时提供免费的学习资源，吸引用户了解品牌并注册使用。

阶段五：用户体验优化

公司注重用户体验，确保平台界面友好、学习过程简便。通过用户反馈和数据分析，不断优化平台的功能和服务，提高用户满意度。强调学习的个性化和灵活性，使用户更容易接纳和乐于使用平台。

阶段六：品牌合作与推广

公司与教育机构、教育专家等建立合作关系，以增加品牌的权威性和可信度。通过线上线下的推广活动，参与教育展会、提供品牌合作推广等方式，扩大品牌知名度。

阶段七：社区建设和用户参与

建立数字化教育平台的用户社区，通过线上和线下的互动活动促进用户之间的交流。推出学习挑战活动、举办线上教育讲座等，提高用户对平台的参与度和忠诚度。

经过以上七个阶段的努力，公司可以打造一个引人注目、具备专业性、用户体验卓越的数字化教育平台品牌。这样的品牌建设策略有助于在竞争激烈的在线教育市场中脱颖而出，赢得用户的信任和支持。

【任务分析】

打造网络品牌是指在互联网上建立一个具有品牌影响力和价值的网络形象，提升品牌认知度、美誉度和忠诚度，进而获得更多的用户和市场份额。

打造网络品牌需要全方位的品牌策略和推广手段，同时注重用户体验和品牌文化的建设，通过不断的改进和优化来提升品牌影响力和市场竞争力。

打造网络品牌需要综合运用市场营销、品牌管理、用户体验等各个方面的知识和技能。在本任务中我们将从确定品牌定位、建立品牌口碑、制定品牌内容策略、扩大品牌影响力、建立品牌形象等多个方面来分享如何打造出成功的网络品牌。

【任务操作】

1. 确定品牌定位

明确品牌的目标用户、定位和竞争优势，制定品牌战略和定位方案。

2. 设计品牌标识

设计具有识别性和美感的品牌标识，如商标、logo 等，并在各类宣传资料和产品中使用。

（1）设计品牌标识的基本步骤

设计品牌标识的过程需要考虑品牌的定位、特点和目标用户等因素。下面是一些设计品牌标识的基本步骤：

①品牌定位：首先需要明确品牌的核心价值、定位和目标市场，以此为基础来确定品牌标识的设计方向和要素。

②设计风格：选择适合品牌形象和目标用户的设计风格，如简约、时尚、复古等。

③字体和颜色：选择适合品牌形象和品牌定位的字体和颜色，字体要易读、易识别，颜色要符合品牌形象和目标市场的特点。

④图形设计：根据品牌的特点和定位，设计符合品牌形象的图形元素，如图案、图形、符号等。

⑤整合设计元素：将字体、颜色、图形等元素整合在一起，形成一个有识别度和美感的品牌标识。

⑥完善品牌标识：在确定品牌标识后，需要对其进行完善和调整，使其更加符合品牌形象和市场需求。

设计品牌标识时可以使用品牌标识设计表来记录和管理设计过程，下面提供给大家一个品牌标识设计表，见表 2-1-10，供参考。

表2-1-10　品牌标识设计任务表

品牌名称	
品牌定位	
品牌特点	
目标用户	
设计风格	
字体选型	
颜色选取	
图形设计	

续表

初步设计	
反馈和调整	
最终设计	
使用场合	
完成日期	
设计人员	
备注	

在设计过程中，可以根据实际情况适当增减表格中的内容，确保记录清晰、完整、可追溯。同时，品牌标识设计表也可以作为品牌管理的重要参考资料，方便后续品牌形象的维护和升级。

（2）设计品牌标识的注意事项

①简洁易记：品牌标识要简洁易记，容易被用户识别和记住。

②稳定性：品牌标识要有一定的稳定性，不轻易更改，以便于建立品牌形象和美誉度。

③适用性：品牌标识要适用于各种媒介和应用场合，如网站、应用、广告等。

④具有差异化：品牌标识要具有差异化，能够与竞争对手区分开来。

最后，品牌标识是品牌形象的核心部分，它不仅代表着品牌的身份和形象，也是品牌忠诚度和美誉度的重要组成部分，因此，在设计品牌标识时需要认真思考和精心制作。

3. 建立品牌口碑

建立品牌口碑是品牌管理中非常重要的一环，通过客户口碑、社交媒体、媒体报道等方式建立品牌美誉度和信任度，让更多的人了解和认可品牌。可以通过以下几种方式来建立新产品的品牌口碑：

（1）提供优质的产品或服务：优秀的产品或服务是打造品牌口碑的关键，只有让用户对品牌的产品或服务满意，才能产生口碑。

（2）利用社交媒体：社交媒体是一个广泛传播信息的平台，品牌可以通过发布优质的内容、参与话题、与用户互动等方式，吸引粉丝、增加关注度，进而扩大品牌影响力和口碑。

（3）活跃在各类线下活动中：参与各类线下活动是品牌建立口碑的一个有效方式，例如赞助文艺活动、社会公益活动、行业会议等等，让更多的人了解品牌。

（4）营造品牌形象：品牌形象的塑造是口碑建立的关键，要通过广告、包装、形象宣传等手段来营造出符合品牌形象的印象，增强品牌认同度。

（5）建立良好的客户关系：客户关系是品牌口碑的重要因素之一，建立稳定的客户关系可以让用户更加信任品牌，并且愿意为品牌宣传、推荐。

综上所述，建立品牌口碑需要从多个方面入手，要注重产品质量、品牌形象、客户关系等方面的建设，通过多种手段提高品牌知名度和影响力，才能有效地建立品牌口碑。

4. 制定品牌内容策略

制定内容策略，为用户提供有价值的内容和资源，吸引用户并提高品牌知名度和用户忠诚度。可以参考表 2-1-11 来制定内容策划书。

表2-1-11　内容策划书

概述	可以简要介绍品牌以及目标受众。还需要说明希望通过内容营销实现哪些目标，以及采用的策略是什么
竞争分析	需要对竞争对手进行分析，了解他们在内容营销方面的策略和成果，以便为品牌制定一个有竞争力的策略
受众研究	需要确定您的目标受众，了解他们的需求和兴趣，以便为他们提供有价值的内容，并提高与他们的互动和共鸣
内容类型	需要确定您将为您的受众提供哪些类型的内容，例如博客文章、视频、社交媒体内容等。需要考虑品牌的受众喜欢哪些类型的内容，并确定哪些类型最适合传达品牌价值
内容日历	需要制定一份内容日历，以便在特定的时间发布特定类型的内容。需要考虑季节性、节日和品牌活动等因素，并确定发布时间表以确保您的内容具有最大的影响力
活动计划	需要制定一份活动计划，以便为品牌提供更具有参与性和互动性的内容。可以考虑各种活动形式，例如问答、投票、直播等
内容分发渠道	需要确定将使用哪些渠道分发内容，例如博客、社交媒体、电子邮件等。需要考虑受众使用哪些渠道，以及内容如何适应不同的渠道
指标和评估	需要确定用于评估您的内容营销策略的指标，并跟踪和评估这些指标。例如，可以跟踪网站流量、社交媒体转化率、品牌知名度等指标，并根据这些指标调整您的策略
预算和资源	需要确定将分配多少预算和资源来支持内容营销策略。需要考虑内容制作、分发和推广的成本，并确定预算

【知识扩展】

1. 网络品牌的概念

网络品牌指的是企业或个人在互联网上打造的品牌形象。它是一种全新的品牌营销方式，借助互联网和数字技术，通过建立自己的网站、社交媒体账号、电子商务平台等，将品牌推向更广泛的受众。

网络品牌的特点在于它可以实现低成本、高效率的品牌营销，而且能够跨越地域和时间的限制，让品牌的影响力和认知度更加广泛。此外，网络品牌还可以通过数字化的方式实现精准营销，根据用户的偏好和需求，推送个性化的品牌信息和内容，提高用户的参与度和忠诚度。

随着互联网技术的不断发展和普及，网络品牌已经成为了企业和个人品牌营销的重要组成部分，它在商业竞争中的作用越来越重要，未来也将继续发挥重要的作用。

2. 网络品牌的特点

全球化：网络品牌可以越过地理和时区的限制，随时随地地向全球用户展示品牌形象和信息。

低成本高效率：相较于传统的品牌宣传方式，网络品牌的宣传成本更低，而且可以快速地得到目标受众。

数字化：网络品牌能够实现数字化的品牌营销，精准地推送个性化的品牌信息和内容，提高用户的参与度和忠诚度。

互动性：网络品牌可以与用户进行互动和沟通，听取用户的反馈和建议，增强用户对品牌的认同和忠诚度。

强大的品牌形象：网络品牌可以通过丰富的多媒体形式展示品牌形象和信息，从而增强品牌形象的良好度和信誉度。

反应速度快：网络品牌可以快速地反应市场的变化和用户的需求，及时进行调整和改进，保持品牌的活力和竞争力。

总之，网络品牌具有很强的全球化、数字化、互动性、低成本高效率、强大的品牌形象和反应速度快等特点，这些特点使得网络品牌在品牌营销中具有越来越重要的地位。

【任务小结】

品牌是企业的重要资产之一，网络品牌的打造也日益重要。网络品牌的打造需要综合考虑市场、用户、产品等多方面的因素，同时充分利用互联网和社交媒体等渠道，提高品牌的曝光率和传播力度，建立品牌的社交媒体和内容营销体系。

在打造网络品牌的过程中，品牌定位和目标受众是非常重要的，它们将决定品牌的核心价值和品牌口号。品牌策略也需要全面考虑，包括品牌形象设计、品牌传播、品牌营销等方面。此外，注重用户体验也是至关重要的，提供优质的产品和服务，通过口碑传播和用户满意度提高品牌认知度和忠诚度。品牌形象的维护和管理也是不可忽视的，建立品牌形象管理制度，及时处理负面信息和舆情，确保品牌形象的长期稳定。

总之，打造网络品牌需要综合考虑多方面的因素，并持续创新和改进，保持品牌的活力和竞争力，不断满足用户需求和市场变化。

【思考与练习】

根据所学知识完成产品的品牌标识设计。

【任务单】	
品牌名称	
品牌定位	
品牌特点	
目标用户	
设计风格	
字体选型	
颜色选取	
图形设计	
初步设计	
反馈和调整	
最终设计	
使用场合	
完成日期	
设计人员	
备注	

【执行单】		
任　　务	负　责　人	完成日期
确定品牌定位和价值观		
研究目标受众群体		
制定品牌标识设计要求和指南		
寻找并聘请品牌设计师/团队		
审查并提出品牌标识设计初稿		
进行内部和外部反馈，调整设计		
确定最终的品牌标识设计		
准备品牌标识设计的标准手册		

【评价单】	
任务名称：________________	
任务说明：________________	
任务完成质量（满分：10分）	
任务目标是否明确，并且符合要求？	
任务完成是否仔细、准确、完整？	
是否做到了额外要求或者做得更好？	
时间管理（满分：5分）	
是否在规定时间内完成任务？	
是否充分利用时间来完成任务？	
合作能力（满分：5分）	
是否积极参与组内合作？	
是否与他人友好沟通？	
是否在小组任务中担任了角色并完成了任务？	
创新思维（满分：5分）	
是否富有创造性地完成了任务？	
是否能够提出创新的想法和解决方案？	

总分：25 分

评价人：____________________

日期：______________________

任务二　网络价格策略

子任务一　低价渗透价格策略分析

【引导案例】

各大互联网大厂价格战的拉锯让商品变得低价。低价咖啡吸引了咖啡爱好者。在小红书、抖音等社交平台，咖啡爱好者们分享着各种如何能喝到低价咖啡的教程。尤其对于上班族来说，低价咖啡终于可以让他们实现咖啡自由，每天“元气满满”，如图 2-2-1 所示。

图2-2-1　各社交平台分享的低价咖啡教程

【任务分析】

低价渗透就是以低价进入市场，在价格和单量之间，尽量做到量的极致。它以一个较低的产品价格打入市场，目的是短期内加速市场成长，牺牲高毛利，以期获得较高的销售量及市场占有率，进而产生显著的成本经济效益。

如今，“低价”已经不是个别咖啡品牌的阶段性营销策略，而是成为了部分咖啡品牌的生存新常态。本任务要求学生了解现有咖啡品牌实行的低价策略情况，并对其营销现状进行分析。

【任务操作】

（1）通过网络搜索瑞幸咖啡、挪瓦咖啡及库迪咖啡等新兴咖啡品牌信息，包括官网、小程序、线上门店及其他渠道信息。

（2）将上述咖啡品牌实行的低价渗透策略进行整理，填入表 2-2-1。

表2-2-1　咖啡品牌的低价策略

品牌信息	线上渠道	低价渗透策略	市场反馈
瑞幸咖啡			
挪瓦咖啡			
库迪咖啡			

（3）总结低价渗透价格策略的适用场景及使用限制。

【知识扩展】

1. 低价渗透定价策略的适用场景

（1）企业有足够的资本支撑。

（2）此类产品的用户量足够大，消费频次较高。

（3）消费者对价格敏感，而不是对品牌敏感。

（4）产品成本随产品产量的增大有较明显的下降，总成本有明显边际效应。

2. 低价渗透策略的使用限制

一方面由于成本限制，难以树立优质产品的形象；另一方面，低价渗透的目的在于扩大市场，前期会有无法回本的情况发生，进而可能会影响资本的回报率，严重或可危及企业现金流。

【任务小结】

如今，价格战成为了当前电商平台的重头戏，如何留住与获取用户是存量市场中的重中之重。快手发力商城重提"最低价"、京东上线百亿补贴、阿里巴巴将"价格力"定为淘宝今年发展的五大战略之一。可以看到，在货架电商和内容电商不断互相学习、渗透的过程中，也都将"低价"作为竞争中的突破口。

【思考与练习】

1. 低价渗透策略适用于哪种类型的商品的定价？
2. 低价渗透定价策略可以打造高端品牌吗？为什么？

子任务二　撇脂定价策略分析

【引导案例】

华为是近年来最成功的科技产品公司之一，其 Mate 系列是华为手机中的高端商务机型，具备超强的续航能力，定位为商务旗舰，是华为手机最高水平的代表。自 2013 年以来，Mate 系列已经推出了十二代产品，每一代都有着令人惊叹的创新和突破，展现了华为对技术和品质的不懈追求。

2018 年华为发布了 Mate 系列中具有里程碑意义的产品 Mate20，售价高达 4 499 元，对于国人来说这已属高价位产品，但仍有很多华为的粉丝纷纷购买。华为的撇脂定价取得了成功，华为认为还可以“撇到更多的脂”，于是一年后又推出了换代产品 Mate30，销量仍然可观。2023 年华为召开了秋季全场景新品发布会，同时带来了一个惊喜——全新超高端品牌 ULTIMATE DESIGN 非凡大师，首款手机 Mate60 RS 非凡大师正式亮相，定价为 12 999 元，通过预定及销售情况可见，华为再次大获全胜。

限量运动鞋品牌商也是撇脂定价策略的高级玩家。从乔丹到 Yeezy，再到 Off-White 联名，这些产品刚一推出时都采取了限量摇号的方式，吸引了广大消费者的目光，而如果想获得该产品，则需要付出远大于其单纯物品价值的价格，各限量鞋款从不缺乏其忠实拥簇者，而且这部分人对价格又相对不敏感，基本每双鞋都能达到利益最大化。

【任务分析】

撇脂定价法是指在产品生命周期的最初阶段把产品价格定得很高，以求最大利润，尽快收回投资。这是对市场的一种榨取，就像从牛奶中撇取奶油一样。

本任务要求学生通过市场中数码产品及潮牌的定价分析撇脂定价策略的适用场景。

【任务操作】

（1）通过互联网了解华为高端手机及潮牌联名限量单品相关信息。

（2）结合线上线下门店消费场景，分析撇指定价策略适用场景：

①高价产品的需求规模。

②高价高利会导致竞争者的大量涌入。

③价格与价值的关系。

【知识扩展】

1. 撇脂定价的优势

（1）可以实现短期利润最大化，利用高价产生的厚利，使企业能够在新产品上市之初，即能迅速收回投资。

（2）可以用高价来控制市场的成长速度，使当时的生产能力足以应付需求，减缓供求矛盾，并且可以利用高价获取的高额利润进行投资，逐步扩大生产规模，使之与需求状况相适应。

（3）拥有较大的调价空间，在其新产品进入成熟期后可以拥有较大的调价余地，可以通过逐步降价保持企业的竞争力。

（4）容易形成高价、优质的品牌形象。

2. 撇脂定价的缺陷

（1）高价产品的需求规模毕竟有限，过高的价格不利于市场开拓、增加销量，也不利于占领和稳定市场，容易导致新产品开发失败。

（2）高价高利会导致竞争者的大量涌入，仿制品、替代品迅速出现，从而迫使价格急剧下降。此时若无其他有效策略配合，则企业苦心营造的高价优质形象可能会受到损害，失去一部分消费者。

（3）价格远远高于价值，在某种程度上损害了消费者利益，容易招致公众的反对和消费者抵制，甚至会被当作暴利来加以取缔，诱发公共关系问题。

（4）难以界定价格究竟定多高为好。

（5）从根本上看，撇脂定价是一种追求短期利润最大化的定价策略，若处置不当，则会影响企业的长期发展。

因此，在实践当中，尤其是在消费者日渐成熟、购买行为日趋理性的今天，采用这一定价策略必须要小心谨慎。

【任务小结】

从上述讲解及实操中我们可以总结出，撇脂定价策略适用于一定的条件：

第一，市场上存在一批购买力很强、并且对价格不敏感的消费者；

第二，这样的一批消费者的数量足够多，企业有厚利可图；

第三，暂时没有竞争对手推出同样的产品，本企业的产品具有明显的差别化优势；

第四，当有竞争对手加入时，本企业有能力转换定价方法，通过提高性价比来提高竞争力；

第五，本企业的品牌在市场上有影响力。

在上述条件具备的情况下，企业就应该采取撇脂定价的方法。

品牌往往是撇脂定价的最重要的前提条件，前面所说的苹果公司也符合上述五个条件，所以撇脂定价就很成功。在某些行业，产品或服务的购买不是一次性的，很多企业就采取连续撇脂定价法，一次一次的撇脂。这种定价法能够使企业利益最大化，但是一旦有采用新的定价方法的竞争对手出现，或者消费者的购买习惯改变，这种定价法就会陷入困境。

企业必须明白，撇脂定价法即使取得了成功，也很快会由于竞争加剧而变得不合时宜。企业需要做的是：敏感地认识到市场的变化，主动从撇脂定价的高台阶上走下来，否则，一旦竞争对手在产品接近的情况下，采取渗透性定价，企业就会付出巨大代价。

【思考与练习】

1. 对比撇指定价法和低价渗透定价法，总结两者的适用场景。
2. 在实施撇指定价法时需注意哪些事项?

子任务三　价格歧视策略分析

【引导案例】

生活中大家都体验过一个场景，每次一出火车站总有很多司机在看人喊价，外地口音的、年轻点的一口价要多点；看上去经常出门的，要价相对合适点。这种传统的价格歧视，就是对同样的商品看人定价，当你走进大卖场，会发现一袋牛奶需要2元，而一盒装有12袋奶的套装却只要20元，这也是一种价格歧视，即你要为同样的商品支付不同的价格。这种传统的价格歧视多是利用了信息的不对称，这种方式是相对短视且不可持续的。而互联网经济背景下的价格歧视，则多是通过大数据计算得来的价格差异，比如互联网O2O大战时各大平台大量发放的各种优惠券，有时反而是被“歧视”的。一般优惠券金额是不固定的，我们有可能“幸运”地抢到10元，也有可能“倒霉”地只得到几角，然而这真的只跟运气有关吗?

【任务分析】

价格歧视又称差别定价，是指企业根据交易对象、交易时间、交易地点等的不同，对同一产品制定出两种或两种以上的不同价格，以适应客户的不同需要，从而扩大销售，增加收益。在网络平台经济背景下，价格歧视是常见的，这种价格上的差异并非是由成本费用的差别造成的，而是对消费者不同需求特征进行的综合考量后得出的结果。

本任务要求学生通过对饿了么、美团等平台的信息搜索和日常使用，分析价格歧视的适用场景。

【任务操作】

（1）参与饿了么、美团红包发放和点击领取，并通过分享获得更多奖励。

（2）分析O2O平台红包发放的价格歧视适用场景：

第一种场景：“以有限的资源，留住重要的人。”

第二种场景：“劳者多得，多付出者多享受优惠。”

第三种场景：“优先权是值钱的，这是人们固有的共识。”

【任务小结】

根据此任务的学习与实操，我们明确了价格歧视可做如下分类：

1. 按客户身份差别定价

按客户身份差别定价是指企业按照不同的价格把同一种产品或服务销售给不同的客户。例如网上超市，会员可以享受优惠价格，非会员则不能享受优惠价格。

2. 按产品的形式差别定价

按产品的形式差别定价是指企业对相同质量和成本，而型号、式样、款式等不同的产品制定不同的价格。例如不同款式的手机，尽管型号、成本相同，但制定的价格则常常有较大差异。

3. 按产品的部位差别定价

按产品的部位差别定价是指企业对处于不同部位的产品或服务制定不同的价格，即使它们的成本没有差异。例如对火车卧铺的上下铺、剧院座位的前后排、飞机座位的不同位置等制定不同的价格。网络广告也常常根据发布位置不同而收取不同的费用。

4. 按产品销售的时间差别定价

按产品销售的时间差别定价是指企业对不同季节、不同日期甚至同一天的不同时段售卖的产品分别制定不同的价格。例如北京环球影城的票价采用的四级票价结构，如图 2-2-2 所示。

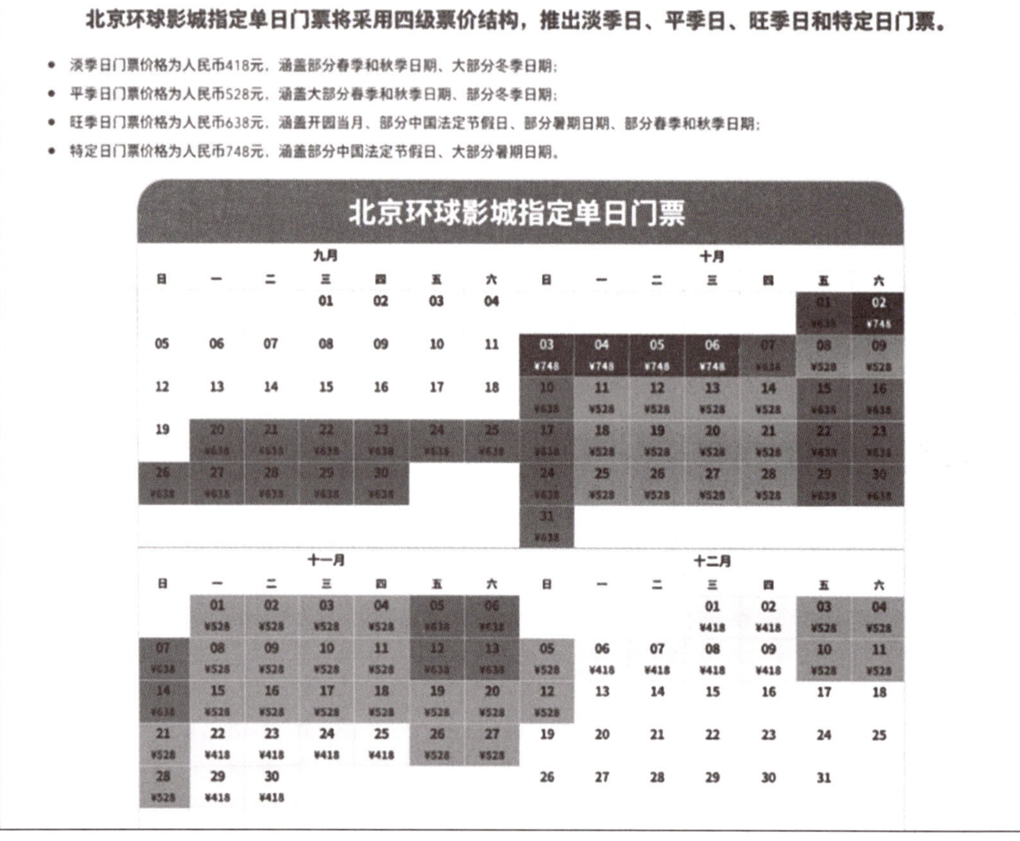

图2-2-2　北京环球影城票价表

【思考与练习】

1. 传统市场的价格歧视和网络营销环境下的价格歧视有哪些区别？
2. 价格歧视的分类有哪几种？

任务三　建立网络直销渠道

【引导案例】

东升股份有限公司创建于 2018 年，总部坐落在黑龙江省五常市。企业秉承“为耕者谋利、为食者造福”的初心使命，聚焦打造集科技育种、基地种植、生产加工、仓储物流、市场营销、休闲旅游于一体的三产融合现代化农业产业集团，先后荣获“农业产业化国家重点龙头企业”“国家五常大米生产标准化示范区”“全国粮食安全宣传教育基地”“中国好粮油示范企业”等多项荣誉称号。经过多年发展，东升五常大米现已成为行业领军品牌，由于近年来电商快速发展，所以公司计划进军网络市场，亟需建立网络渠道，但是不知道应该开展网络直销还是网络分销，不知道网络渠道如何建立。

【任务分析】

公司目前具有传统营销渠道，网络渠道布局亟需建立，根据企业实习，可以采用网络直销和分销渠道相结合的方式开展网络营销。接下来，企业需要了解网络营销直销和分销的差别，和具体进行渠道的建立。

【任务操作】

1. 建立网络直销渠道

网络直销是指生产厂家或服务型企业借助互联网网络、计算机通信和数字交互式媒体且不通过其他中间商，将网络技术的特点和直销的优势巧妙地结合起来进行商品销售，直接实现营销目标的一系列市场行为。开展网络直销有三种主要方式：企业建立网站、直接网络派送和电子直邮营销，除此以外通过直播平台直播、新媒体营销等方式都可以实现直销的目的，后面会详细介绍。

2. 企业建立网站

企业建立网站有两种方式，第一种方式：自行开发网站。公司自己成立网站开发团队，进行网站的整体设计与开发。第二种方式：委托开发公司建立网站。

（1）自助建站的优点

①简单易操作易上手。企业使用自助建站有非常大的优势。操作起来非常简单容易。这主要是因为自助建设已经将网站模板设计好了，如果企业并不具备软件研发能力或网站建站的相关知识，那么选择这样一个 SaaS 平台应该是一个不错的选择，可以省略掉一些很繁琐的准备工作，比如购买和配置服务器，招聘相关的技术研发人员。

②维护方便。企业自助建站在后期维护也非常方便。对于一些专业的网站来说，网站维护也是非常复杂的。但是，如果建立了自助网站，企业不需要更好地维护一些程序和后台服务器，只需要及时更新网站中的一些文章，维护也很方便。

③制作成本低。企业自助建站除了维护起来非常的方便，操作非常的简单，一般来说，自助建站的成本并不是特别的高，那么对于一些中小企业来说，也是可以花很少的一部分，就可以建立起自己的网站的，可以说是十分方便的。

④灵活使用。这个自助建站系统是一个 24 小时在线服务，也就是说，它是开放的，随时可用的，这已经成为他最大的优势之一。它的操作也非常简单和灵活。它不需要用户安装任何其他软件，也不需要重复升级软件。同时，它不要求用户具有任何关于计算机的专业知识。从这个角度来看，称之为傻瓜系统并不夸张。比如你可以随时登录“易极赞”自助建站去编辑你的站点内容，发送文章，查看当日网站流量或当日商城的交易情况等等。

⑤系统集成了常用的功能。自助建站系统工具通常情况下已经把用户经常使用到的功能模块集成到了软件上去，它支持发布文章，可视化编辑页面，拥有丰富的设计模块和设计组件等。常见的设计组件比如图片、轮播图、表单、地图、分享功能等。这些都是设计网站常见的编辑元素。你只需要拖动一下鼠标，设置好内容和图片就可以轻松制作出你想要的网站效果。

（2）自助建站的缺点

①由于自助网站建设是基于 SaaS 运营商提供的模板，模式相对简单，用户往往受限于原有的模板设计。

②由于自助网站的维护和管理需要由服务提供商进行，因此往往不提供系统源代码，用户无法修改程序。

③用户功能依赖平台的升级。

3. 在第三方平台建立店铺

目前提供网店平台的网站较多，主要分为 B2B 类平台和 B2C 类平台，从交易对象分，可以分为跨境平台和非跨境平台。

B2B 类平台主要包括：阿里巴巴、慧聪网、中国大米等。

B2C 类平台主要包括：eBay、京东、当当、淘宝等。

每种平台的收费模式并不相同，企业根据自身营销战略进行选择。例如图 2-3-1 所示的京东 POP 店收费标准，图 2-3-2、图 2-3-3 所示的天猫收费模式，天猫店会根据店铺类型分为旗舰店、专营店和专卖店，每种店铺类型对应收费标准各不相同，企业要权衡比较每个平台的受众人群和资费模式，优选平台。

2023年京东开放平台类目资费规则　　我要反馈　　下载PDF

一级类目	二级类目	三级类目	是否支持“0元”试运营	保证金（SOP）							技术服务费率（SOP）	交易服务费率（SOP）
				试运营期（单位-元）	正式运营期（单位-元）							
					GMV＜3万	3万≤GMV＜5万	5万≤GMV＜10万	10万≤GMV＜20万	20万≤GMV＜30万	GMV≥30万		
珠宝首饰	珠宝服务	全部	是	0	5,000	5,000	5,000	10,000	10,000	30,000	8.00%	0.60%
		全部	是	0	5,000	5,000	5,000	10,000	10,000	30,000	3.00%	0.60%
	金银投资	投资金	否	/	50,000	50,000	50,000	50,000	50,000	50,000	1.00%	0.60%
		金片/金摆件	否	/	50,000	50,000	50,000	50,000	50,000	50,000	1.00%	0.60%
		其它三级类目	否	/	50,000	50,000	50,000	50,000	50,000	50,000	5.00%	0.60%
	合成/人造宝石	全部	是	0	5,000	5,000	5,000	10,000	10,000	30,000	8.00%	0.60%
	发饰	全部	是	0	5,000	5,000	5,000	10,000	10,000	30,000	10.00%	0.60%
	水晶玛瑙	全部	是	0	5,000	5,000	5,000	10,000	10,000	30,000	10.00%	0.60%
	钻石	裸钻	是	0	5,000	5,000	5,000	10,000	10,000	30,000	5.00%	0.60%
		其它三级类目	是	0	5,000	5,000	5,000	10,000	10,000	30,000	8.00%	0.60%
	黄金	全部	否	/	50,000	50,000	50,000	50,000	50,000	50,000	3.00%	0.60%
	木手串/把件	全部	是	0	5,000	5,000	5,000	10,000	10,000	30,000	8.00%	0.60%
	时尚饰品	全部	是	0	5,000	5,000	5,000	10,000	10,000	30,000	10.00%	0.60%
	翡翠	全部	是	0	5,000	5,000	5,000	10,000	10,000	30,000	8.00%	0.60%
	彩宝	全部	是	0	5,000	5,000	5,000	10,000	10,000	30,000	8.00%	0.60%
	K金饰品	全部	是	0	5,000	5,000	5,000	10,000	10,000	30,000	3.00%	0.60%
	珍珠	全部	是	0	5,000	5,000	5,000	10,000	10,000	30,000	8.00%	0.60%
	其它玉石	全部	是	0	5,000	5,000	5,000	10,000	10,000	30,000	8.00%	0.60%
		银手镯	是	0	5,000	5,000	5,000	10,000	10,000	30,000	8.00%	0.60%
		银手链/脚链	是	0	5,000	5,000	5,000	10,000	10,000	30,000	8.00%	0.60%

图2-3-1　京东POP店资费标准（部分）（资料来源：京东官网截图）

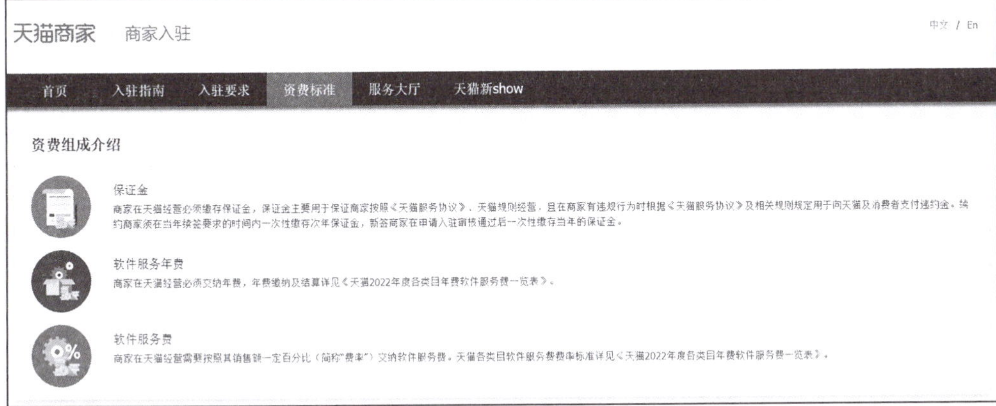

图2-3-2　天猫店资费组成（资料来源：天猫官网截图）

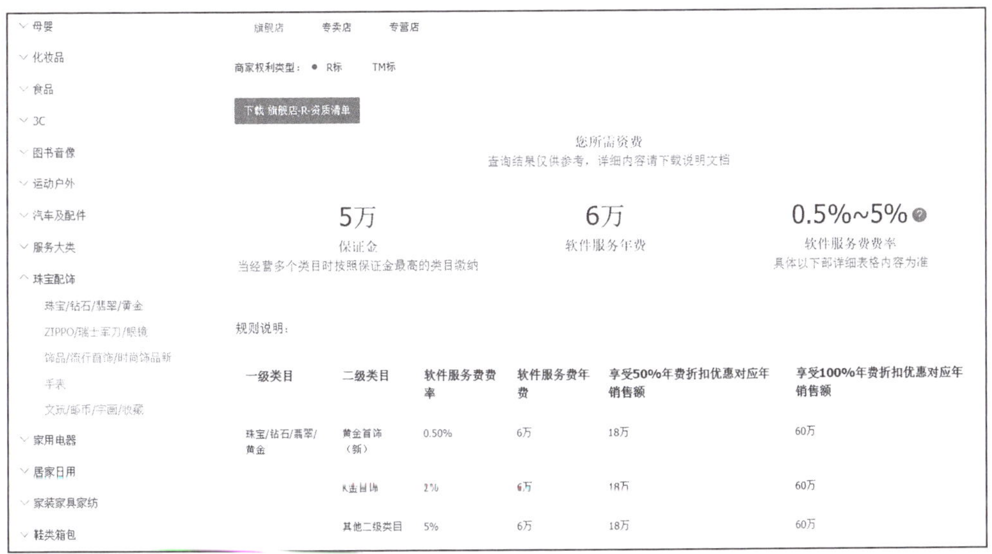

图2-3-3　天猫旗舰店珠宝品类资费标准（部分）（资料来源：天猫官网截图）

本书以京东入驻为例：

第一步：在首页下方找到“合作招商”如图 2-3-4 所示。

图2-3-4　京东招商（资料来源：京东官网截图）

第二步，根据企业类型选择合适的入驻窗口，这里以入驻POP店为例，一定先了解《京东开放平台招商基础资质标准》，只有符合要求才可以入驻，如图2-3-5所示是入驻主要流程。

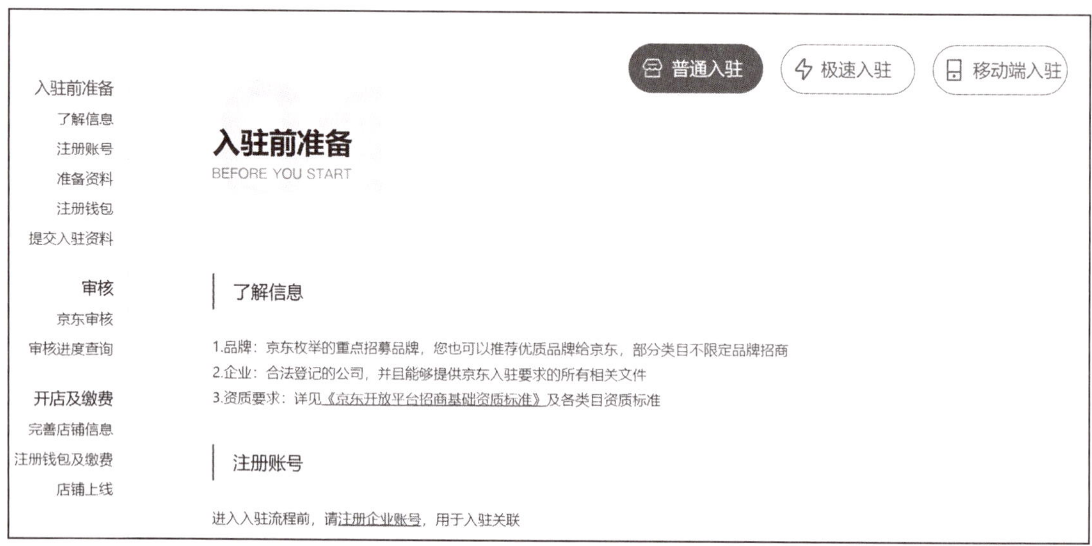

图2-3-5　京东入驻流程（资料来源：京东官网截图）

第三步，根据入驻流程，企业准备好各项材料，在线提交就可以轻松入驻。

其他平台的入驻也都大同小异，企业一定根据自身情况和条件选择适合自己的平台。

4. 开展网络分销

网络分销是指充分利用互联网的渠道特性，在网上建立产品分销体系，通过网络把商品分销到全国各地，网络分销可以分为“代理”“代销”“批发”“加盟”四种形式。

（1）网络代理

一般面向企业网店，“网络供应商”建立自己的网络批发商城，展示自己的产品，“代理商”通过与供应商建立分销关系，也在代理商自己的网店上展示供应商的产品，当顾客在代理商处下单，代理商直接让供应商发货。供应商收取代理费和成本价，而代理商获取差价利润。

（2）网络代销

一般面向个人网店，“网络分销商”把自己的货品通过自己创建的网上分销平台展示，“分销会员”把相中的商品的图片和信息添加到自己开设的网店里，当有顾客需要时，“分销会员”负责介绍商品并促成交易成功，然后通知“网络分销商”代为发货。“分销会员”主要靠差价获得收入，对个人来说，是一种“零风险”的创业模式。

（3）网络批发

一般面向个人网商、实体店铺、网上专业店铺等，网络批发与传统的货品批发形式是一样，只不过是通过网络的形式，“网络分销商”把自己的货品通过自己创建的网上分销平台展示，“分销会员”把相中的商品直接在网上下规定数量的订单，付款拿货或压款经销的形式。

（4）网络加盟

网络加盟店是指加盟商与特许人共同进行加盟店的投资，比如特许人以资本作为投资，加盟商以场地、装修等资本作为投资，特许人负责加盟店经营并承担经营风险，加盟商提取确定利益。

【知识扩展】

营销渠道是指为提供产品或服务以供使用或消费这一过程有关的一整套相互依存的机构，它涉及到信息沟通、资金转移和实物转移等。网上销售渠道就是借助互联网将产品从生产者转移到消费者的中间环节。

1. 网络渠道的功能

一个完善的网上销售渠道应有三大系统功能：订货系统、结算系统、配送系统。

（1）订货系统。它是为消费者提供产品信息，同时方便厂家获取消费者的需求信息。

（2）结算系统。消费者在购买产品后，可以有多种方式方便地进行付款，因此厂家（商家）应有多种结算方式。

（3）配送系统。对于无形产品，可以直接通过网上进行配送。对于有形产品的配送，要涉及到运输和仓储问题。

2. 网络营销渠道类型

在传统营销渠道中，营销中间商是营销渠道中的重要组成部分，他们凭借其业务往来关系、经验、专业化和规模经营，提供给公司的利润通常高于自营商店所能获取的利润。营销渠道一般分为直接分销渠道和间接分销渠道两种类型，如图 2-3-6 所示。但互联网的发展和商业应用，使得传统营销中间商凭借地缘原因获取的优势被互联网的虚拟性所取代，同时互联网的高效率的信息交换，改变着过去传统营销渠道的诸多环节，将错综复杂关系简化为单一关系。

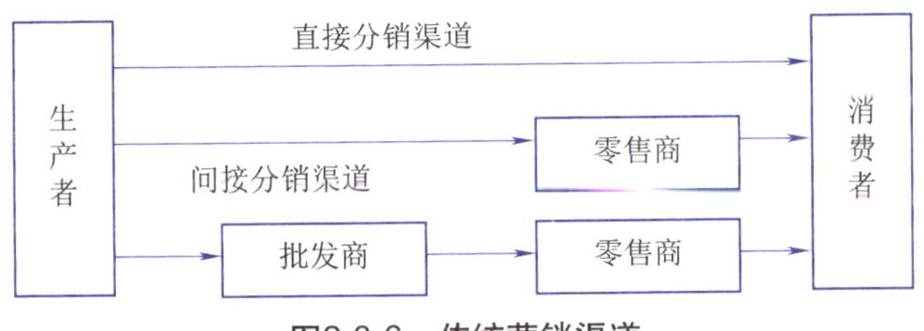

图2-3-6　传统营销渠道

3. 建设网络营销渠道的注意事项

从消费者角度设计渠道，只有采用消费者比较放心，容易接受的方式才有可能吸引消费者使用网上购物。

设计订货系统时，要简单明了，不要让消费者填写太多信息，而应该采用现在流行的“购物车”方式模拟超市，在购物结束后一次性进行结算。

在选择结算方式时，应考虑目前实际发展状况，应尽量提供多种方式方便消费者选择，同时还要考虑网上结算的安全性。

关键是建立完善的配送系统。消费者只有看到购买商品到家后，才真正感到踏实，因此建设快速的有效配送服务系统是非常重要的。

4. 网上直销渠道相对于传统营销的竞争优势

利用互联网的交互特性，网上营销渠道从过去单向信息沟通变成双向直接信息沟通，增强了生产者与消费者的直接连接。

网上营销渠道可以提供更加便捷的相关服务。

顾客可在网上定货和付款，然后就等着送货上门，大大方便了顾客。

生产者可以通过网上营销渠道为客户直接提供售后服务和技术支持。

【任务小结】

无论是网络直销还是网络分销，企业都要根据实际情况开展，也可以同时开展，称之为“双轨”渠道，企业在应用“双轨”渠道时一定要充分考虑定价问题，否则两个渠道会产生矛盾，造成产品或服务定价混乱。

【思考与练习】

1. 企业简介

××茶业源于安溪铁观音世家，传承世代茶人的制茶工艺，秉持祖辈勤、诚、朴、实的优良传统，追求天、地、人合一的制茶之道，用心做好茶。

××茶业在不断提升产品的品质、品牌、品味的同时，始终以用心做好茶的经营理念一步一个脚印打造中高端茶业品牌，实现香传中华、誉满全球。

××在消费者眼中已成为高档贵气、文化味浓、品质纯正的体质的代名词！茶作为21世纪的主流饮料，必将有广阔的契机。顺应市场潮流，以传播中国茶文化、推动茶文化的发展为已任，为全球消费者提供最优质的茶与最专业的服务，努力将绿叶茶香品牌打造成茶领域的航空母舰！

2. 市场分析

茶叶本质上是农副产品，应该遵循这个行业发展的内在规律。一个现实的路径是茶区把这些繁杂的小牌子统一起来，重点培养、扶植一两个具有竞争优势的品牌。在国际茶叶市场上，由于绿色壁垒影响和品牌问题，尽管我国茶叶出口量一直在增长，但价格却在下降。我国有众多名茶，但名茶并不等于名牌，茶业强势品牌的缺失已成为我国茶行业发展的障碍。中国茶业要加大名茶转化为名牌的工作力度，关键是增强知识产权意识和品牌意识，尽快形成中国茶业的名茶、名乡、名牌完整的品牌系列。

到目前为止，国家商标局首次评定安溪铁观音为中国驰名商标。但茶消费已从“传统”走向“现代”，在很长一段时期内，花茶的消费一直占据着北方茶叶消费份额的90%以上；而现在，这个比重已下降到不足60%，绿茶、乌龙茶、普洱茶等迅速成为北方地区的消费新宠。与此同时名优茶的发展也呈跳跃式发展。有机茶也成为近几年茶消费的一个热点。另外，功能性保健茶也成为茶消费的新趋势。因此这对××茶叶有限责任公司是一个很好的发展机遇。我们将把握这个良好的竞争态势充分利用自身优势来进行发展。

3. 行业竞争分析

目前我国茶叶出口主要以原料茶为主，自主品牌少，而且茶叶企业实力不强，为了扩大我国茶叶在国际市场的份额，培育更广泛的茶叶市场，国家应建立茶叶推广基金，在全球市场上推广中国茶，为茶叶企业开拓市场营造良好的经营环境。自 20 世纪 90 年代中期，旭日升集团推出了冰茶以来，人们开始认识并接受茶饮料。茶饮料是所有饮料类别中增长最快的，人均 GDP 高的城市明显高于低的城市，去年茶饮料全国市场渗透率仅次于碳酸饮料和包装水饮料。调查显示，中国的茶饮料市场暂时还是统一、康师傅等几家大企业的天下。记者从中国茶叶流通协会得到证实，今年茶饮料产销量将在 400 万吨以上，预计比去年增长 50% 左右，并且有 80% 的产销量将集中在康师傅、统一、娃哈哈等几个大品牌上。今年茶饮料市场依然处于垄断竞争的格局。尽管如此，目前消费者的需求也变得多元化，特别是一些中青年对喝茶的喜好日益增长，从长远来看消费者的选择会变得多元化。这就为中国茶饮料开拓市场提供了一个有利的时机。

请根据以上材料，结合调查研究，帮助 ×× 茶业有限责任公司规划网络营销渠道。后附加任务单、执行单、评价单。

【任务单】
1.任务名称
根据案例制定该企业的网络营销渠道策略。
2.达成目标
（1）确定网络营销渠道类型。 （2）预测渠道实施效果。 （3）预测渠道费用。 （4）做好渠道评估。
3.方法和建议
（1）开展相关调研。 （2）比较渠道费用。 （3）预测评估各渠道效果。
4.任务提交形式
分析报告或PPT 。

5.困惑和建议（实施之后反馈）

【执行单】
1.任务名称
根据案例制定该企业的网络营销渠道策略。
2.任务执行的具体步骤
3.任务过程数据和结论
4.任务执行中的困难和反馈（实施之后反馈）

【评价单】				
任务内容	分数占比	个人评价	小组评价	教师评价
任务分工	5			
团队合作	5			
任务执行	20			
任务结论	40			
方法能力	10			
计划能力	10			
任务汇报	10			

任务四　网络促销策略

子任务一　网络广告

【引导案例】

互联网是一种新技术、新思维，在新技术与思维浪潮下，催生了新的广告形式——网络广告。简单来说，网络广告是指广告主基于互联网所投放的广告。与传统广告相比，网络广告具有传播快、互动强、效果好等特点。尤其是自2010年以后由于智能手机的普及、4G乃至5G网络的覆盖，互联网从PC时代进入到移动互联网。移动互联时代，网民数量庞大、用户上网（尤其是手机上网）时间长。面对海量的潜在用户与商机，大量的企业选择了互联网营销，广告主的需求进一步刺激了网络广告的大发展、大繁荣、大爆炸。

当前，互联网已成为一个全球性的信息系统，并被人们称为是继报纸广播以及电视之后的第四大传播媒体，网络广告应运而生，成为一种新型的广告形式，并随着网络传播的发展和电子商务的应用而成长。当前互联网行业盈利模式日趋多元，但网络广告仍然是许多企业盈利的不二法门。今天我们打开计算机或者手机，看个视频、玩个游戏、查看个网页，不经意间也在浏览着各种形式的网络广告。

【任务分析】

网络广告策划是对网络广告从整体出发的一种运筹和规划，需要对整个广告活动加以协调安排，包括广告设计、广告投入、广告时间、广告空间安排等各个具体环节做到充分考虑，以达到网络广告宣传效果最大化的过程。

本任务要求学生完成一则网络广告策划，要求做到：整合媒体平台，找到最具优势的广告类型，科学测量，有的放矢，物美价廉，优化配置。

网络广告类型如下：

1. 文本链接广告

是一种文字链接形式的，对浏览者干扰最小、访问速度最快、最具效果的网络广告形式。

2. 网幅广告

以 GIF，JPG 等格式建立的图像文件，定位在网页中，大多用来表现广告内容的网络广告形式，网幅广告分为两类：静态、动态。

静态：静态的网幅广告就是在网页上显示一幅固定的图片，如图 2-4-1 所示，它也是早年网络广告常用的一种方式。优点就是制作简单，并且被所有的网站所接受。它的缺点也显而易见，在众多采用新技术制作的网幅广告面前，它就显得有些呆板和枯燥。

图2-4-1 静态网幅广告

动态：以一连串动态或闪烁的静态图片形成的具有动态效果的动画。通常采用 GIF、SWF 等格式，通过不同的画面，传递给浏览者更多的信息，这种广告并不复杂，尺寸也比较小。正因为动态网幅广告拥有如此多的优点，所以它是目前最主要的网络广告形式，如图 2-4-2 所示。

图2-4-2 动态网幅广告

3. 电子邮件广告

是采用文本格式或 html 格式，把一段广告性的文字、图片放置在邮件中，也可以设置一个 URL 链接到广告主公司主页或提供产品、服务的特定页面的网络广告形式。电子邮件的广告也已经发展了很多年了，现在我们无时无刻不在被电子邮件广告所轰炸着。一个好的电子邮件广告，能够为用户定期提供所需信息，反之，用户一定会在某个时间点抛弃它。

4. 互动富媒体广告

随着网幅广告越来越不能满足需求时，互动富媒体广告是一种更具吸引力的交互方式：

以文字、声音、图像、游戏等为元素，以鼠标，键盘等其他输入输出装置为交互操作体验的网络广告形式。传统的文字搭配图片式广告，电子邮件式广告，由于其发展多年，用户对其所带来的感受已经逐渐淡化，甚至有时候会产生反感情绪。另一方面，传统的文字、图片等广告形式的收益也越来越小。因此网络互动富媒体广告的出现给网络广告的设计带来了新的发展空间，Flash 技术的应用，让广告的展示形式有了新的活力。

互动富媒体广告的常见形式有以下几点：

（1）自动播放：不需要鼠标交互，即可完成动画的播放，这种方式被大量应用在 Flash 广告中，如图 2-4-3 所示奔驰汽车的互动广告，广告中没有文案，画面就一个时钟，每过一秒钟，就有一辆汽车开了出去，用画面的意境体现：还等什么“Let’s Talk!”

图2-4-3　富媒体自动播放广告

（2）单击交互：鼠标点击触发广告交互，如图 2-4-4 所示大众广告，整个广告以视频播放为创意，点击播放后会出现一路快速驶过的大众汽车，快到浏览者根本无法看到车是什么样子，吸引用户拖动进度条自己回放观看。

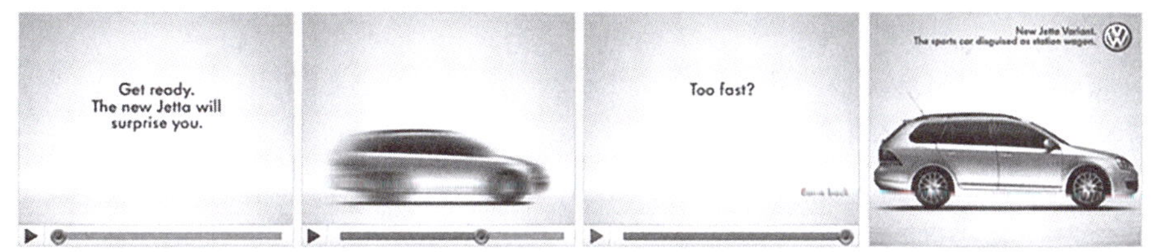

图2-4-4　富媒体单击交互广告

（3）拖动交互：按住鼠标拖动，享受拖动时画面变化的快感，如图 2-4-5 所示 PUMA 的互动广告，画面上有一根鞋带提醒你去拖动，使用鼠标拖动的时候，会拖出一双运动鞋，形象地说明了 PUMA 的运动鞋是如此的轻薄。

图2-4-5　富媒体拖动交互广告

5. 移动网络互动广告

相对于其他广告形式，移动网络广告借助于移动终端所特有的硬件或传感器特性，可以具有更强的达到率、互动性、定位能力、传播性、交易能力的广告特点，如 AR、二维码、蓝牙广告，LBS 基于位置的营销活动互动，与其他媒体的网络互动广告。可以说移动网络互动广告给我们现有的广告模式带来了一次革命。

目前，移动网络互动广告分为三种形式：

（1）移动网站互动广告。以移动终端浏览器为基础，以移动网页为展现形式的广告，如：移动网页上的文字链接广告、图片广告，以及品牌活动等广告形式。

（2）App 植入广告。以 App 为广告载体，在 App 启动或运行中，植入了以 IAD、AdMob 等第三方广告。

（3）App 互动展现广告。App 本身即为互动广告的营销平台，如：宜家、Converse 等 App 应用，如图 2-4-6 所示。

图2-4-6　App互动展现广告

6. 搜索引擎广告

搜索引擎广告是指广告主根据自己的产品或服务的内容、特点等，确定相关的关键词，撰写广告内容并自主定价投放的广告。当用户搜索到广告主投放的关键词时，相应的广告就会展示，如图 2-4-7 所示，关键词有多个用户购买时，根据竞价排名原则展示，并在用户点击后按照广告主对该关键词的出价收费，无点击不收费。搜索引擎广告，是互联网上较早的广告形式之一，常见于各搜索引擎，例如百度、搜狗、谷歌等。

7. 开屏广告

开屏广告是基于移动端 App 的广告样式，用户启动 App 时显示的广告。广告展示时间一般在 3 ～ 5 s 之间，用户可以选择跳过广告直接进入 App，形态可以是静态图片、动态图片甚至是 Flash。图 2-4-8 所示是美图、36 氪和脉脉开屏广告的合成图，开屏广告基本上是在移动端上占据空间最大的广告形式，其中以美图和 36 氪这种形式为主流，即屏幕上方大部分是广告展示区，下方是自己应用的品牌识别区（包括 Logo、应用名称和 Slogan）。同样的，用户拥有是否跳过广告的自主权，点击跳过可以直接进入 App。

图2-4-7　搜索引擎广告

图2-4-8　开屏广告

8. 插屏广告

插屏广告是用户在 App 上进行暂停、切换等动作时触发的广告。常见于视频、工具和游戏类应用，这种广告通常占据半个手机屏幕，且位于屏幕的正中间。如图 2-4-9 所示是爱奇艺视频暂停时的插屏广告。这种广告形式直接插入到用户的使用过程中，影响用户操作效率，体验较差。但是由于占据的屏幕空间较大，用户误操作进入的概率大，对于急于产品推广和流量变现的广告主来说也是一种不错的选择。

图2-4-9　插屏广告

【任务操作】

1. 确定网络广告的目标及目标群体

确定网络广告目标的目的是通过信息沟通使消费者产生对品牌的认识、情感、态度和行为的变化，从而实现企业的营销目标。比如在产品的不同发展阶段，广告的目标可分为提供信息、说服购买、和提醒使用等。

确定网络广告的目标群体就是确定网络广告希望让哪些人来看，确定他们是哪个群体，哪个阶层、哪个区域。只有让合适的用户来参与广告信息活动，才能使广告有效地实现其目标。

2. 进行网络广告创意

网络广告创意要有明确有力的标题和简洁的广告信息，并根据网络媒介的独特性，运用网络手段增强广告互动性，如在广告上增加游戏功能，提高访问者对广告的兴趣等。

3. 选择网络广告发布渠道

（1）网站主页形式。建立企业自己独立的网站是一种带见的网络广告形式，同时，企业网站本身就是一种活的广告。

（2）网络内容服务商（ICP）。新浪、搜狐、网易等网站提供了大量的互联网用户感兴趣的免费信息服务，包括新闻、评论、生活、财经等内容，这些网站的访问量非常大，是网上最引人注目的站点。目前，这样的网站是网络广告发布的主要阵地，主要发布形式是旗帜广告。

（3）专类销售网。这是一种将专业类产品直接在互联网上进行销售的方式。

（4）企业名录。这是由一些互联网服务商或政府机构将一部分企业信息融入他们的主页中，如香港商业发展委员会的主页中就包括汽车代理商、汽车配件商的名录，只要用户感兴趣，就可以通过链接进入选中企业的主页。

（5）免费的电子邮件服务。

（6）黄页形式。

（7）新媒体平台，以短视频等形式发布。

公司首先要确定整体促销预算，再确定用于网络广告的预算。整体促销预算可以运用量力而行法、销售百分比法、竞争对等法或目标任务法来确定。而用于网络广告的预算则可依据目标群体情况及企业所要达到的广告目标来确定。

量力而行法即企业确定广告预算的依据是他们所能拿得出的资金数额。

销售百分比法即企业按照销售额（销售实绩或预计销售额）或单位产品售价的一定比例来计算和决定广告开支。

竞争对等法是指企业比照竞争者的广告开支来决定本企业广告开支的多少，以保持竞争上的优势。

目标任务法的步骤包括：

（1）明确地确定广告目标；

（2）决定为达到这种目标而必须执行的工作任务；

（3）估算执行这种工作任务所需的各种费用。

4. 撰写《网络广告策划书》

网络广告策划书的撰写见表2-4-1。

表2-4-1　网络广告策划书

<table>
<tr><td colspan="4">网络广告策划书</td></tr>
<tr><td>广告目的</td><td></td><td>目标群体</td><td></td></tr>
<tr><td colspan="4">广告创意：</td></tr>
<tr><td>发布渠道</td><td colspan="3"></td></tr>
<tr><td>项目预算</td><td colspan="3"></td></tr>
</table>

【任务小结】

通过任务操作，应明确选择网络广告发布渠道的原则：

（1）网站访问量。把广告投放到什么样的站点中是非常重要的问题。投放广告的主要目的是能为企业带来收益，而前提就是广告的访问量。如果访问量太小，尽管广告费用支出也相应较低，但广告效果难以保证，因此人们更加喜欢在访问量高的站点上做广告。有统计资料表明，占全部网站数量 1% 左右的大型网站控制了 90% 以上的网络广告市场。因此，大量的中小型网站实际上并没有成为被认可的网络广告资源。

（2）目标定位。投放网络广告的站点类型也很重要，选择与广告内容相关的站点可以获得更好的广告效果。因此，虽然门户网站、娱乐网站、新闻网站等通常有较高的访问量，但由于其目标定位较低，总体广告效果未必最好。企业在实际操作中应当充分考虑那些与广告内容更为贴近的专业型网站。

（3）价格因素。企业在投放广告时不仅仅要考虑效果还要考虑为此而付出的成本。网络广告价格取决于不同的站点、广告的不同位置及投放时间的长短等因素。广告的使用者最好能对比几家类似的网站，在同等情况下要选择物美价廉的形式。

【思考与练习】

1. 网络广告的形式随着网络技术发展也在不断地变化，除了上述网络广告类型，还有哪些网络广告的新形式？

2. 网络广告发布渠道应如何选择？

子任务二　网络促销

【引导案例】

随着移动智能终端的普及，网上购物对于大部分人来说已经是日常行为，这些年各大电商在促销活动上更是不遗余力。谈到网络促销活动，就要谈到“双十一”，每年 11 月 11 日的网络促销日最早起源于天猫商城 2009 年 11 月 11 日举办的促销活动，彼时参与的商家数量和促销力度都非常有限，营业额却远超预想的效果，于是 11 月 11 日成为天猫举办大规模促销活动的固定日期。现如今“双十一”已成为中国电子商务行业的年度盛事。

【任务分析】

促销又被称为宣传策略，主要是指企业以利用各种信息传播手段刺激消费者购买欲望，促进产品销售的方式来实现其营销目标，其中包括对同促销有关的广告、人员推销、营业推广，公共关系等可控因素的组合和运用。本任务需要同学们对我国“双十一”类购物节促销手段进行深入分析。

常见的促销方式有：

1. 折价促销

折价促销是目前最常用的一种线上促销方式。为了激发消费者在网上购物的热情，通常采用幅度比较大的折扣，促使消费者做出购买决定。如图 2-4-10 所示——口罩的售卖，当疫情得到控制，产能恢复后，口罩从最初的“重金难求”，到打折售卖促销。

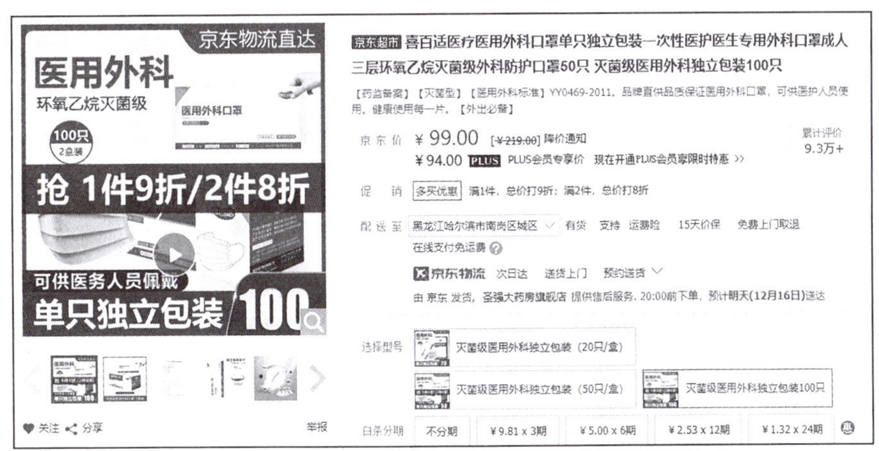

图2-4-10　折价促销

2. 赠品式促销

赠品式促销是目前应用相对少一些的促销方式。一般情况下，在新商品推出试用、商品更新、开辟新市场的情况下，利用赠品促销可以达到比较好的促销效果，如图 2-4-11 所示，但需要注意赠品的选择。

实行赠品促销时赠品的选择应注意如下问题：不要选择次品作为赠品；明确促销目的；注意赠品的适时性；注意预算和市场需求。

图2-4-11　赠品式促销

3. 会员积分式促销

线上积分比传统营销方式更简单和易操作，网上积分活动很容易通过编程和数据库来实现，并且结果可信度更高，操作起来相对较为简便。积分促销一般设置价值较高的奖品，消费者可通过多次购买或多次参加某项活动来增加积分以获得该奖品。甚至有的商家直接以积分代替支付货币，比如支付宝中的“集分宝”。此类促销方法可以增加消费者访问网站和参加某活动的次数，进而增加消费者对品牌或平台的忠诚度。图 2-4-12 分别为肯德基 App 积分页面和支付宝积分页面，通过积分可换取商品或服务。

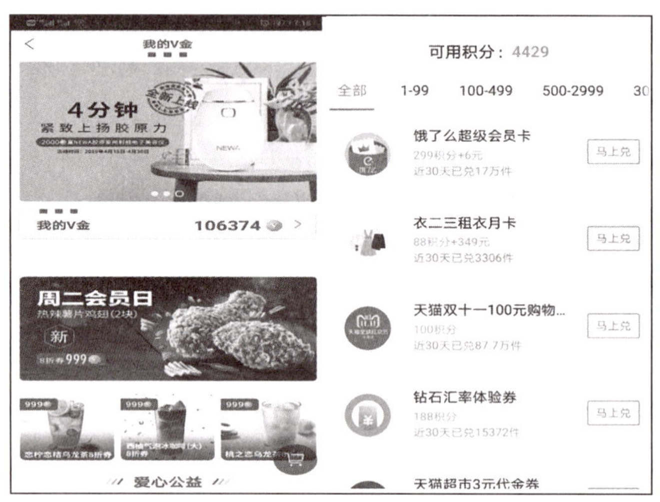

图2-4-12　积分页面

4. 网上联合式促销

网上联合式促销是指由不同商家联合进行的促销活动，联合促销的商品或服务可以起到一定的优势互补效应。如图 2-4-13 所示为“618 活动”期间京东商城的跨店满减活动。

图2-4-13　跨店满减活动

除上述四种促销方式，还有很多常见的促销方式如限时秒杀，网上团购，优惠券促销，满额换购等促销方式，如图 2-4-14 所示。

图2-4-14　其他促销方式

【任务操作】

（1）通过互联网了解各大线上购物节平台促销信息。
（2）从口碑营销的角度分析海底捞的营销策略。
（3）对其服务过程营销进行分析。

【知识扩展】

根据促销活动的目标侧重和形式特征，可将常见促销活动分为以下三种类型：

1. 提升转化类

提升转化类促销活动规则直接，用户享受促销优惠的门槛较低，针对单商品即有效，多用于刺激用户快速转化消费，或培养用户的消费预期和习惯。进一步可分为直降补贴活动和秒杀拼团活动。

2. 提升客单类

提升客单类促销活动侧重于以促销优惠提升用户的消费件数或消费金额，带来用户订单金额的提升，也是电商促销活动最常见的一类活动，其形式也更丰富，可分为满减满折类、满件优惠类以及满赠加购类活动。

3. 提升购物频次类

提升购物频次的促销活动除了关注用户单次消费转化外，更侧重于提升用户的长期活跃消费。此类促销多通过前置钩子预留、后置奖励刺激的方式提升用户的后续下单。进一步可以分为下单返现类、多单有奖类、组合券包类。

【任务小结】

本任务主要针对折价促销、赠品式促销、会员积分式促销及网上联合式促销四个方面的内容，以营销学 4P 理论为支撑，让读者了解该部分内容及实操，由于该部分并未阐述理论，读者可以在学习前参考知识扩展。

【思考与练习】

1. 什么是网络产品及网络品牌？
2. 网络渠道和传统渠道的区别是什么？
3. 常见的网络促销方式有哪些？

项目三　网络营销策划与实施

【知识目标】

1. 了解网络营销策划的内容。
2. 了解搜索引擎营销。
3. 了解微信营销的基本含义与特点。
4. 了解微博营销策划的步骤。
5. 了解社群营销的含义与特点。
6. 了解短视频用户画像的确定方法。
7. 理解短视频的展现形式定位内容。
8. 了解开通抖音直播的条件，及抖音小店开设流程。
9. 了解网络主播的素质和能力要求。

【能力目标】

1. 能够根据营销目标制定营销策划方案。
2. 能够独立撰写网络营销策划方案。
3. 能够进行搜索引擎营销。
4. 掌握微信营销的基本方法与技巧。
5. 能够独立进行微信公众号运营。
6. 掌握微博营销的基本方法。
7. 掌握社群营销的方法与步骤。
8. 能够进行短视频内容规划及运营，并且能够开展短视频营销的后期复盘。
9. 能够开通抖音小店。
10. 能够进行直播运营。

【素质与思政目标】

1. 培养学生独立分析和解决问题的能力。
2. 培养学生现代管理的意识。
3. 培养学生增强民族自信。
4. 培养学生具有品牌意识。

任务一　制定网络营销策划案

子任务一　网络营销策划案的制定

【引导案例】

赵大有是一个宁式糕点品牌，拥有150多年的历史。赵大有的糕点品种丰富，产品质量过硬，在宁波的中老年群体中享有较高的知名度与美誉度。在一百多年的发展过程中，赵大有一直坚持“三不卖”“三不出售”“五常法”等经营理念，弘扬工匠精神，传承宁式糕点的文化底蕴，推出水晶油包、龙凤金团等经典产品，树立了良好的品牌形象。2017年6月25日，赵大有宁式糕点博物馆开馆，该博物馆以陈列体验稻作文化生态的宁式糕点生产与品类技艺为要旨，致力于弘扬赵大有至臻至善、执着追求的工匠精神，反映和展示宁式糕点的文化底蕴。老字号拥有世代传承的独特产品、精湛技艺和服务理念，承载着中华民族工匠精神和优秀传统文化，具有广泛的群众基础和巨大的品牌价值、经济价值和文化价值。与许多老字号一样，赵大有也遭遇了连锁超市、连锁西点、电商平台、移动电商的冲击，销售业绩和营业利润增长后劲不足。如何在消费需求快速变化、市场竞争加剧的现代商业环境中，通过产品创新，吸引年轻消费群体对老字号及其产品的关注，提升老字号在年轻消费群体中的知名度，成为赵大有的重要决策内容。

问题：

1. 你所在地域有哪些老字号企业？
2. 你认为案例中该糕点品牌如何通过网络营销手段改变现有困境？

【任务分析】

本任务以企业、组织、团队设置的整体经济效益为出发点，为店铺制订一整套切实可行的营销策划方案；以提升市场占有率、品牌知名度和经济效益为目标，提升网络营销的整体销售额、利润、行业竞争力。

【任务操作】

1. 环境与市场分析

（1）分析网络营销项目的宏观环境（PEST）。

（2）企业的SWOT分析。

（3）市场环境分析（竞争者、消费者）。

2. 目标设定

（1）进行STP分析。

（2）确定项目目标。

3. 战略及战术制定

（1）制定项目战略。

（2）制定项目战术（4P）及推广策略。

① 4P 分析。

②推广策略。包括搜索引擎、微博、论坛（BBS）、QQ、微信、QQ 空间、微信朋友圈、微信公众号以及淘宝联盟等。

4. 预算编制

分析各项成本并列出各项开支，如管理与人员成本、推广成本（重点）、耗材与损耗等。

5. 项目控制

设立检查时间与措施：

①显性效果监测：从利润指标等。

②隐性效果监测：从客户满意度指标等。

6. 效果评估

包括策划方案完整性，策划方案可行性，环境与市场分析方法、推广方法、财务预算，效果评估体系等。

【任务小结】

本任务主要针对网络营销策划方法进行了介绍，以任务操作为背景，通过任务流程实施步骤让大家熟悉网络营销策划方案制定的具体流程，进而在此基础上，完成相应网络营销策划案的制作。

【思考与练习】

1. 网络营销策划案中的目标设定是指什么？有哪些方法？
2. 如何进行网络营销策划案的效果评估，并列举相应案例。

子任务二　网络营销策划案的实施步骤

【引导案例】

2018 年 9 月 29 日，支付宝官方发布一条微博动态“祝你成为中国锦鲤”。仅仅 6 个小时，这条动态的转发量突破 100 万！

同年 10 月 7 日活动结束，这条动态的阅读量为 2.16 亿，周转发量过 310 万，总互动量超过 420 万！

仿佛就在一瞬间，“锦鲤”便火爆了微博生态，并且这股“全民找锦鲤”热潮随即蔓延到微信、知乎等社交媒体平台。

支付宝锦鲤整体活动流程如下：

（1）活动准备：确定活动目标和预算，制定活动时间，设计活动规则和奖品设置，准备宣传物料和活动页面。

（2）活动宣传：通过支付宝 App 首页入口、社交媒体、电子邮件等渠道进行宣传，吸引用户参与。

（3）活动报名：用户通过支付宝 App 进入活动页面，查看活动规则并进行报名。

（4）锦鲤放流：在活动开始时，支付宝 App 首页会出现一个锦鲤的入口，用户点击后会释放一个锦鲤。

（5）抽奖环节：用户成功放流锦鲤后，可以有机会参与抽奖环节，根据抽奖规则，部分用户可以获得实物奖品或现金红包。

（6）奖品发放：根据用户中奖情况，支付宝将实物奖品送至用户填写的地址，现金红包则直接发放至用户的支付宝账户。通过支付宝 App 内的消息推送提醒用户中奖信息。

（7）数据分析：对活动数据进行统计和分析，了解活动效果和用户参与情况，为后续活动优化提供参考。

根据上述案例分析，试着分析一个完整的网络营销策划案的实施步骤应包含哪些？

【任务分析】

网络营销策划就是为了达成特定的网络营销目标而进行的策略思考和方案规划的过程。一般网络营销策划案的实施步骤包括：确定目标和目标受众群体、制定营销策略、确定营销渠道和平台、制定内容营销计划、执行营销活动、监测和优化等步骤。

【任务操作】

1. 明确目的

一般网络企业的目的往往不是直接的网上销售量，而是着眼于网络营销所产生的其他效应。

请思考如下问题：

①本次网络营销策划是想通过网络广告等形式向其他潜在顾客提供信息吗？

②本次网络营销策划是想提高品牌知名度吗？

③本次网络营销是想吸引顾客、建立顾客忠诚度吗？

2. 分析情况

（1）网络市场行情信息

网络市场行情信息主要是指产品价格变动、供求变化等信息。目前，互联网上有许多站点提供这些信息，如前面介绍的各商业门户网站、商贸搜索引擎网站等，另外还有一些专业信息网站。

（2）竞争形势

在互联网上搜集竞争者信息的途径主要有：

访问竞争者网站：注意竞争者网站中有哪些工作值得借鉴、有什么疏漏或错误需要避免、类似的市场调研竞争者是否做过等。

收集竞争者网上发布的各种信息：如产品信息、促销信息、电子出版物等。

收集其他网上媒体摘取的竞争者的信息：如通过网上电子版报纸，人民日报、各电视台的网上站点等收集竞争者的各种信息。

（3）消费者信息

通过互联网了解消费者的偏好，主要采用网上直接调查的方法。在互联网上，调查人员可向各私人网站或公众站点发出访问请求，不定时地查看企业的电子邮件信箱，及时收集来自各方面的反馈信息。

（4）宏观环境因素

企业在做市场调查时，除了收集产品、竞争者和消费者这些紧密关联的信息之外，还必须了解当地的政治、法律、人文、地理环境等信息，这有利于综合考虑市场变化，寻求市场商机。

基于对企业及环境现状的分析，找出企业网络营销面临的主要机会和威胁、优势与劣势是哪些，面临的主要问题是什么。通过机会与威胁分析外部可以左右企业网络营销未来的因素，以便考虑可以采取的行动。

3. 综合比较

可以参考 SWOT 分析方法，对机会、威胁、优势、劣势、四个角度进行分析。

4. 确立目标

比如海里捞的营销策划目标是让海底捞找到新的消费点。

5. 策略应用

（1）网站策略

中小企业可以选择合适的域名，建立适合自己的网站，并配有专门的人来维护，以达到企业宣传的目的。

（2）产品策略

中小企业明确自己的产品或者服务的项目，明确哪些是网络消费者选择的产品。

（3）价格策略

互联网环境的公开透明性，也让网络营销产品的价格策略更加公开透明，如何引导消费者购买或做出决策是关键。

（4）渠道策略

为了便于消费者多渠道购买，可以提供多种渠道方式的引流及支付方式，很大程度上给消费者购物带来便利。

（5）促销策略

企业可以选择多种网络促销方案，比如搜索引擎推广、网络广告等。

6. 战术方案

战术方案可以用图表形式表达，写明日期、活动项目、费用和负责的人员，这样可以使得整个项目及行动方案一目了然。

7. 预期效益

预期效益即对方案何时产生经济效益、产生多少收益及方案有效收益期的长短等进行评估。

8. 控制措施

设计控制措施的目的是便于对计划的操作执行过程和进度进行管理。

【知识扩展】

1. 网络营销策划书撰写

（1）封面

封面的构成要素应该包括呈报对象、文件种类、网络产品营销策划名称及副标题、策划者姓名及简介、所属部门、呈报日期、编号及总页数。其中，网络产品营销策划名称要简洁明了，但必须具体全面。如果标题不足以说明问题，还可以加上副标题。

（2）目录

除非策划书的页数很少，否则不要省略目录页的内容，因为目录可以让读者对策划书有概括性了解。目录中应该有主标题、副标题、附件或资料及以上内容的页码。

（3）前言及策划摘要

前言应清楚地表述所阐述的重点问题，如具体内容包括策划的目的及意义、策划书所展现的内容、希望达到的效果及相关内容、致谢等。策划摘要一般要阐明策划书所有内容的重点及核心构想或策划的独到之处，用词应该简练，篇幅要短，让人容易把握策划书的整体内容。

（4）正文

正文部分即策划内容的详细说明。表现方式要简单明了，应充分考虑读者的理解力和习惯。包括以下几个方面的内容：

①企业现状及网络营销环境状况分析，包括企业现状分析、消费者分析、网上竞争对手分析及宏观环境分析。

②网络营销市场机会与问题分析。对企业当前网络营销状况进行具体分析，找出企业网络营销中存在的具体问题，并分析其原因。针对企业产品的特点分析其网络营销的优劣势。从问题中找劣势予以克服，从优势中找机会发掘其市场潜力。

③网络营销目标。是在网络营销目标的基础上，企业网络营销所要实现的具体目标，即在网络产品营销策划方案执行期间，经济效益目标达成：总销量为 ××× 元，预计毛利润为 ××× 元。

④具体行动方案。根据策划期内时间段的特点，推出各项具体行动方案。行动方案要细致、周密，操作性强又具有灵活性，还要考虑费用支出。

⑤策划方案各项费用预算。这部分记载的是整个网络产品营销方案在推进过程中的费用投入，包括网络营销过程的费用、阶段费用、项目费用等，其原则是以较少投入获得最优效果。费用预算直接涉及企业资金支出情况，对网络营销方案的实施有很大的影响，所以费用预算部分应当列得很详细，以便决策层对此有充分的了解和准备。

⑥方案调整。在方案执行中可能出现与现实情况不相适应的地方，因此方案贯彻过程中必须随时根据市场的反馈方案进行调整。

⑦预期收益及风险评估。需要对方案何时产生收益、产生多少收益及方案有效收益期的长短等进行评估。另外，内部环境的变化不可避免地会给方案的执行带来一些风险。因此，应说明失败的概率有多大，造成的损失是否会危机企业的生存、是否有应变措施等。

（5）参考资料

列出完成该策划方案的参考文献，以增强可信度。

（6）注意事项

列出保证策划方案顺利推行应具备的条件。

2. 网络推广营销方案策划实施

网络推广营销方案策划实施是一项系统工程，每一个环节都要进行精心设计才能达到预期效果，具体可以分为以下五个步骤：

（1）明确网络推广目标

网络推广营销方案策划的第一步是要确定网络推广的目标。企业应结合自己的实际情况，以及根据网站发展情况及项目整体进度要求，设定合理的推广目标。目标应该由多个参数组成，如独立 IP 达到多少、PV 达到多少、Alexa 排到多少名、有多少注册用户等，根据不同行业及类型或有所不同。

（2）确定网络推广对象

只有知道推广的对象是谁，才能有针对性地制定推广方案。不同的推广对象有不同的思维方式和购物习惯，因此，一定要尽可能详细地分析目标人群的性别、数量、年龄、上网时间、上网习惯等一系列与目标人群有关的信息，根据目标人群的各种行为习惯来制定网站推广的策略和方法。

（3）选择网络推广工具

根据所搜集的资料，确定网络推广的方法及策略，详细列出所要使用的网络推广方法。如新闻软文推广、搜索引擎推广、微博推广、博客推广、邮件群发营销、QQ 群通信、论坛社交发帖、活动推广、网络广告投放等，对每种网络推广方法的优劣及效果做出分析并制定具体的实施方案。

（4）进行网络推广经费预算

网络推广方案的实施，必然会有广告预算，要定期优化账户结构，通过规划控制减少资金浪费，让推广效果达到最大化，例如，优化咨询、危机公关处理办法等。

（5）实施网络推广

好的方案还要有好的执行团队，要依据方案制作详细的计划进度表，控制方案执行的进程，对推广活动进行详细罗列，安排具体的人员负责落实，确保方案得到有效执行。

【任务小结】

本项目主要是对网络营销策划方案及步骤进行了介绍，以任务为背景，通过任务流程实施步骤让大家熟悉网络营销策划方案制定的具体流程，学生在学习本任务时，理论知识可参考后面知识园地。

【思考与练习】

1. 什么是网络营销策划？

2. 网络营销策划包含哪些流程？

【任务单】
1.任务名称
运用本课程所学相关知识，对淘宝店铺（坚果类）进行网络营销策划。分析营销环境、市场环境及企业关系等信息，为网店制定一套具有竞争力的、切实可行的营销推广方案，以提高网店的市场竞争力和销售额。（以4人为一小组）
2.达成目标
（1）分析营销环境。 （2）分析市场环境。 （3）分析企业关系等信息。 （4）设计营销推广策划方案。
3.方法和建议
（1）准备材料。 （2）设计切实可行的推广方案。
4.任务提交形式
策划方案报告或PPT 。
5.困惑和建议（实施之后反馈）

【执行单】
1.任务名称
根据案例营销推广方案。
2.任务执行的具体步骤
（1）分析网络营销项目所处的宏观环境（PEST）、市场环境（竞争、消费者）并进行SWOT分析； （2）根据STP分析，确定项目目标； （3）确定项目战略； （4）确定项目战术（4P）及推广策略； （5）制定项目投资预算； （6）对项目进行控制和效果评估； （7）撰写一份完整、可行、具有竞争力的营销策划方案。
3.任务过程数据和结论
4.任务执行中的困难和反馈（实施之后反馈）

【评价单】				
任务内容	分数占比	个人评价	小组评价	教师评价
任务分工	5			
团队合作	5			
任务执行	20			
任务结论	40			
方法能力	10			
计划能力	10			
任务汇报	10			

任务二　搜索引擎营销策划与实施

子任务一　搜索引擎营销工作过程

【引导案例】

搜索引擎可以快速地帮助我们在互联网上找到特定的信息，但同时也带给我们大量无关的信息，魏则西事件就是被搜索引擎广告误导所致，最终酿成悲剧。那么如何找到我们想要的东西呢？其实我们在使用搜索引擎时，加上一些特定的关键字符，就会迅速找到我们想要的东西。

【任务分析】

本任务要求学生熟练掌握搜索引擎的使用方法，包括基本查询、高级查询和使用搜索引擎指令三个方面的内容。该部分操作内容依托于百度、360 搜索等搜索引擎，部分搜索引擎指令并不能完全屏蔽掉搜索引擎中广告部分内容，但是可以帮助大家缩小检索范围。

【任务操作】

1. 基本查询

（1）下面以在百度中搜索一周之内发布的包含有“男士西装”Word 文件为例，首先，按【Enter】键或单击“百度一下”按钮，在弹出对话框的文本框中输入关键词，如图 3-2-1 所示。

图3-2-1　搜索关键词“男士西装”界面

（2）单击右上角的“搜索工具”按钮，显示出搜索工具后再单击“站点内检索”下拉按钮，在弹出对话框的文本框中输入百度的网址，如图 3-2-2 所示。

图3-2-2　指定网址搜索关键词“男士西装”界面

（3）单击“确认”按钮，此时将只返回百度网站中搜索到的结果。

（4）单击“所有网页和文件”下拉按钮，在弹出的下拉列表中选择要搜索的文件格式，这里选择“微软 Word(.doc)”选项，此时将只显示搜索到的 Word 文件，如图 3-2-3 所示。

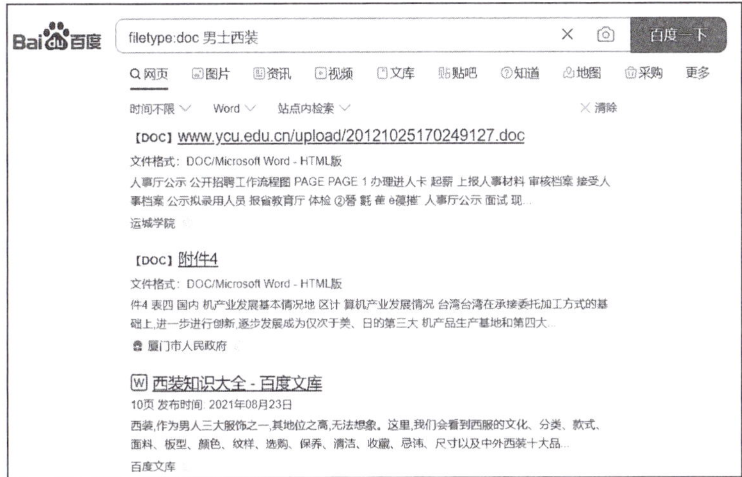

图3-2-3　**搜索工具使用界面**（筛选文档格式）

（5）单击“时间不限”下拉按钮，在弹出的下拉列表中选择要搜索的文件的发布时间，这里选择“一周内”选项，如图3-2-4所示。最终搜索结果为百度网站中一周内发布的包含有“男士西装”关键词的Word文档，如图3-2-4所示。

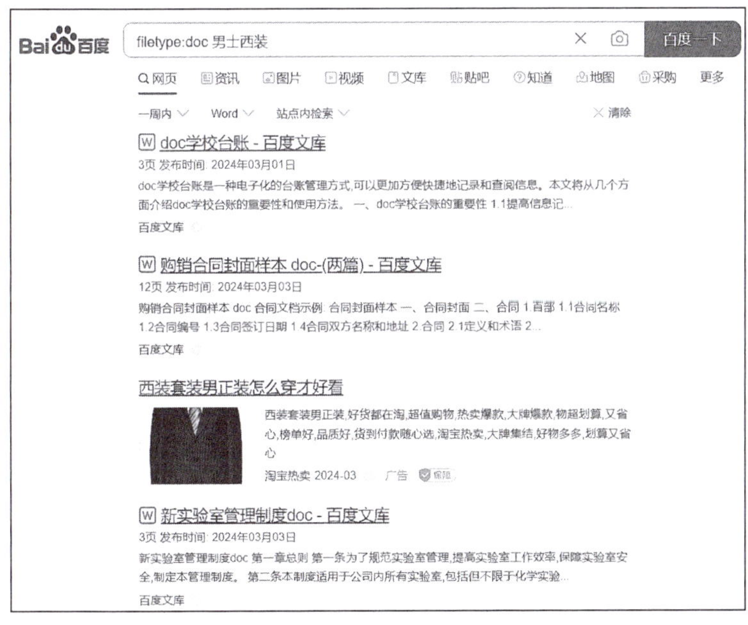

图3-2-4　**搜索工具使用界面**（筛选时间界限）

2. 高级检索

下面在百度搜索引擎中使用高级查询方法搜索包含“成都”和“重庆”关键词，包含不拆分的“手机专卖店”关键词，包含“小米”或“华为”关键词，不包含“苹果”和“三星”关键词的网页，具体操作如下：

①在百度首页右上角单击“设置”超链接，在弹出的下拉列表中选择“高级检索”选项，

打开“高级搜索”对话框。

②在“包含以下全部关键词”文本框中输入“成都重庆”文本，在“包含以下的完整关键词”文本框中输入“手机专卖店”文本，在“包含以下任意一个关键词”文本框中输入“小米华为”文本，在“不包括以下关键词”文本框中输入“苹果三星”文本。

③单击“高级检索”按钮完成搜索，结果如图 3-2-5 所示。

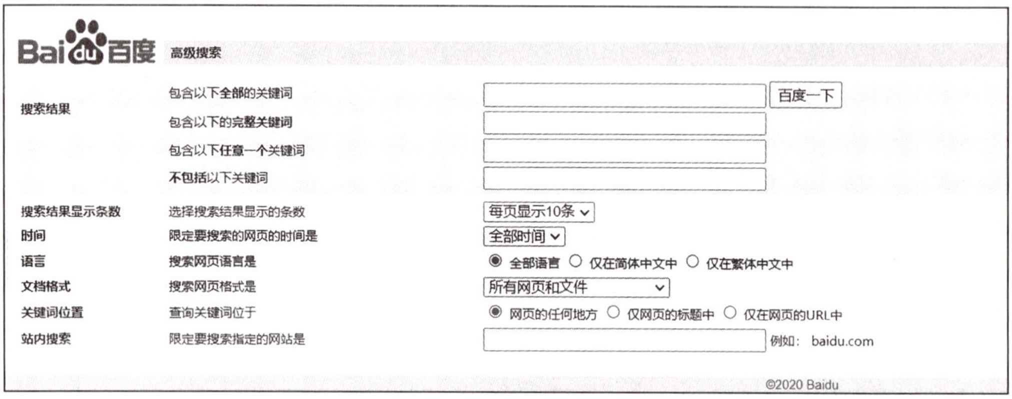

图3-2-5　百度高级检索界面截图

3. 使用搜索引擎指令

（1）site 指令

下面先搜索京东网站在百度中收录的页面数量，再在京东网站中搜索包含有“掌上游戏机”的网页，其具体操作结果如下：

①在百度的搜索文本中输入“site：www.jd.com”文本。

②按【Enter】键得到查询结果，在其中可以看到京东网站共有 5 亿 2 486 万个网页被百度收录，如图 3-2-6 所示。

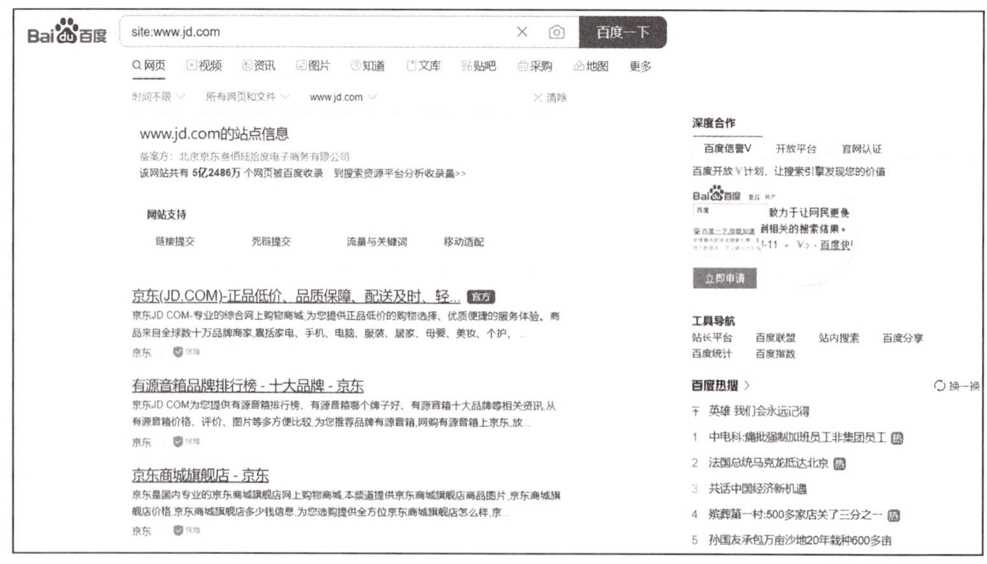

图3-2-6　使用“site”口令搜索界面截图（a）

③继续在搜索文本框中输入“site：www.jd.com 掌上游戏机”文本。

④按【Enter】键即可在京东网站上搜索包含有“掌上游戏机”的网页，如图 3-2-7 所示。

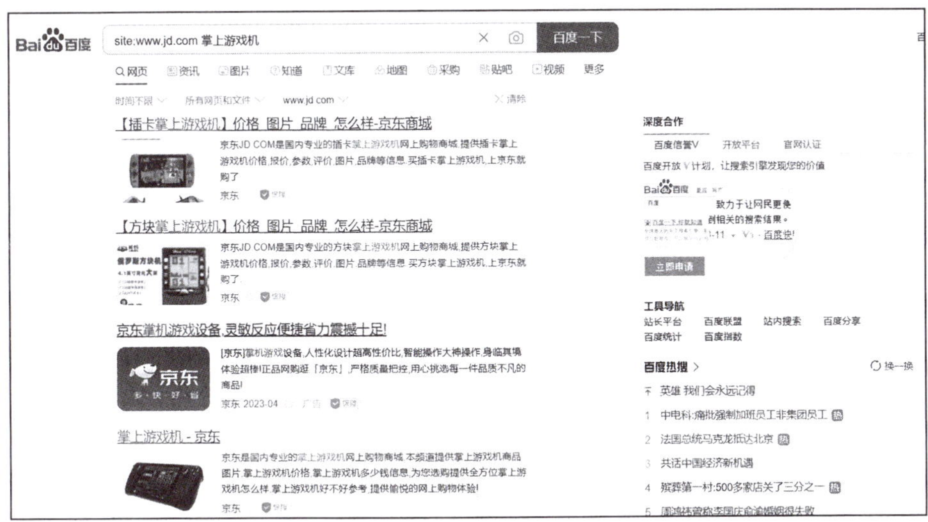

图3-2-7　使用“site”口令搜索界面截图（b）

（2）inurl 指令

下面在百度中查询所有 URL 中包含“sound”文本的页面，以及 URL 中包含“sound”文本同时页面的关键词为“声音”的页面，其具体操作如下：

①在百度首页的搜索文本框中输入“inurl：sound”文本，按【Enter】键得到查询结果。可以看到每个页面的网址中都包含“sound”文本，如图 3-2-8 所示。

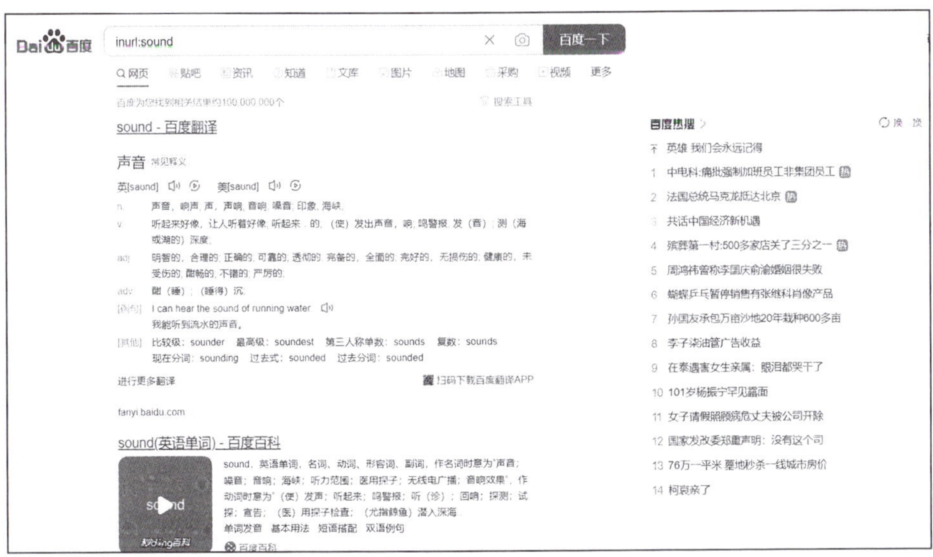

图3-2-8　使用“inurl”口令搜索界面截图（a）

②继续在搜索文本框中输入“inurl：sound 声音”文本，按【Enter】键得到查询结果。

可以看到每个页面的网址都包含“sound”文本，并且页面内容还包含“声音”关键词，如图 3-2-9 所示。

图3-2-9 使用“inurl”口令搜索界面截图（b）

（3）intitle 指令

在百度中查询所有标题中包含“男士香水”关键词的页面，其具体操作如下：在百度首页的搜索文本框中输入“intitle：男士香水”文本，其搜索结果如图 3-2-10 所示。

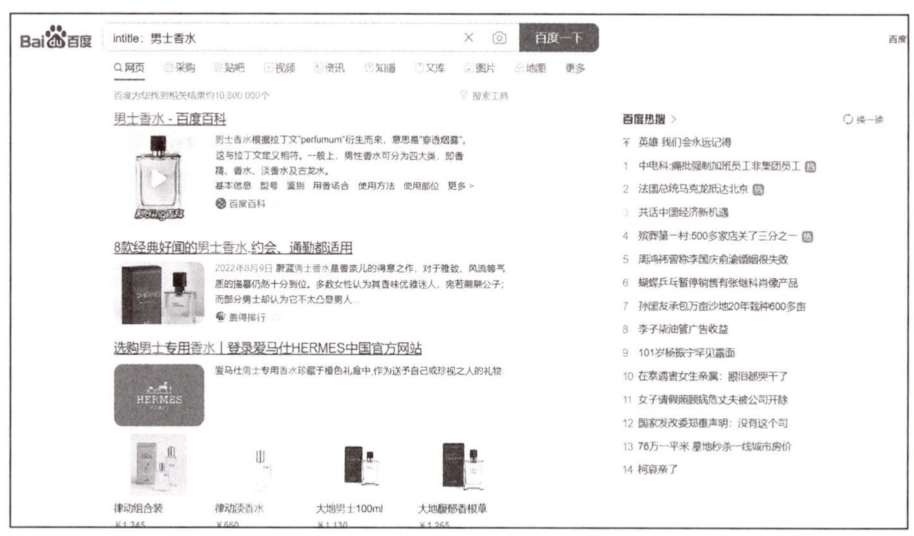

图3-2-10 使用“intitle”口令搜索界面截图

【任务小结】

本任务主要对搜索引擎的使用方法进行了介绍，以任务为背景，通过任务流程实施步骤让大家熟悉常见搜索引擎的使用方法，进而让学生了解搜索引擎的工作原理，熟悉相关搜索指令。

【思考与练习】

1. 搜索引擎的使用方法中常见的指令有哪些?
2. 结合所学知识，请思考这些指令是否适用于其他搜索引擎?

子任务二　搜索引擎营销的关键词优化

【引导案例】

美联合航空公司在公司运营阶段，充分利用搜索引擎营销手段，在消费者形成机票购买决策前就与之充分互动，将消费者最想预先知晓的机票信息做有效的传达，在广告预算没有增长的情况下，搜索引擎营销产生的销售业绩增长两倍。

美联航空通过调研发现，有65%的消费者在旅行决定前，会有至少三次的相关信息的搜索，有29%的消费者会进行五次以上的搜索，而用户关注的信息主要体现在三个方面：价格、服务和关于航空公司的详细信息。因此，针对这三个层面的信息，分别对关键词的选择及结果呈现方式做了优化，使消费者在决策前知晓相关信息，从而带动了机票销量的增长。

根据案例分析，美联航空公司是如何运用优化关键词实现机票的翻倍增长的?

【任务分析】

本任务要求学生熟练掌握搜索引擎优化关键词的方法，以淘宝平台为例，重点理解关键词的基本含义及如何进行平台关键词的优化。在该实操案例中，重点关注优化关键词后，店铺的数据情况，并将其作为重点评价指标。

【任务操作】

1. 确定主关键词

核心关键词又称为主关键词，结合所学知识，为图3-2-11中商品确认核心关键词，具体操作步骤如下：

图3-2-11　商品图片

（1）淘宝首页搜索

打开淘宝首页，在宝贝下拉框中输入拟定产品的主关键词“镜子”“镜子便携”“手持镜子”，分别查看其在线商品数，如图 3-2-12 和图 3-2-13 所示。（注：本案例在线商品数参考“店查查”插件统计的数据）

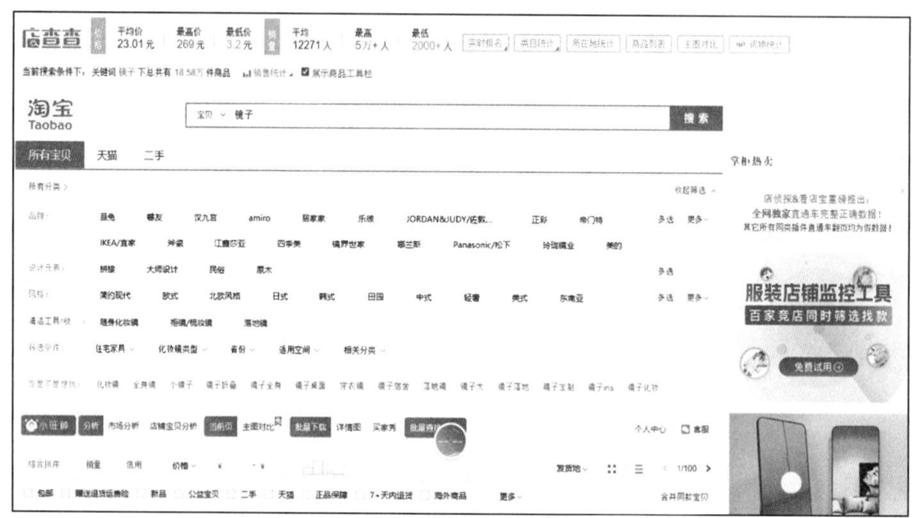

图3-2-12　关键词“镜子”在线商品数

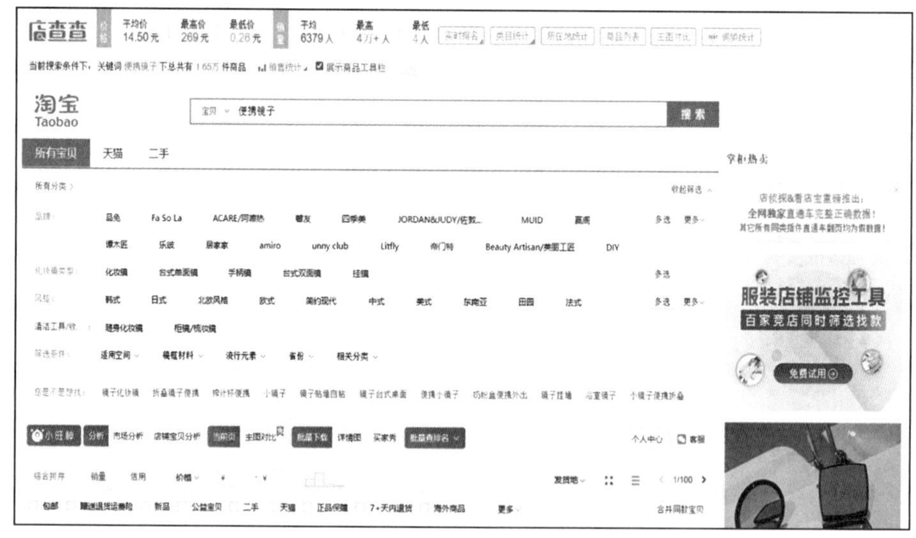

图3-2-13　关键词“便携镜子”在线商品数

（2）确定主关键词

淘宝平台搜索结果中发现包含“镜子”关键词的在线商品数为 18.58 万个，“便携镜子”在线商品数为 1.65 万个，“手持镜子”在线商品数为 4 518 个。从在线商品数上看，“手持镜子”在线商品数最少，竞争难度最小；从搜索结果上看，“手持镜子”所覆盖的产品与所卖商品更稳合，能够明显和其他宝贝分开，综合来看，选择“手持镜子”作为宝贝的主关键词，如图 3-2-14 所示。

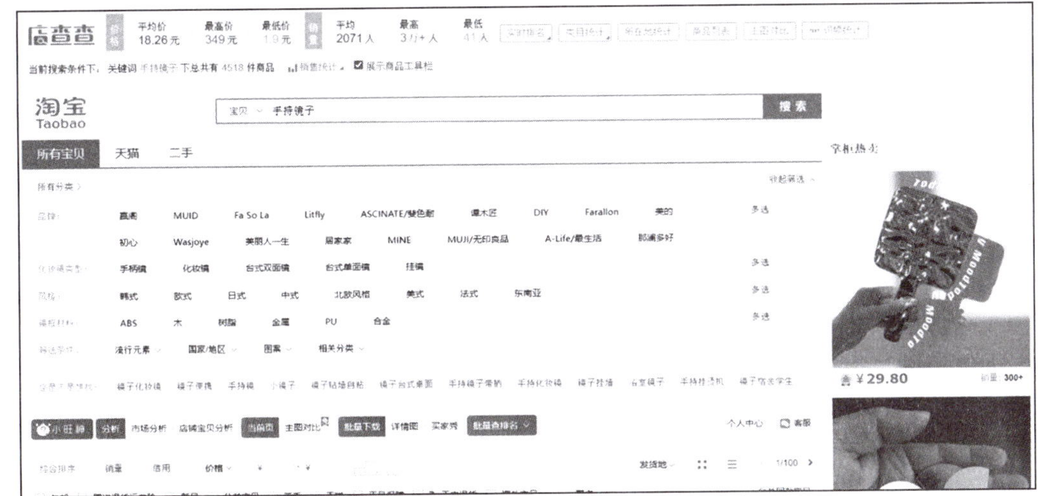

图3-2-14　关键词“手持镜子”在线商品数

2. 建立词库

围绕主关键词进行关键词词库拓展，具体步骤如下：

（1）搜索词下拉框

进入淘宝，输入关键词“手持镜子”，在搜索词框就会有相关的热词关键词，一般这些就是大家经常搜索的热词，我们在选择的时候可以参考这些热词，如图 3-2-15 所示。

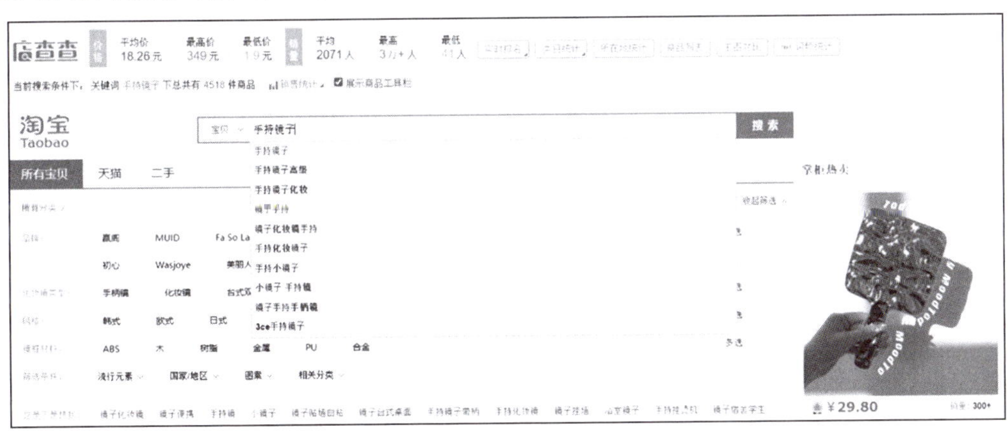

图3-2-15　淘宝界面搜索“手持镜子”界面截图

（2）“你是不是想找”选项

进入淘宝，输入关键词“手持镜子”，在搜索结果页面找到“你是不是想找”界面，在该部分会推荐与产品相关的关键词，可以作为关键词参考。

（3）所有分类

进入淘宝后，搜索关键词“手持镜子”后，如图 3-2-16 所示，所有分类中会显示部分属性词汇，该部分词汇可以作为关键词参考。

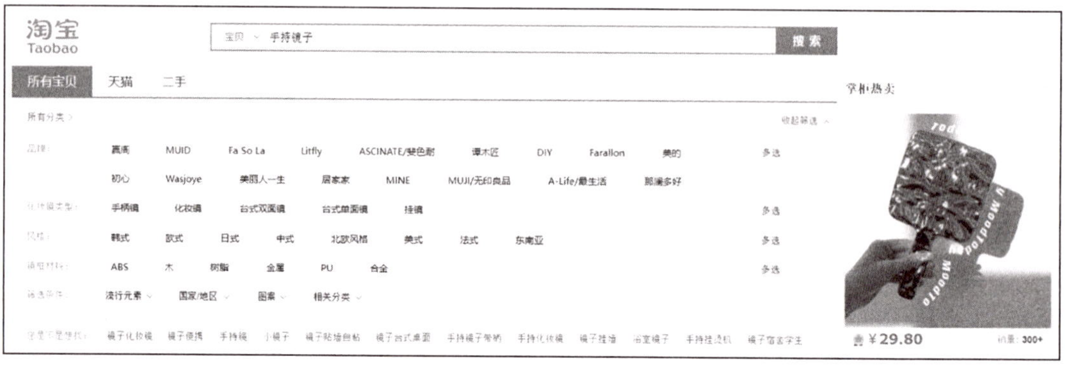

图3-2-16 淘宝搜索页面

（4）同行标题

在写标题的时候可以参考标杆同行标题所用的词汇，但不一定要完全照抄，而是要找到差异店，利用这些差异来打造自己的长尾词。

（5）生意参谋

在淘宝后台，打开生意参谋，输入你做的产品的主要关键词，下面以“连衣裙”举例，主要关注过去 7 天的数据，如图 3-2-17 所示，关注以下五个维度即可：

①搜索人气：有多少人搜索后收藏、加购。

②搜索热度：搜索该商品的人频繁搜索多少次。

③支付转化率：搜索人气中，产生多少订单的比率。

④在线商品数：该关键词下有多少商品，可指市场对手。

⑤商城点击占比：搜索人气中，有多少人点击天猫的商品。

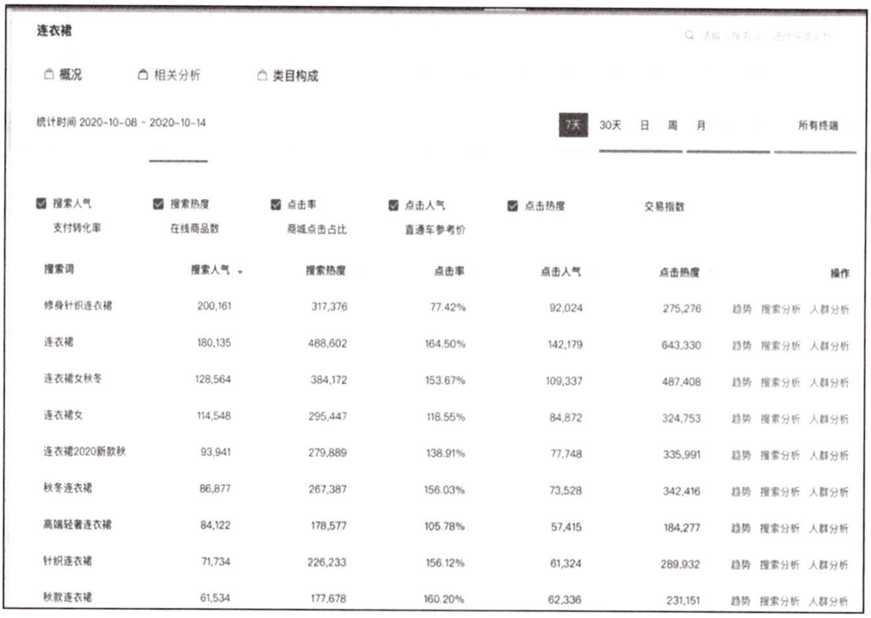

搜索词	搜索人气	搜索热度	点击率	点击人气	点击热度	操作
修身针织连衣裙	200,161	317,376	77.42%	92,024	275,276	趋势 搜索分析 人群分析
连衣裙	180,135	488,602	164.50%	142,179	643,330	趋势 搜索分析 人群分析
连衣裙女秋冬	128,564	384,172	153.67%	109,337	487,408	趋势 搜索分析 人群分析
连衣裙女	114,548	295,447	118.55%	84,872	324,753	趋势 搜索分析 人群分析
连衣裙2020新款秋	93,941	279,889	138.91%	77,748	335,991	趋势 搜索分析 人群分析
秋冬连衣裙	86,877	267,387	156.03%	73,528	342,416	趋势 搜索分析 人群分析
高端轻奢连衣裙	84,122	178,577	105.78%	57,415	184,277	趋势 搜索分析 人群分析
针织连衣裙	71,734	226,233	156.12%	61,324	289,932	趋势 搜索分析 人群分析
秋款连衣裙	61,534	177,678	160.20%	62,336	231,151	趋势 搜索分析 人群分析

图3-2-17 生意参谋工具界面

以“生意参谋”→“市场分析”→“搜索分析”→“相关分析”的步骤，在“7天数据”中，重点关注搜索人气、点击率、转化率、在线商品及商城占比这五个指标的数据。再从“Excel表格”新建表格，将这些关键词全部复制到表格内，选择一页显示50条或100条。

3. 组合标题

从上述方法建立的词库中，按照淘宝标题组合的万能公式：营销关键词+意向性关键词+属性卖点词+类目关键词+长尾关键词进行标题组合，在组合过程中注意以下三大原则：

（1）杠杆原则

也叫前后原则，即标题前面的词和最后一个词权重最高，因为淘宝搜索引擎会从前面、后面和中间抓取，所以我们需要把核心词放到前面和后面。

（2）紧密优先原则

在标题中，几个关键词组合起来的一个长尾词，系统会将其看作一个整体。当有用户在搜索这几个关键词时，即使两家店铺的产品标题中都拥有这些关键词，但组合在一起的关键词权重会高于分散开的关键词标题，自然也会优先于分散开的关键词标题展示。

（3）顺序无关原则

在组合标题的时候，标题中关键词中词语的排列顺序不影响排名和展现。无论怎么变换关键词中词语的位置，该关键词同原来的词展现效果是一样的。比如在标题中包含关键词“家用梯子”，无论用户搜索“家用梯子”还是“梯子家用”，该标题都能获得展现。

4. 检查标题

（1）淘宝标题中禁止使用限制语或者违禁词

极限词和特殊产品的广告词会涉及到广告法的内容，如果出现了就属于违法行为。所以标题中绝对不能写这些，同时也是淘宝禁止的。具体检查方法，可以在“句易网”网站上检查是否存在限制语或者违禁词。

（2）不要随意在标题上添加品牌词

品牌词是很敏感的内容，在标题中添加品牌词可能会被平台下架或者判断为售假。当然，还有一种情况，一些卖家生产自己的小众品牌商品，不涉及到纠纷，那么这个品牌的名字也建议不要放在标题里。

（3）不要重复添加关键词、不要选择与产品没有关系的热词

很多商家有一个误区，认为产品标题中关键词的重复率越高，产品的权重就越高，这个想法是错误的。关键词重复对权重没有任何帮助。而且题目总共只可以写30个字，60个字符。重复的关键词会影响其他词的位置，会降低其他关键词的展现。

【知识扩展】

使用搜索引擎指令。

1.site 指令

site有两种用法，一种是查询某个网站中被搜索引擎收录的页面数量，其格式为：

site+半角冒号“：”+网站域名

另一种是在指定网站范围内搜索相应关键词的网页，其格式为：

site+半角冒号“：”+网站域名+空格+关键词

2.inurl 指令

网页URL中包含的某些信息常常具有特殊的含义。因此，使用inurl对搜索结果中的

URL 进行限定，就可以获得比较精准的搜索结果。inurl 的格式为：

inurl+ 半角“：”+ 指定文本

inurl+ 半角“：”+ 指定文本 + 空格 + 关键词

3.intitle 指令

使用 intitle 指令可以查询在页面标题（title 标签）中包含指定关键词的网页，其格式为：intitle+ 半角冒号“：”+ 关键词

【任务小结】

本项目主要针对淘宝标题制作方法进行了介绍，依据淘宝平台的标题制作规则，将标题制作步骤划分为确定主关键词、依据主关键词进行关键词词库拓展、根据词库进行组合标题、检查标题四个步骤，帮助读者熟练掌握淘宝标题制作方法，进而更好地完成店铺搜索流量的引入。

【思考与练习】

结合本次课程内容，请为售卖粘玉米的淘宝小店设置一款合适的宝贝标题。

任务三　微信营销策划与实施

子任务一　策划微信营销方案

【引导案例】

作为全国中档连锁酒店知名品牌，维也纳酒店最初就看到了微信服务号强大的智能服务接口，并果断升级为服务号，申请并使用微信各大高级接口开发功能服务客户。移动端更多注重的是客户体验，维也纳通过自定义菜单的深度优化和闭环管理思维，不断提升平台的客户体验，有效激活了平台会员的消费黏性和活跃度。首先，预订系统的开发，与 PC 官网进行打通，实现微信预订，通过“微信预订立减 20 元”差异待遇进行流量引导和转化。其次，每日签到的闭环设计，娱乐和让利的双重驱动，让维也纳的会员留在微信平台上，并得到愉快和实惠。微信的自助服务使维也纳订房各环节实现信息一体化和智能化，有效提高客户体验和平台消费黏性。目前维也纳通过微信日均订房超过 1 000 间，结合维也纳服务号的关注量，这一转化率在业内也是位列前茅的。

【任务分析】

微信是目前中国最受欢迎的社交媒体之一，也是许多企业进行产品营销的主要平台之一。产品微信营销项目的目标是通过微信平台，向目标受众推广和宣传企业产品，增加品牌知名度、提高销售业绩。在本任务中需要策划产品的微信营销方案，完成微信营销的实施。其目的是推广企业产品、提高企业产品知名度、提高销售额。

【任务操作】

1. 确定目标受众

开始微信营销之前，要确定产品的目标受众是谁。这有助于企业制定营销策略和创建相关内容。下面将以前面我们设计过的智能音箱产品为例和大家一起了解如何确定微信营销的目标受众。

智能音箱的目标受众选择需要考虑以下几个因素：

（1）年龄层次：智能音箱的目标受众应该是年龄在 20 岁到 50 岁之间的人群。年轻人更容易接受新科技产品，而年长者更注重产品的实用性和易用性，因此这个年龄段的人群更有可能成为智能音箱的目标受众。

（2）家庭状态：智能音箱的目标受众应该是有家庭者或独居者，他们有更多的需要管理家庭或者生活的任务，同时也有更多的休闲娱乐需求。智能音箱可以满足他们的生活需求，如智能家居控制、听音乐、听新闻等。

（3）数字化水平：智能音箱的目标受众应该是数字化水平较高的人群，他们习惯使用智能手机、计算机等科技产品，能够较快地适应智能音箱的使用方法和操作流程。

（4）兴趣爱好：智能音箱的目标受众应该是对音乐、电影、新闻等内容感兴趣的人群，同时也喜欢使用新科技产品，乐于尝试和体验新产品。

综上所述，智能音箱的目标受众应该是年龄在 20 岁到 50 岁之间，有家庭者或独居者，数字化水平较高，对音乐、电影、新闻等内容感兴趣，喜欢使用新科技产品的人群。

为了更加直观地体现目标受众的确定过程，可以将这个设计过程呈现为表格的形式，见表 3-3-1。

表3-3-1　产品目标受众分析选择表

受众类别	描　述	需　求	挑　战	解决方案
年轻用户	年龄在20~30岁，数字化水平较高，喜欢尝试新科技产品，喜欢听音乐和电台节目	精致的音乐体验，个性化的推荐内容，方便的语音操作	年轻用户数量众多，市场竞争激烈，需求和兴趣爱好变化快	针对用户需求和兴趣，提供丰富的音乐资源和个性化推荐，不断更新产品功能，与用户保持互动
家庭用户	有家庭者或独居者，需要管理家庭或生活任务，有较多的休闲娱乐需求	方便的语音控制家居设备，智能的家庭日程提醒，家庭娱乐和学习资源	家庭用户需求多样化，产品使用场景复杂，需考虑家庭成员的差异性需求	提供多样化的功能和服务，例如智能家居控制、家庭日程提醒、娱乐和学习资源，提高产品的易用性和个性化程度
商业用户	商业场所如餐厅、酒店等，需要提供音乐、服务和信息传播等	丰富的音乐资源和定制服务，与客户保持互动，提高客户满意度和忠诚度	商业用户需求复杂，需要满足不同场所的不同需求，产品要具备高可靠性和稳定性	提供定制化的服务和方案，如提供丰富的音乐资源和定制服务，与客户保持互动，提高客户满意度和忠诚度，同时要保证产品的高可靠性和稳定性
老年用户	年龄在50岁以上，对智能科技产品接受度较低，但需要便捷的语音操作和信息获取	简单易用的语音操作和界面，丰富的健康咨询和生活服务，提高生活质量	老年用户对新科技产品接受度较低，需求和兴趣爱好较为单一，需要简单易用的产品操作	提供简单易用的语音操作和界面，提供丰富的健康咨询和生活服务，提高生活质量，同时要考虑到老年用户的用户体验和易用性，如放大字体等方面的需求

2. 制定微信营销计划

制定微信营销计划可以帮助企业确定要实现的目标，并确保开展的营销活动目标是一致的。微信营销计划应该包括目标、预算、时间表、内容计划和推广渠道。具体可参考表 3-3-2。

表3-3-2　微信营销计划表

项　　目	具体实施内容
目标	
预算	
时间表	
内容计划	
推广渠道	

对于本次推广产品智能音箱来说，可以填写为表 3-3-3。

表3-3-3　智能音箱微信营销计划表

项　　目	具体实施内容
目标	提高智能音箱品牌知名度和用户满意度；提高销售量，增加产品收益
预算	营销费用总计500 000元，包括广告投放、推广费用等；投放平台包括微信公众号和微信小程序
时间表	- 第一阶段：准备阶段，确定目标和计划，制定营销策略，时间为一个月 - 第二阶段：推广阶段，将计划付诸实施，推出活动，投放广告，时间为三个月 - 第三阶段：维护阶段，进行数据分析和改进，保持持续的推广和宣传，时间为半年
内容计划	- 利用微信公众号发布智能音箱相关的文章，包括使用指南、音乐推荐、技巧分享等，增加用户的黏性和体验感 - 利用微信小程序提供智能音箱的在线购买、音乐推荐、问答咨询等功能，提升用户购买和使用的便捷性 - 制作优质的营销视频和图片，投放在微信朋友圈和微信小程序广告位，提高用户的品牌认知度和购买意愿 - 推出限时优惠、赠品活动等促销活动，吸引用户关注和参与
推广渠道	- 利用微信公众号和小程序进行推广和宣传 - 利用微信朋友圈广告和微信小程序广告位进行精准推广 - 利用微信群组织互动交流和宣传，增加用户黏性 - 参加智能科技相关展会和活动，展示产品特色和优势，增强品牌认知度

3. 创建品牌形象

品牌形象是建立品牌知名度的关键。可以通过在微信上发布有关产品、服务、企业文化和价值观等信息，来增强企业及产品的品牌形象，微信公众平台注册页面如图 3-3-1 所示。

（1）建立微信公众号

通过建立微信公众号，企业可以在微信平台上发布相关的产品、服务、企业文化和价值观等信息，吸引用户的关注和参与，同时增强品牌形象和影响力。

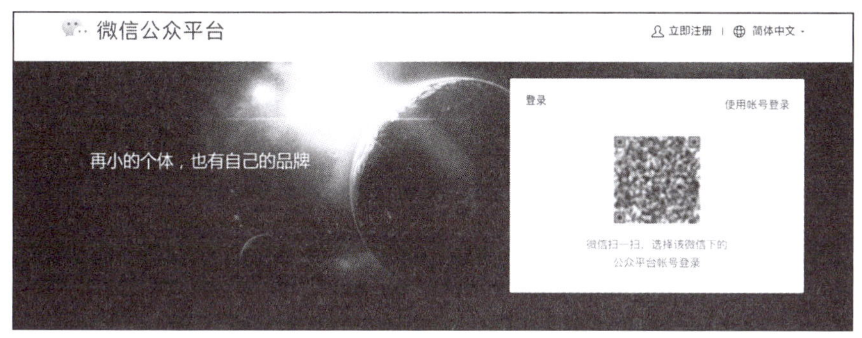

图3-3-1　微信公众平台注册页面

（2）分享有价值的内容

企业可以通过微信公众号分享相关领域的知识、技巧、案例等，为用户提供有价值的信息，提升用户对企业的认知和信任度，进而增强品牌形象。

（3）定期更新微信内容

企业应该定期更新微信内容，保持用户的关注和兴趣，同时让用户了解企业和产品的最新动态，从而增强品牌形象。

（4）参与微信互动

企业可以通过微信公众号与用户进行互动，回答用户的问题和反馈，解决用户的疑惑和困惑，增强用户的信任度和忠诚度，同时提高企业的品牌形象。

4. 利用微信广告投放

企业可以利用微信广告投放功能，在微信平台上进行广告推广，将相关的产品、服务、企业文化和价值观等信息传递给更多的潜在用户，进而增强品牌形象。

总之，通过在微信上发布有关产品、服务、企业文化和价值观的信息，企业可以吸引更多的用户关注，提高用户对企业和产品的认知度和信任度，从而增强企业及产品的品牌形象。

5. 创建优质内容

为了吸引和留住受众，企业需要创建有价值的内容。可以使用微信文章、图文消息、视频和直播等功能，向受众提供有趣、有用的内容，微信公众号例图如图 3-3-2 所示。

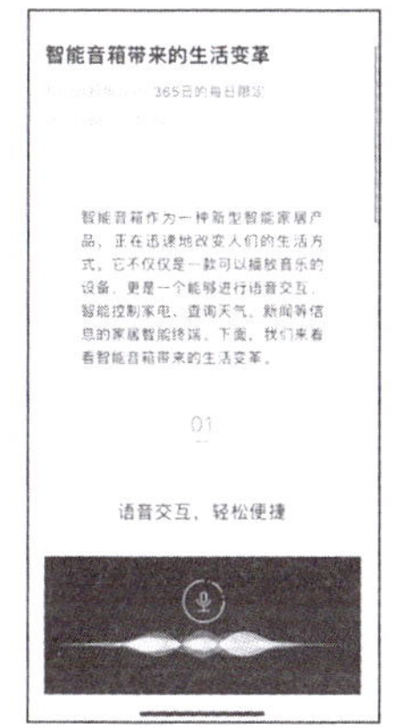

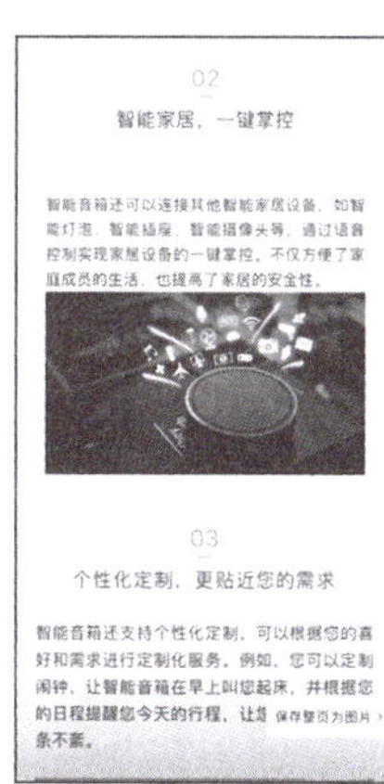

图3-3-2　微信公众号例图

6. 与受众互动

与受众互动可以增强他们对企业的品牌的认知和忠诚度。企业可以使用微信群、微信公众号和微信小程序等功能与受众互动。

7. 微信营销活动多平台推广

除了在微信上进行营销之外，企业还可以使用其他推广渠道，如微博、抖音和头条等社交媒体平台，来扩大影响力。

（1）推广平台

①微信公众号：在微信公众号中发布活动海报和详细介绍，包括活动内容、奖品、参与方式、时间等信息。可以通过图文、视频等多种形式进行宣传，吸引更多的用户参与。

②微信朋友圈：在微信朋友圈中发布活动海报和简要介绍，引导用户前往微信公众号参与活动。还可以邀请朋友圈好友转发，扩大活动影响力。

③线下推广：可以在相关商场、超市、公共场所等地方设置宣传展台或海报，吸引更多的人参与活动。还可以发放宣传单、小礼品等，来提高用户的参与度。

④社交媒体：可以在微博、抖音、快手等社交媒体平台上发布活动信息，并邀请关注者参与活动。还可以通过广告投放等方式提高活动的曝光度。

⑤短信推送：可以通过短信推送将活动信息发送给已有用户，提醒他们参与活动，并推荐他们邀请更多的朋友一起参加活动。

⑥合作推广：可以与相关合作伙伴进行合作推广，例如与线上电商平台、线下实体店等合作，共同宣传活动，并提供相应的奖品和优惠。

⑦ SEO 优化：可以通过对活动页面进行 SEO 优化，提高其在搜索引擎中的排名，增加用户的点击量和转化率。

⑧公众号二维码推广：可以将活动相关的二维码分享至其他社交平台，例如微信、微博、QQ 等，让更多人扫描二维码参加活动。

综合以上多种推广渠道，可以实现活动信息的广泛传播，提高用户的参与度和品牌影响力。同时，需要根据活动的实际情况进行定期调整和优化，提高活动效果和用户体验。

（2）智能音箱多平台推广方案设计

在进行多平台联合推广方案设计的时候需要根据产品自身特点、目标人群、推广效果、推广成果、可操作性、聚合度等多个维度进行综合考量，可以参考表 3-3-4 进行多平台推广方案设计。

表3-3-4　多平台推广分析量表

量　表　项	描　　述
目标人群	该方案是否能够覆盖目标受众，以及是否能够提高受众在该平台的活跃度
推广成本	该方案的推广成本是否在预算范围内，以及是否能够达到预期的效果
推广效果	该方案的推广效果如何，是否能够提高品牌影响力、增加用户的参与度
可操作性	该方案的执行难度如何，是否需要额外的资源投入，是否具备可操作性
聚合度	该方案是否具有聚合度，是否能够吸引更多的用户参与

续表

量 表 项	描　　述
数据支持	该方案是否能够提供足够的数据支持，以便我们进行效果评估和后续调整
可持续性	该方案是否具有可持续性，是否能够长期执行，对品牌形象和用户参与度的提升是否具有持续性
竞争环境	该方案在当前市场环境中的竞争优势如何，是否具有独特性和创新性

根据智能音箱产品特点填写多平台推广分析量表，见表 3-3-5，填写多平台推广可持续性评估量表，见表 3-3-6。

表3-3-5　智能音箱多平台推广分析量表

量 表 项	描　　述
目标人群	微信公众号、微博、抖音等平台的用户基数庞大，其中以微信公众号为主要推广渠道，因为智能音箱属于一种智能设备，主要面向的是年轻人群，而年轻人在微信上的活跃度较高，同时微信公众号的用户画像与智能音箱的受众群体相符，因此选择在微信上进行推广
推广成本	针对智能音箱这种高科技智能设备，推广成本比较高，因此我们将采用微信公众号推广和微博推广，预算为20 000元，其中微信公众号推广占比70%，微博推广占比30%。我们会根据实际情况不断调整投放比例，以获得最佳效果
推广效果	通过微信公众号、微博等平台的推广，可以提高智能音箱的知名度和关注度，增强品牌影响力，吸引更多的用户参与互动，提高产品的销售量。同时，我们会在推广活动中加入优惠活动、礼品赠送等福利，吸引更多用户购买和使用智能音箱
可操作性	我们拥有专业的推广团队，能够熟练地操作各种推广平台，因此执行难度不大。此外，我们会加强与合作伙伴的沟通和协作，确保推广活动的顺利进行
聚合度	我们会在推广活动中加入抽奖、互动答题等活动，吸引更多用户参与，提高聚合度。同时，我们会鼓励用户分享和转发我们的推广内容，扩大推广范围和影响力
数据支持	我们会采用各种数据监测和分析工具，对推广活动的效果进行实时监测和分析，以便我们能够及时调整推广策略。同时，我们还会从用户反馈、购买行为等多个角度收集数据，为后续推广活动提供参考

表3-3-6　智能音箱多平台推广可持续性评估量表

推 广 平 台	可持续性评估	推 广 方 案
微信公众号	高	在微信公众号上发布有关智能音箱功能、使用技巧、用户评价等方面的内容，定期推送，保持读者兴趣，提高品牌知名度。同时，可以考虑利用微信公众号平台的社交功能，进行用户互动和社群建设
微信小程序	高	制作智能音箱相关的小程序，方便用户在线下实体店或线上购买，提升购买体验。同时，在小程序中加入用户评价和使用心得等内容，吸引更多用户体验和分享
抖音	中	利用抖音短视频的功能，制作智能音箱的使用教程、功能展示等内容，吸引更多用户关注和了解。但是需要注意不要过分注重短期效果，避免过度消耗资源和环境

续表

推 广 平 台	可持续性评估	推 广 方 案
微博	低	在微博平台上发布智能音箱的相关内容，引导用户关注和了解。但是微博的用户主要偏向于年长用户，且信息更新速度较快，可持续性相对较低
其他社交媒体	中	根据智能音箱的特点和目标受众，选择相应的社交媒体平台，如知乎、豆瓣等，进行推广。需要注意社交媒体的可持续性和适合程度

综合来看，智能音箱在微信公众号和小程序平台的可持续性评估相对较高，抖音和其他社交媒体的可持续性评估中等，微博的可持续性评估相对较低。同时，需要在制定推广方案时，根据具体情况进行权衡和选择，确保可持续性和效果的平衡。

【知识扩展】

1. 微信营销的含义

微信营销是指利用微信这一社交媒体平台进行产品、服务、品牌等方面的推广和宣传的营销活动。微信是目前国内使用最广泛的即时通信软件之一，拥有庞大的用户群体，因此成为了企业进行营销推广的重要平台之一。

微信营销包括但不限于在微信公众号上发布文章、推送信息、开展活动，利用微信朋友圈、微信群等功能进行推广和互动等。企业可以通过微信营销向受众传递企业文化、品牌形象、产品服务、促销信息等内容，提高品牌认知度和市场影响力，进而促进销售和增加收益。

2. 微信营销的特点

微信营销的特点主要包括以下几个方面：

（1）覆盖范围广：微信是国内最大的即时通信软件之一，用户数量庞大，可以覆盖大量潜在客户。

（2）互动性强：微信可以实现双向沟通和互动，企业可以通过微信公众号、朋友圈、微信群等方式与用户进行互动和交流，增强用户黏性和忠诚度。

（3）目标用户定位准确：微信营销可以利用微信公众号、微信群等功能对目标用户进行精准定位，提高推广效果。

（4）信息传播速度快:微信可以实现即时推送信息,让信息传播速度更快,提高推广效率。

（5）亲密度高:微信营销可以增加企业和用户之间的亲密度,加强用户对企业的信任和认可。

（6）成本较低：相对于传统媒体广告，微信营销的成本较低，可以节省企业推广成本。

（7）数据统计精准：微信营销可以通过数据分析工具对用户数据进行精准分析，为企业制定更有效的营销策略提供数据支持。

3. 微信营销注意事项

（1）遵守法律法规：在进行微信营销时，企业需要遵守相关的法律法规，包括但不限于广告法、消费者权益保护法等。

（2）维护用户体验：微信营销需要注重用户体验，不能过度干扰用户正常使用微信的功能，也不能给用户带来过多的打扰。

（3）避免侵犯用户隐私：企业在进行微信营销时，需要严格遵守用户隐私保护政策，不得获取、泄露用户的个人信息。

（4）内容质量高：微信营销的内容需要具有一定的质量，不能简单地堆砌广告语言或者过度吹捧产品或服务。

（5）持续性和稳定性：微信营销需要持续性和稳定性，不能仅仅是一次性的活动或宣传，需要通过不断地沟通和互动，增强用户对企业的信任和认可。

（6）与品牌形象相符：微信营销的内容需要与企业品牌形象相符，不能违背企业的品牌理念和价值观。

（7）量化和分析：微信营销需要对营销效果进行量化和分析，通过数据分析工具等方式对用户数据进行精准分析，为企业制定更有效的营销策略提供数据支持。

【任务小结】

在以上智能音箱的微信推广方案策划操作过程中，我们明确了以下几个方面：第一，在进行微信推广方案策划时需要明确目标受众，即年轻人群体。第二，进行受众分析，了解他们的兴趣和需求，以及常用的社交媒体平台。第三，设计微信推广计划，包括目标、预算、时间表、内容计划和推广渠道。在内容计划方面，可以在微信公众号上发布有关产品、服务、企业文化和价值观的信息，来增强企业及产品的品牌形象。同时，注重用户体验和互动，提高用户参与度和品牌认知度。在推广渠道方面，可以选择微信公众号、微信小程序、抖音、微博等多个平台，通过不同的内容和形式进行推广，以达到更好的效果。同时，也要注重可持续性的评估，根据不同平台的特点进行评估和选择，确保推广方案的可持续性和效果的平衡。最后，设计多种推广活动，如微信抽奖、微博话题互动等，增加用户参与度和活跃度。这样的策划过程充分考虑了受众需求和平台特点，结合了不同的推广策略和活动，可以提高智能音箱在市场上的曝光率和品牌认知度，推动销售增长。

【思考与练习】

请为小组选择的产品进行微信营销策划方案的设计。

【任务单】				
产品目标受众分析选择表				
受众类别	描　述	需　求	挑　战	解决方案

微信营销计划表	
项　　目	具体实施内容
目标	
预算	
时间表	
内容计划	
推广渠道	

多平台推广分析量表	
量　表　项	描　　述
目标人群	
推广成本	
推广效果	
可操作性	
聚合度	
数据支持	
可持续性	
竞争环境	

多平台推广可持续性评估量表		
推 广 平 台	可持续性评估	推 广 方 案

【执行单】		
任　　务	负　责　人	完 成 日 期
确定目标受众和定位		
制定微信公众号开设计划		
确定内容策略和发布计划		
设计微信营销活动		
制定用户互动和客户服务策略		
确定微信推广渠道和合作伙伴		
分配预算和资源		
监测和分析微信营销效果		

【评价单】（非必须项）	
任务名称：________________	
任务说明：________________	
任务完成质量（满分：10分）	
任务目标是否明确，并且符合要求？	
任务完成是否仔细、准确、完整？	
是否做到了额外要求或者做得更好？	
时间管理（满分：5分）	
是否在规定时间内完成任务？	
是否充分利用时间来完成任务？	
合作能力（满分：5分）	
是否积极参与组内合作？	
是否与他人友好沟通？	
是否在小组任务中担任了角色并完成了任务？	
创新思维（满分：5分）	
是否富有创造性地完成了任务？	
是否能够提出创新的想法和解决方案？	

总分：25分

评价人：____________________

日期：______________________

子任务二　微信引流的方法

【引导案例】

一家数字化健康管理平台决定通过微信引流推广旗下的健康管理公众号。该公众号旨在为用户提供个性化的健康建议、专业的医疗资讯和健身视频，以满足用户对健康管理的需求。

阶段一：公众号建设与定位

公司首先通过市场调研确定了目标用户群体和市场需求，然后在微信平台上创建了一个专业、有吸引力的健康管理公众号。通过明确的定位，打造了一个集个性化健康建议、专业医疗资讯和健身视频等核心内容的平台，以吸引目标用户关注。

阶段二：微信朋友圈推广

公司通过微信朋友圈运用内容营销策略和互动活动，积极提高品牌曝光度。发布高质量的健康内容，包括小贴士、专家分享、用户案例等，激发用户点赞、评论和分享，扩大品牌影响力。

阶段三：微信引流活动执行

公司在公众号执行引流活动，通过推送优质的健康内容吸引用户关注。同时，设计了签到有礼活动，用户每日签到即可参与抽奖;还设计了推广优惠券活动，鼓励用户分享给朋友。这些活动成功吸引了用户的参与和关注。

阶段四：效果评估与调整

公司通过数据分析工具和微信公众号后台数据，评估了关注量、互动量、用户增长等指标。同时，收集用户反馈，了解用户对内容的喜好和建议。通过ROI评估，全面了解引流活动的效果，并根据数据结果不断调整策略。

阶段五：优化与持续推广

公司根据评估结果调整了内容策略和活动形式，以提高引流效果。持续推出新活动，保持用户的兴趣和参与度，提升品牌知名度。公司通过微信引流成功实现了用户增长、销售转化等目标，打造了一个引人注目的数字化健康管理品牌。

【任务分析】

微信引流是一种利用微信平台进行营销的方法，通过各种方式吸引目标用户关注自己的微信公众号或者其他渠道，从而扩大品牌曝光度和销售。微信引流一方面可以将私域流量价值最大化，另一方面也可以利用微信小程序或者公众号等方式进行营销与推广，并且与传统推广模式相比成本更低、范围更广、效果更好。微信引流的方法虽然种类繁多，但目前运用比较广泛的有微信公众号、微信朋友圈和微信群营销，其中微信群营销会在后续任务中与大家分享，本任务主要和大家一起了解微信公众号和微信朋友圈的推广与效果评估。

【任务操作】

1. 微信公众号引流及效果评估

（1）微信公众号引流方式

可以通过创建并发布有价值的内容来吸引更多的关注者，例如：提供有趣的文章、发布优惠券、推广活动等。

（2）微信公众号引流效果评估

①微信公众号引流效果评估指标。在进行微信公众号推广之后，需要对引流效果进行评估，以便进行调整和优化。以下是一些微信公众号引流效果评估的方法：

- 粉丝数增长情况：关注公众号的用户数量是一个很重要的指标，可以通过微信公众平台的数据统计功能进行监测。
- 阅读量、转发量、点赞量：这些指标反映了用户对公众号内容的喜好程度，可以通过微信公众平台的数据统计功能进行监测。
- 用户留存率：留存率是指用户在关注公众号后继续留存的时间占总关注时间的比例，可以通过微信公众平台的数据统计功能进行监测。
- 用户参与度：用户参与度是指用户与公众号互动的程度，包括评论、点赞、转发等，可以通过微信公众平台的数据统计功能进行监测。
- 转化率：转化率是指用户通过公众号推广而转化为实际的销售或者行动，可以通过销售数据统计、营销调查等方式进行评估。

具体统计指标及数据来源渠道可以参考表 3-3-7。

表3-3-7 微信公众号引流效果指标统计表

引流效果指标	监 测 方 式	监 测 工 具
粉丝数增长情况	统计公众号粉丝数变化	微信公众平台数据统计功能
阅读量	统计文章阅读量	微信公众平台数据统计功能
转发量	统计文章转发量	微信公众平台数据统计功能
点赞量	统计文章点赞量	微信公众平台数据统计功能
用户留存率	统计用户关注公众号的时间和留存时间	微信公众平台数据统计功能
用户参与度	统计用户与公众号互动的次数和方式	微信公众平台数据统计功能
转化率	统计销售数据和营销调查结果	销售数据统计软件、营销调查问卷

根据指标统计表统计 2023 年 2 月 1 日至 2023 年 2 月 20 日期间的相关数据指标，并将其整理至 Excel 表格中，见表 3-3-8。

表3-3-8 引流效果指标统计表

日期	粉丝数增长情况	阅读量	转发量	点赞量	用户留存	用户参与	转化率
2023年2月1日	100	200	97	55	60%	321	10%
2023年2月2日	257	450	209	127	62%	559	5%
2023年2月3日	430	800	355	203	65%	731	8%
2023年2月4日	552	1 100	421	311	67%	958	10%
2023年2月5日	709	1 400	507	481	69%	1 092	12%
2023年2月6日	851	1 800	612	597	70%	1 257	12%
2023年2月7日	1 069	2 200	730	556	72%	1 408	15%
2023年2月8日	1 219	2 400	958	631	74%	1 551	17%
2023年2月9日	1 353	2 700	1 102	720	76%	1 787	20%
2023年2月10日	1 570	3 100	1 257	809	77%	1 821	22%
2023年2月11日	1 655	3 400	1 376	914	79%	2 054	13%
2023年2月12日	1 807	3 600	1 512	1 006	81%	2 130	24%
2023年2月13日	1 970	4 000	1 789	1 160	83%	2 390	26%
2023年2月14日	2 116	4 400	1 851	1 237	85%	2 412	28%
2023年2月15日	2 254	4 800	2 075	1 315	87%	2 608	30%
2023年2月16日	2 443	5 200	2 151	1 490	89%	2 757	14%
2023年2月17日	2 557	5 600	2 391	1 554	90%	2 960	32%
2023年2月18日	2 721	6 000	2 480	1 610	92%	3 052	35%
2023年2月19日	2 851	6 300	2 673	1 789	94%	3 279	38%
2023年2月20日	3 069	6 700	2 750	1 891	96%	3 350	15%

②效果分析。效果分析主要有以下四个方面：

第一，注意阶段引流效果分析。

微信公众号的推广是建立在微信用户关注公众号的基础之上的，只有关注了微信公众号的用户，才能接收到公众号的推送消息，实现推广的目的。因此，微信公众号营销需要在前期扩大粉丝数量并让粉丝注意到企业的公众号信息，这个阶段成为注意阶段。这个阶段不是指企业凭借企业形象、知名度以及线下的一些推广活动，吸引用户关注微信公众号的过程，而是用户关注微信公众号之后，借助消息推送增加用户对微信公众号的关注度，并培养用户对该微信公众号的使用习惯的过程。在注意阶段，关注用户量是效果评估的关键指标。因此我们需要对公众号的粉丝增长情况与留存率进行分析，选取图 3-3-3 中粉丝数增长情况与用户留存数据制作组合图如图 3-3-3 所示。

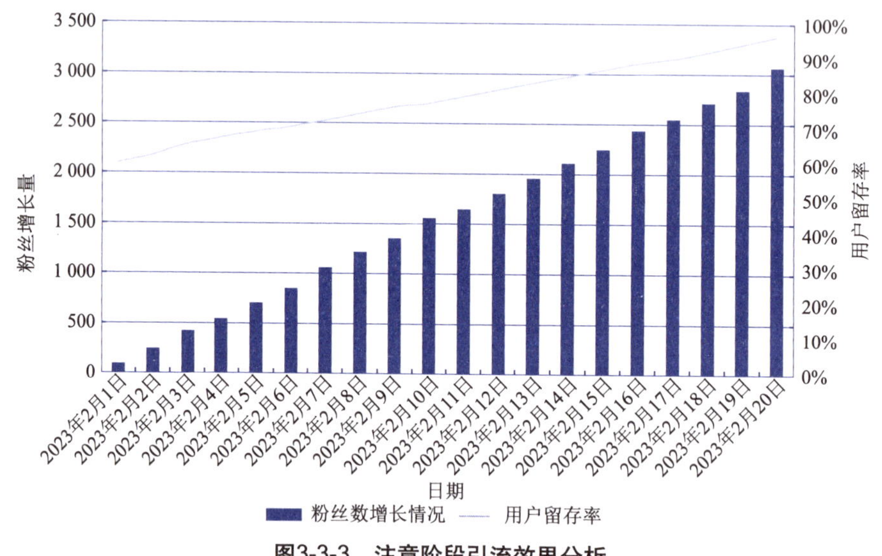

图3-3-3 注意阶段引流效果分析

根据分析结果可知，在注意阶段粉丝增长情况和用户留存呈上升趋势，表示注意阶段引流效果良好。

第二，接收阶段引流效果分析。

微信公众号营销的接收阶段，是指公众号的订阅用户接收并阅读公众号推送消息的过程。虽然微信公众号推送的消息是群发到每一个订阅用户的，但这并不代表每个订阅用户都会阅读消息。只有当用户阅读消息时，用户才能获得公众号推送的关于企业、产品、活动的信息，才能对企业文化、最新产品、最新活动有所了解，继而达到提高企业知名度和产品曝光度、增加用户黏性、增强品牌忠诚度，以及促进销售的目的。此外，微信公众号有点赞功能，用户阅读完消息后，可以进行点赞，以表明自己对此消息的满意度。因此，接收阶段营销效果评估的关键指标是消息的阅读量和点赞量。选取表 3-3-8 中阅读量和点赞量数据制作组合图，如图 3-3-4 所示。

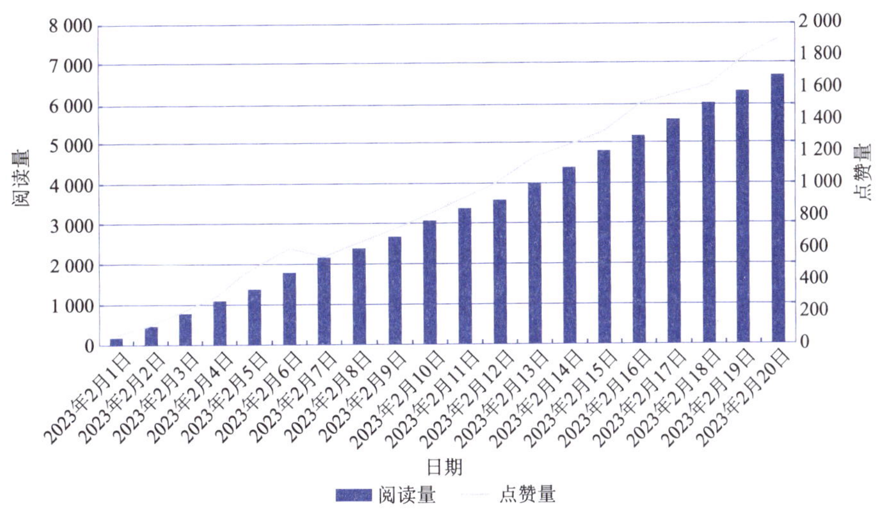

图3-3-4　接收阶段引流效果分析

第三，参与阶段引流效果分析。

微信公众号营销的参与阶段，是指通过活动推送型营销吸引公众号订阅用户参与活动的过程。在此过程中，通过营销活动最终吸引的参与活动的用户总量，是衡量此次营销活动效果的重要指标之一。同时，如果用户在对活动产生参与兴趣时，他（或她）会对活动的某些注意事项产生疑问。继而，用户会向公众号后台发送信息进行在线咨询，在线咨询量从侧面反映了此次营销活动的吸引力、影响力，同样也可作为评估活动营销效果的指标之一。因此，在微信公众号的参与阶段，引流效果评估的关键指标是用户参与量。选取表 3-3-8 中用户参与数据制作柱状图，如图 3-3-5 所示。

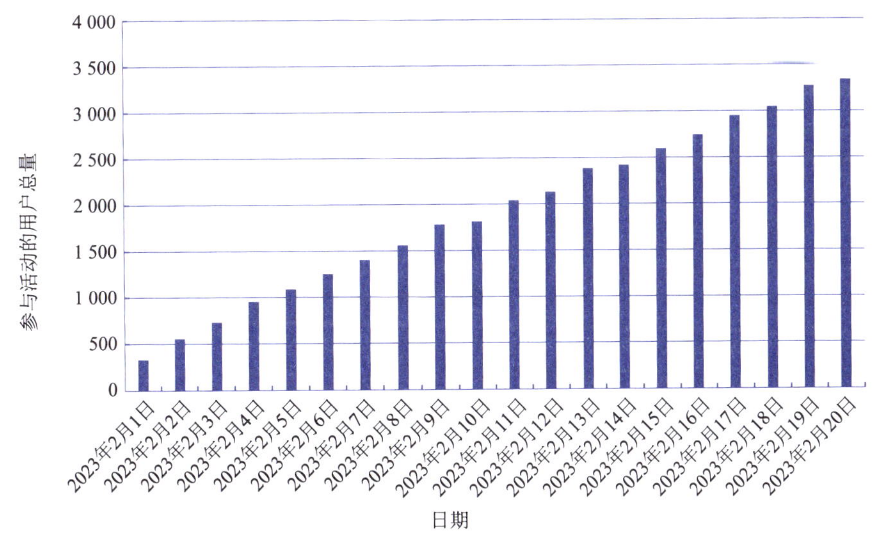

图3-3-5　参与阶段引流效果分析

第四，分享阶段引流效果分析。

通常来说，微信公众号营销的分享阶段，包括两个不同的过程，一个是用户在参与某项活动时，按要求被动地将活动信息转发、分享到微信朋友圈的过程。另一个是用户参与完某项活动，并对这项活动满意度较高时，主动将活动信息转发、分享至微信好友或微信朋友圈的过程。由于微信是熟友社交圈，全都是实名好友，所以当你在转发、分享时，不论是主动还是被动，实际上都代表着你对本次活动有一定的认可度，所以才会向好友进行分享和推荐。因此，转发、分享的总量是微信公众号推广分享阶段引流效果评估的关键指标。选取表 3-3-8 中转发量和转化率数据制作组合图，如图 3-3-6 所示。

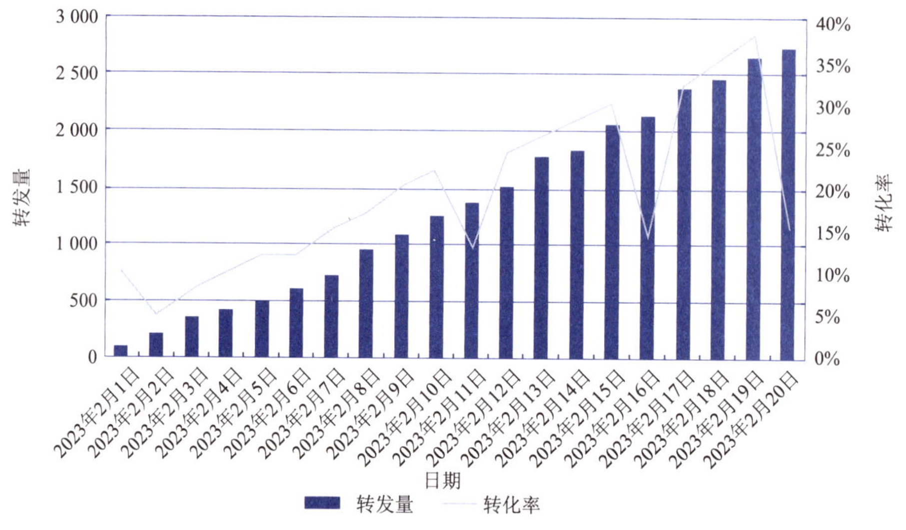

图3-3-6 分享阶段引流效果分析

需要我们注意的是，当用户将信息转发、分享至微信朋友或微信朋友圈时，又增加了企业、产品、微信公众号的曝光率，也会为微信公众号带来新的关注用户，这些新的关注用户又将经历新一轮“注意—接收—参与—分享”的过程。因此，微信公众号的营销过程是循环的，在从分享阶段到下一个注意阶段，新增加的关注用户数量，是评估其效果的一个关键指标。

2. 微信朋友圈引流及效果分析

将自己或者公司的活动或者产品分享到朋友圈，并且鼓励关注者进行分享或者转发，这样就可以扩大宣传范围，吸引更多的关注者。

（1）微信朋友圈引流常见方法

①提供有价值的内容：发布有趣、新颖且具有分享价值的内容，是吸引用户关注和提高网站或产品曝光度的关键。发布与企业网站或产品相关的内容，例如有用的技巧、案例分析、新闻、娱乐、趣味小视频等，来吸引用户的关注和互动。

②定期更新内容：定期更新内容是保持用户关注度和提高用户互动度的关键。企业可以制定一个合理的发布计划，按照一定的频率更新内容，并结合实时热点和活动，发布与之相关的内容，以吸引更多的用户关注和互动。

③引导访问：通过在微信朋友圈中发布与网站或产品相关的链接，鼓励用户点击并访问，可以有效提高访问量和转化率。可以结合不同的活动和推广手段，如折扣优惠、推广码、转发有奖等，引导用户进一步访问您的网站或产品。

④互动和回复评论：与用户进行互动和回复评论可以有效提高用户的参与度和忠诚度。可以回复用户的评论和问题，与他们进行交流和互动，让用户感受到您的关注和关心，并激发他们进一步的讨论和分享。

⑤利用图片和视频：在微信朋友圈中，利用图片和视频可以有效提高用户的注意力和兴趣度。可以通过发布高质量、有趣的图片和视频，来吸引用户的视觉注意力，并配以有关的文字说明和标签，引导用户进一步了解和访问您的网站或产品。

总之，微信朋友圈引流需要企业或店铺提供有趣、有价值的内容，并结合不同的策略和手段，鼓励用户互动和参与，进而提高访问量和转化率，实现营销目标。

（2）微信朋友圈引流效果分析

微信朋友圈是微信用户分享生活、观点、体验和情感的一个重要场景，也是品牌推广的重要渠道。微信朋友圈引流效果分析指标见表 3-3-9。下面是微信朋友圈引流效果分析的几个方面：

①阅读量：在微信朋友圈中发布内容，可以通过查看阅读量来评估内容受众范围、传播范围和关注度等。阅读量越高，代表用户关注度和活跃度越高，也可以提升品牌曝光度和知名度。

②点赞量和评论量：点赞和评论是用户对内容的直接反馈，也是互动的一种表现形式。高点赞量和评论量代表用户对内容的认可和喜欢，也是品牌影响力和知名度的体现。

③转发量：转发是用户对内容的二次传播，也是品牌推广效果的重要体现。转发量高代表内容传播范围和影响力越大，可以提升品牌知名度和曝光度。

④转化率：转化率是指用户从微信朋友圈中进入品牌网站、App 或商城等，最终成为实际客户的比率。高转化率代表品牌的推广效果良好，用户对品牌的认知度、信任度和忠诚度都有提升。

综上所述，通过阅读量、点赞量、评论量、转发量以及转化率等指标来评估微信朋友圈的引流效果，可以帮助品牌更好地理解用户需求、提升品牌知名度和曝光度、增加用户黏性和忠诚度，提高品牌商业价值。

表3-3-9　微信朋友圈引流效果分析指标

评价指标	描　述
阅读量	用户查看微信朋友圈内容的次数
点赞量	用户对微信朋友圈内容进行点赞的数量
评论量	用户对微信朋友圈内容进行评论的数量
转发量	用户对微信朋友圈内容进行转发的数量
转化率	从微信朋友圈引流到品牌网站、App或商城等的用户中，最终成为实际客户的比率

3. 案例分析

下面以某企业 20 日的微信朋友圈引流数据（见表 3-3-10）为例进行分析。

表3-3-10　微信朋友圈引流数据表

日期	阅读量	点赞量	评论量	转发量	转化率
2023年2月1日	230	57	25	19	1.50%
2023年2月2日	356	84	32	23	2.30%
2023年2月3日	441	108	39	28	3.00%
2023年2月4日	307	75	28	21	2.10%
2023年2月5日	289	68	26	20	1.90%
2023年2月6日	400	92	34	255	2.80%
2023年2月7日	335	76	29	22	2.20%
2023年2月8日	408	95	35	26	2.50%
2023年2月9日	375	90	34	25	2.40%
2023年2月10日	419	105	40	30	2.70%
2023年2月11日	273	61	23	17	1.70%
2023年2月12日	302	70	25	19	1.90%
2023年2月13日	275	105	22	17	1.60%
2023年2月14日	407	61	33	26	2.40%
2023年2月15日	386	70	30	24	2.20%
2023年2月16日	348	63	27	21	2.00%
2023年2月17日	289	96	25	19	1.90%
2023年2月18日	295	87	26	20	2.00%
2023年2月19日	376	78	34	26	2.10%
2023年2月20日	315	91	29	22	2.90%

（1）阅读量分析

选取阅读量数据制作柱状图，如图 3-3-7 所示。

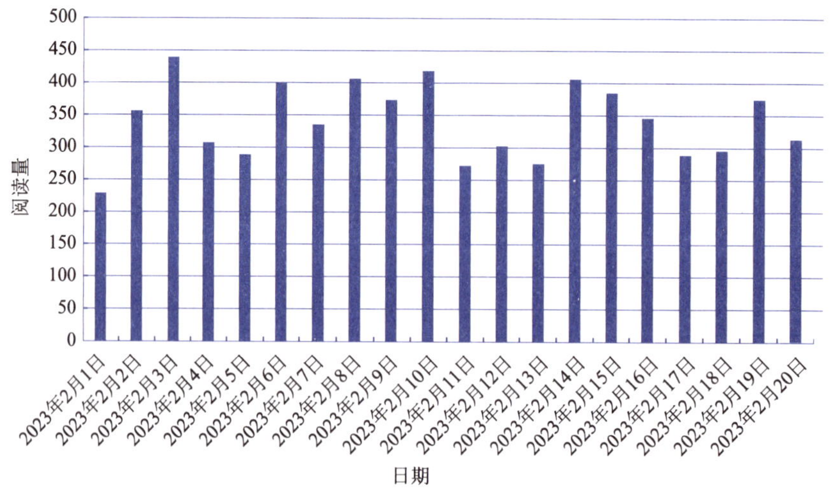

图3-3-7　阅读量变化图

在图 3-3-7 中，阅读量在 2 月 3 日、10 日、14 日、15 日数值较高，可以深入分析这几日朋友圈的内容，找到提高阅读量的方法。

（2）点赞量和评论量分析

选取点赞数和评论量数据制作组合图，如图 3-3-8 所示。

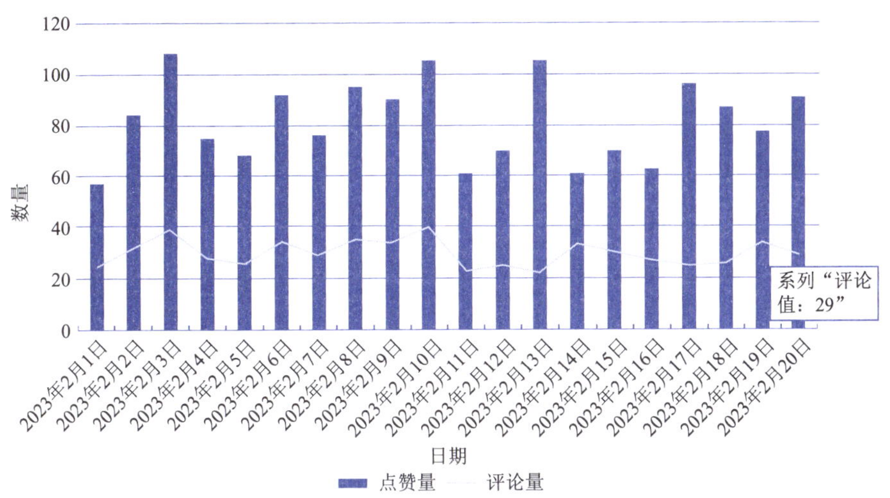

图3-3-8　点赞量和评论量变化图

如图所示，点赞量和评论量变化趋势相同，因此提高点赞量可以有效提高评论量。

（3）转发量分析

选取转发量数据制作柱状图，如图 3-3-9 所示。

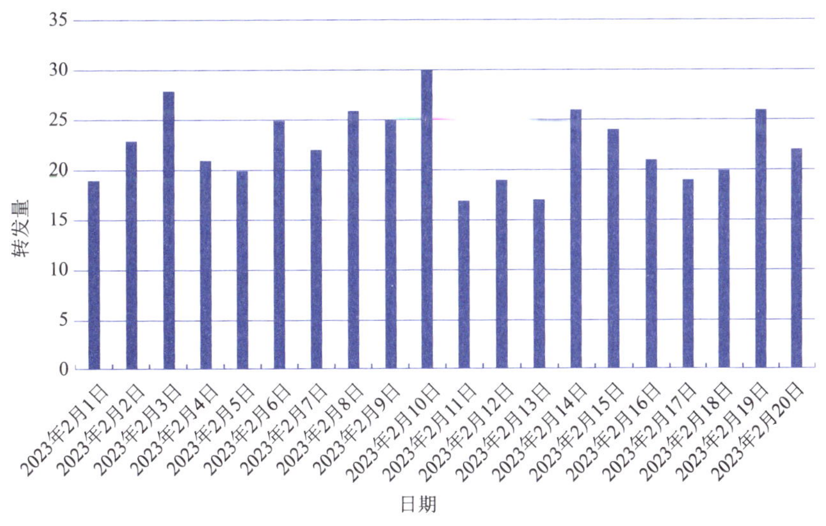

图3-3-9　转发量变化图

（4）转化率分析

选取转发量及转化率数据制作组合图，如图 3-3-10 所示。

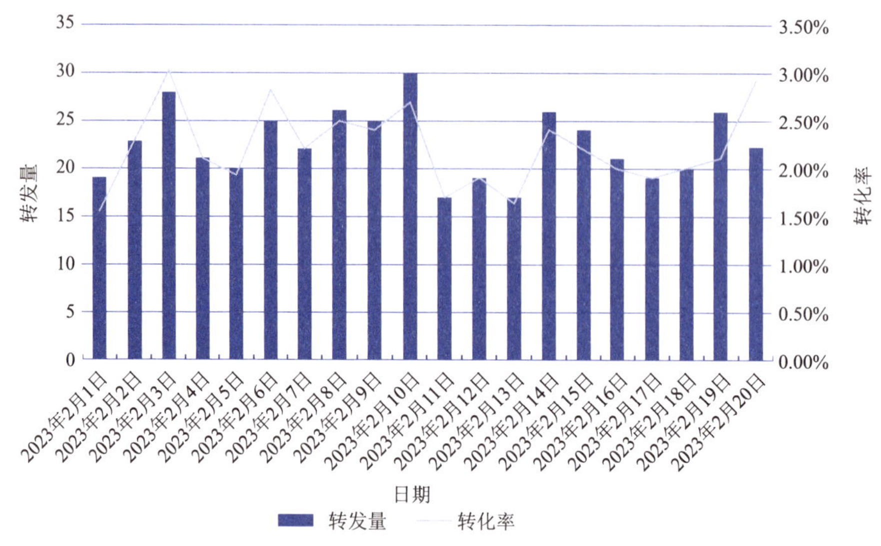

图3-3-10 转发量及转化率变化图

图中可见，转化率基本和转发量同步变化，因此可以通过提高转发量来提高转化率，2 月 20 日的转化率较高，可以进一步分析原因，为接下来提高转化率提供方向。

微信朋友圈引流分析需要从多个方面进行分析，通过不断优化和调整引流策略，提高品牌的知名度和曝光率，吸引更多的潜在客户。

【知识扩展】

1. 微信引流的主要方式

微信引流是一种利用微信平台进行营销的方法，通过各种方式吸引目标用户关注自己的微信公众号或者其他渠道，从而扩大品牌曝光度和销售。

（1）建立微信公众号

通过微信公众号发布优质内容，吸引用户关注和转发，提高品牌知名度和粉丝数。

（2）发送推送消息

利用微信公众号进行推送消息，提醒用户关注最新的优惠活动和品牌资讯，吸引用户参与到品牌活动中去。

（3）通过微信群推广

加入与品牌相关的微信群，向群成员宣传品牌，并且可以利用微信群的分享功能进行品牌传播。

（4）利用微信朋友圈

通过微信朋友圈进行品牌宣传，发布有趣的内容，引起关注者的兴趣和分享，从而达到品牌传播和引流的目的。

（5）利用微信广告

通过微信公众平台或者微信朋友圈投放广告，吸引目标用户进行关注和转化。

（6）利用微信小程序

开发微信小程序，提供优质的用户体验和品牌服务，吸引用户进行关注和转化。

通过以上方法进行微信引流，可以有效提高品牌知名度和转化率，扩大用户群体，进而增加销售额和提高品牌影响力。

2. 微信公众号引流的方法

微信公众号是一种非常重要的宣传推广平台，可以利用公众号来推广品牌、服务和产品，以下是一些微信公众号推广的方法：

（1）定期发布有价值的内容

公众号是吸引用户关注和留存的重要方式，因此需要定期发布有价值的内容，包括原创文章、资讯、图片、视频等，让用户觉得有意义和有趣，从而增加用户的留存率和关注度。

（2）优化公众号名称、头像和介绍

公众号名称应该简单明了，易于用户搜索和记忆，头像应该与品牌形象一致，介绍内容应该简洁明了，突出公众号的特点和价值。

（3）加强互动和回复

在公众号文章下面及时回复用户留言和评论，提高互动率和用户黏性。

（4）利用微信群引流

加入与品牌相关的微信群，向群成员宣传公众号，并且可以利用微信群的分享功能进行品牌传播。

（5）利用微信广告投放

在微信公众平台进行广告投放，提高品牌曝光度和关注度。

（6）利用微信公众号二维码

在微信公众号中添加二维码，方便用户关注，可以通过公众号二维码的方式进行品牌推广。

3. 微信朋友圈引流的技巧及注意事项

（1）微信朋友圈的引流技巧

微信朋友圈引流是一种非常有效的网络营销方式，下面是一些微信朋友圈引流的技巧：

①图片与文字的搭配：微信朋友圈中，图片和文字是一对重要的组合，能够增加阅读体验和用户黏性。合理地搭配图片和文字，能够吸引用户阅读，提高用户的参与度和留存度。

②利用明星效应：在朋友圈中发布一些明星的图片或视频，能够吸引更多的用户关注和转发，增加品牌曝光率。

③利用热门话题：利用当前热门话题，在朋友圈中发布相关话题的内容，这样可以增加曝光率和点击率。

④利用好友转发：好友转发是微信朋友圈引流的重要方式，能够扩大品牌影响力和曝光率。在发布朋友圈时，可以适当地加上一些转发语，引导好友进行转发。

⑤发布有价值的内容：发布内容要有价值，对于目标受众有帮助，不仅能够提高曝光率，还能提高用户留存度和参与度。

⑥加入合适的链接：在朋友圈中加入一个合适的链接可以让用户点击并转化为潜在客户，链接应该指向你的网站、博客、商城、应用等。

⑦定期发布朋友圈：朋友圈中信息更新速度较快，定期发布朋友圈可以增加品牌的曝光率和用户的留存度。

总之，微信朋友圈引流需要针对受众需求和用户特点，制定合适的策略，并不断优化和调整，才能达到良好的引流效果。

（2）注意事项

①注意朋友圈发文频率：频繁发送朋友圈会让用户感到烦扰，应该控制好发送的频率，一天不要超过 3 篇。

②确定目标受众：在发布朋友圈时，应该确定目标受众，以便有针对性地制定推广策略。

③发布有价值的内容：发布内容要有价值，对于目标受众有帮助，不仅能够提高曝光率，还能提高用户留存度和参与度。

④利用数据进行分析：通过数据分析，监测和分析朋友圈推广效果，包括曝光量、点击量、留存率、转化率等，及时调整策略，提高引流效果。

⑤注意营销方式：营销方式应该合法合规，不能采用违规、欺诈等方式进行引流。

【任务小结】

上面的内容主要围绕微信公众号和微信朋友圈两个方面展开。

（1）微信公众号推广方法：包括内容创作、关注墙、引流活动、社交广告、搜索引擎优化等多种方式，其中注意事项包括：确保内容有价值、精准定位目标受众、注意推广渠道的选择等。

（2）微信公众号推广效果评估：包括粉丝数增长情况、阅读量、转发量、点赞量、用户留存率、用户参与度、转化率等指标，需要定期进行数据统计和分析，以便优化推广策略。

（3）微信朋友圈引流分析思路：包括目标受众群体分析、引流数据统计、发布内容分析、转化率分析和品牌曝光分析等多个方面，需要通过不断优化和调整引流策略来提高品牌的知名度和曝光率，吸引更多的潜在客户。

（4）微信朋友圈引流技巧：包括内容质量、时机选择、互动性、话题性、配图质量等多个方面，需要根据目标受众的需求和喜好来制定更有效的引流策略。

综上所述，微信公众号和微信朋友圈是目前比较主流的社交媒体平台，对于企业或个人来说，合理利用这两个平台进行推广和引流，是提高品牌知名度和曝光率的有效途径。

【思考与练习】

使用提供的数据表完成微信公众号、微信朋友圈引流效果分析。

【任务单】		
详细任务说明： 1.数据收集 从微信公众号后台和微信朋友圈数据分析工具中收集引流数据，包括访问量、转化率、用户互动等数据指标。 2.数据清洗 清洗和整理收集到的数据，处理缺失值、异常值等，确保数据的准确性和完整性。 3.数据分析 使用统计分析工具对清洗后的数据进行分析，比较微信公众号和微信朋友圈的引流效果，分析用户行为和趋势。 4.结果解读 根据数据分析结果，评估微信公众号和微信朋友圈的引流效果，分析影响引流效果的因素，并提出改进建议和优化方案。		
任　务	负　责　人	完成日期
数据收集		
数据清洗		
数据分析		
结果解读		

【执行单】		
任　务	负　责　人	完成日期
确定目标受众和定位		
制定微信公众号开设计划		
确定内容策略和发布计划		
设计微信营销活动		
制定用户互动和客户服务策略		
确定微信推广渠道和合作伙伴		
分配预算和资源		
监测和分析微信营销效果		

【评价单】	
任务名称：________________	
任务说明：________________	
任务完成质量（满分：10分）	
任务目标是否明确，并且符合要求？	
任务完成是否仔细、准确、完整？	
是否做到了额外要求或者做得更好？	
时间管理（满分：5分）	
是否在规定时间内完成任务？	
是否充分利用时间来完成任务？	
合作能力（满分：5分）	
是否积极参与组内合作？	
是否与他人友好沟通？	
是否在小组任务中担任了角色并完成了任务？	
创新思维（满分：5分）	
是否富有创造性地完成了任务？	
是否能够提出创新的想法和解决方案？	

总分：25分

评价人：____________________

日期：____________________

子任务三　微信活动设计

【引导案例】

一家数字化健康管理平台决定通过微信活动提升品牌知名度，同时鼓励用户关注健康管理的重要性。该活动以促进用户参与、提高用户忠诚度为主要目的，通过有趣的互动形式传递健康理念。

阶段一：活动策划和设计

这一阶段明确了微信互动活动的目标，即提升品牌知名度、推广健康管理理念，吸引用户关注。通过制定 30 天的健康挑战主题，每天发布小任务，并设置具有吸引力的奖品，为活动的成功开展奠定了坚实的基础。

阶段二：活动推广

通过在微信公众号、朋友圈和相关微信群等渠道的广泛推广，该活动成功引起了用户的关注。通过制作引人注目的宣传图文，向用户介绍了活动主题和奖品，激发了他们的参与兴趣。

阶段三：用户参与体验优化

为了提高用户的参与度，该活动设定了低门槛的任务，确保更多用户能够轻松参与。同时，通过创新互动形式，如设立打卡墙，优化了用户的参与体验，让用户能够更好地互相鼓励和分享健康成果。

阶段四：数据分析与跟踪

这一阶段利用微信后台和第三方工具，收集了用户参与数据，包括任务完成情况和互动频率等。通过定期收集用户反馈，活动举办方可以深入了解用户对活动的满意度和建议，为未来活动提供了有益的参考。

阶段五：活动总结与奖励

通过对活动期间的数据进行统计和分析，可以得出活动的总体效果。在活动结束后，活动的举办方为用户公开公正地颁发了奖品，向活动中表现优异的用户致以诚挚的感谢，并在平台上宣传了获奖名单。这一步骤不仅是对用户的回馈，也是对活动圆满结束的完美总结。

【任务分析】

微信活动是一种通过微信平台进行的网络互动活动，主要目的是为了增加品牌曝光、提升品牌知名度和促进产品销售等。微信活动一般以吸引用户参与为主要特点，通过有奖竞猜、投票、抽奖、打卡等形式，吸引用户积极参与，提高品牌的曝光度和用户忠诚度。

微信活动通常可以在微信公众号、微信群、朋友圈等多个渠道进行推广，以提高活动的参与度和传播效果。在活动设计过程中，需要考虑活动的主题、奖品设置、参与方式、规则公示、活动期限等多个方面，以保证活动的公平、公正、合规。

同时，为了达到良好的活动效果，需要考虑参与门槛的设置、活动形式的创新、用户参与体验的优化、数据的分析与跟踪等方面。通过精心设计和策划，微信活动可以为企业带来更多的用户黏性和销售收益。

【任务操作】

1. 微信活动设计步骤

微信活动设计可以通过以下步骤进行，我们将以前面设计的智能音箱为例设计一个微信活动。

（1）目标确定

在设计微信活动时，需要确定活动的目标和参与者，例如：提高品牌知名度、增加销售额、扩大粉丝数量等。确定活动的目标和参与者是活动设计的第一步。不同的目标需要采用不同的活动策略和方式，以达到最佳效果。同时，需要明确参与者的人群特征，包括性别、年龄、地域、兴趣爱好等，以便制定更加精准的活动策略和推广计划。在确定目标和参与者的基础上，才能更好地进行活动的设计和实施。

首先对店铺智能音箱消费者特征进行统计，整理至 Excel 表格中，见表 3-3-11。

表3-3-11　智能音箱消费者特征统计表

序号	性别	年龄	地域	兴趣爱好
1	男	28	北京	音乐、电影、游戏
2	女	32	上海	瑜伽、健身、美食
3	男	35	广州	足球、篮球、游泳
4	女	42	深圳	旅游、阅读、音乐
5	男	50	杭州	美食、书法、摄影
6	女	55	成都	茶道、花艺、养生
7	男	60	武汉	历史、文化、艺术
8	女	65	天津	健康、养生、时尚
9	男	28	北京	旅游、音乐、电影
10	女	32	上海	美食、时尚、购物.
11	男	35	广州	篮球、足球、游泳
12	女	42	深圳	阅读、电影、音乐
13	男	50	杭州	摄影、美食、书法

①消费者性别分析。选择性别数据插入数据透视表及数据透视图（“行”与“值”均设置为“性别”），绘图结果如图 3-3-11 所示。

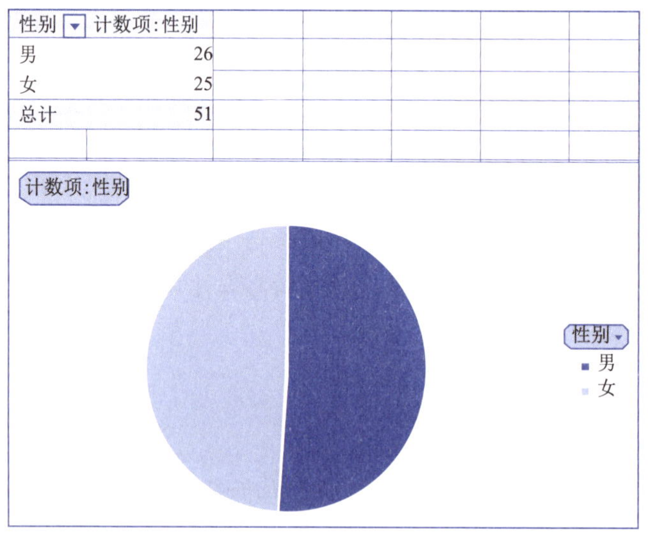

图3-3-11　消费者性别分析图

根据分析结果可知智能音箱消费者在消费者性别方面没有明显倾向。

②消费者年龄分析。首先根据消费者年龄跨度将消费者年龄进行分组如图 3-3-12，然后利用 VLOOKUP() 函数对消费者年龄分组情况进行整理，最后根据整理情况绘制数据透视

表与数据透视图，如图 3-3-13 所示。

序号	性别	年龄	地域	兴趣爱好	年龄分组		分组下限	年龄分组
1	男	28	北京	音乐、电影、游戏	26-30岁		20	20-25岁
2	女	32	上海	瑜伽、健身、美食	31-35岁		26	26-30岁
3	男	35	广州	足球、篮球、游泳	31-35岁		31	31-35岁
4	女	42	深圳	旅游、阅读、音乐	41-45岁		36	36-40岁
5	男	50	杭州	美食、书法、摄影	46-50岁		41	41-45岁
6	女	55	成都	茶道、花艺、养生	51-55岁		46	46-50岁
7	男	60	武汉	历史、文化、艺术	60岁-		51	51-55岁
8	女	65	天津	健康、养生、时尚	60岁-		60	60岁-

图3-3-12　年龄分组情况设置与统计

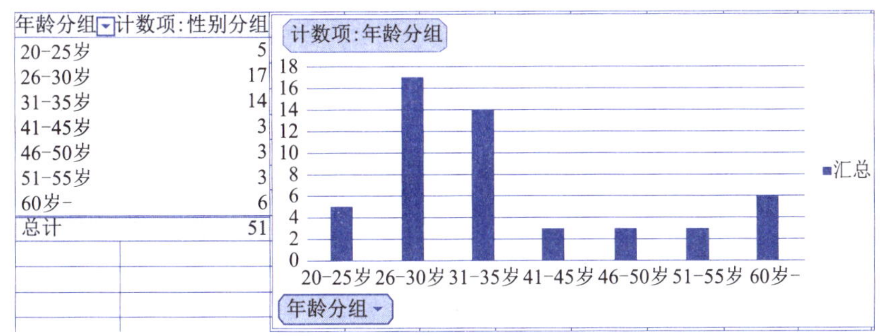

年龄分组	计数项:性别分组
20-25岁	5
26-30岁	17
31-35岁	14
41-45岁	3
46-50岁	3
51-55岁	3
60岁-	6
总计	51

图3-3-13　年龄分组情况数据透视表及数据透视图

③消费者地域分析。选中数据表中地域单元列内容，插入数据透视表（“行”与“值”均设置为“地域”），得到客户职业数据透视图表，操作后的效果如图 3-3-14 所示。

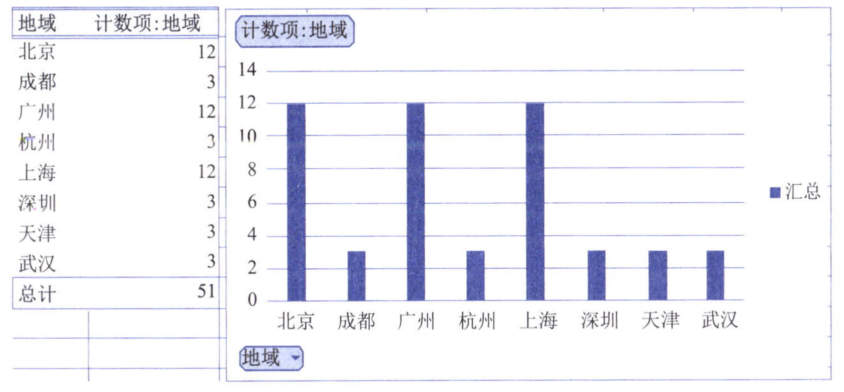

地域	计数项:地域
北京	12
成都	3
广州	12
杭州	3
上海	12
深圳	3
天津	3
武汉	3
总计	51

图3-3-14　消费者地域分析数据透视图表

（2）活动策划

根据目标确定活动形式和策略，例如：抽奖、答题、转发、打卡等，同时也需要确定活动的时间、地点、奖品、参与方式等。

（3）活动宣传

利用微信公众号、微信朋友圈等渠道进行活动宣传，同时也可以邀请媒体和网红进行推广。

（4）活动实施

根据策划方案进行活动实施，需要注意活动的流程和安排，确保活动顺利进行。

（5）数据统计

对活动数据进行收集和统计，包括参与人数、参与率、转化率等指标，以便后续对活动效果进行分析和优化。

（6）活动后续跟进

对于活动中获奖者的奖品发放、参与者的回访等事宜进行跟进，以便提高参与者对品牌的信任度和忠诚度。

（7）智能音箱活动策划方案

根据上述工作结果，设计智能音箱活动策划方案如下：

①活动目标：提高品牌知名度，增加销售量。

②活动对象：26 岁 ~ 30 岁的年轻人为主。

③活动主题：打造智能生活，让音乐相伴。

④活动奖品：智能音箱一台。

⑤参与方式：用户在微信公众号内参与活动，需要完成以下两个步骤：

- 关注公众号并转发本次活动到朋友圈。
- 在公众号内回答一个与智能音箱相关的问题，正确率最高者即可获得智能音箱奖品。

⑥活动规则公示：在活动页面或公众号内公布活动规则，包括活动期限、奖品设置、参与方式、获奖名单公示等内容。

⑦活动期限：7 天。

⑧推广渠道：通过微信公众号、微信朋友圈、微信群等渠道推广活动，吸引更多用户参与。根据用户地域特征，可以在北京、上海、广州等地开展线下推广活动。

⑨数据分析与跟踪：在活动期间对参与人数、参与率、关注量、转发量等数据进行监测和跟踪，及时调整活动策略，优化参与体验和用户互动效果。

通过以上的活动设计和实施，可以提高智能音箱品牌的知名度，增加销售量，同时吸引更多用户参与，扩大粉丝群体，并且可以通过活动数据进行更深入的用户分析和营销策略制定。

2. 微信活动效果评估

（1）活动数据统计

表 3-3-12 用于记录智能音箱微信推广活动的数据分析和跟踪过程。

表3-3-12　活动数据统计表

日期	参与人数	参与率	关注量	转发量
2023年4月1日	150	30%	250	100
2023年4月2日	200	40%	350	150
2023年4月3日	300	60%	500	250
2023年4月4日	250	50%	450	200
2023年4月5日	180	36%	300	120
2023年4月6日	220	44%	400	180

续表

日期	参与人数	参与率	关注量	转发量
2023年4月7日	280	56%	500	220

（2）活动数据分析

在活动期间，我们可以通过表格中的数据进行分析和跟踪，得到以下结论：

①参与人数与参与率分析（见图 3-3-15）。

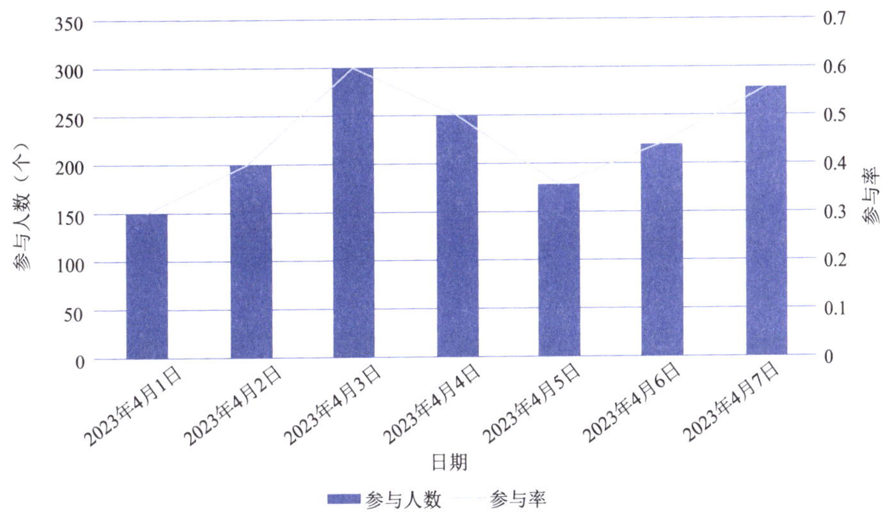

图3-3-15 参与人数与参与率分析图

参与人数和参与率在活动开始后逐渐增加，说明活动的推广效果逐渐提高。

②关注量与转发量分析（见图 3-3-16）。

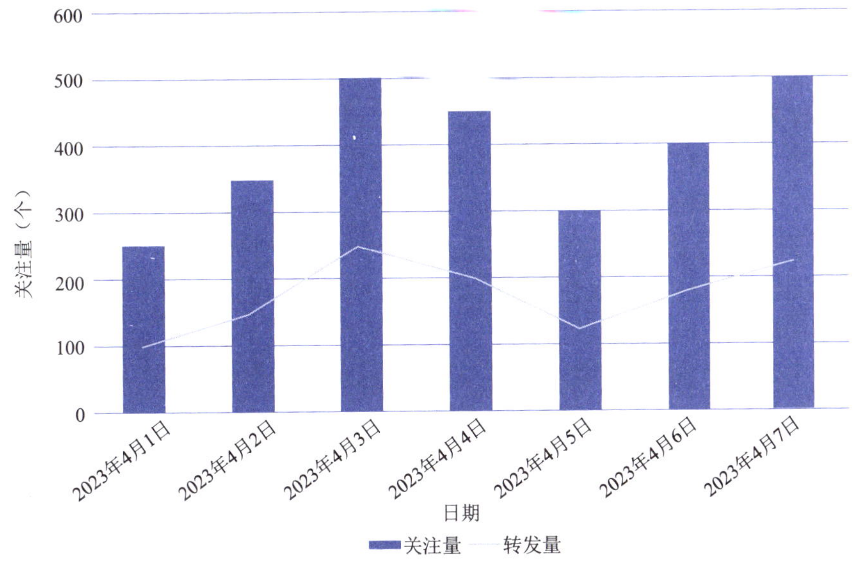

图3-3-16 关注量与转发量分析图

关注量和转发量的增加速度稍慢，但也呈现逐渐增加的趋势，说明活动对于品牌知名度的提升有一定作用。

③通过分析参与者的回答情况，可以得到智能音箱用户对于产品的需求和偏好，从而进行更有针对性的产品和营销策略制定。

通过对数据进行分析和跟踪，我们可以不断调整活动策略，提高活动效果和用户互动效果，最终达到提高品牌知名度和增加销售量的目的。

【知识扩展】

1. 微信活动类型

（1）集赞有奖

集赞有奖是指让用户分享文字至朋友圈，集赞数量越多就越能获取奖品的活动。它是微信公众号吸粉方案中必备、常用、也最简单的一种玩法。用户通过二维码扫描，点击链接进入游戏，写下祝福—分享—好友点赞，一气呵成（见图 3-3-17）。助力性可以裂变传播，兑奖、制作等工作只要一人完成，活动性价比很高。

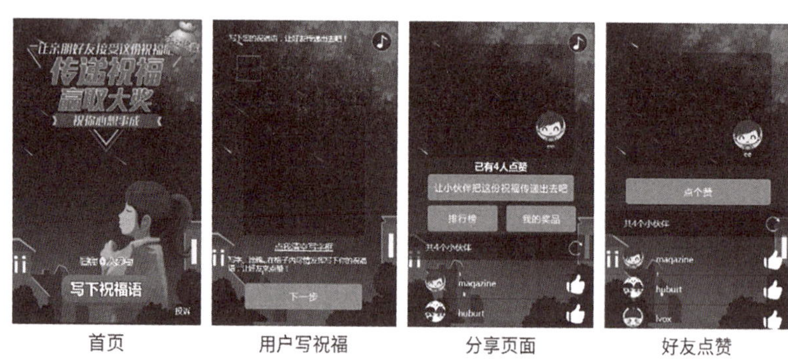

图3-3-17　微信集赞有奖发起页面

（2）邀请关注

通过奖品吸引用户参与，并扩散传播活动。商家开通进入需关注功能，用户参与在线抽奖，并邀请好友关注后可获得更多抽奖机会。借助第三方微信抽奖平台，自主制作抽奖活动，因为奖品数量可控，系统合理派奖，所以活动成本可控。活动可以通过公众号、社群等入口公布活动海报、二维码、链接，使用进群宝工具完成进群动作，群内机器人自动提醒新人完成操作，后续机器人审核赠送资料。邀请关注活动适合于微信公众号吸粉，能在短时间内收获大量粉丝。

（3）分销活动

分销活动主要适用于知识付费类产品，具体方式是课程支持用户生成专属的链接，好友通过自己的链接购买产品，用户可获得佣金的活动。

（4）测试、报告类活动

测试、报告类活动是指用户输入自己的姓名，可以生成一份自己的测试报告，可以分享炫耀的活动（见图 3-3-18）。一般在节假日、某个热点时间节点时会出现这类测试，比如：新年、高考、大学入学通知等。

图3-3-18　测试报告类活动页面

（5）DIY 类活动

DIY 类活动是指用户可以根据自由发挥完成一项好玩的任务的游戏（见图 3-3-19）。网易的“睡姿大比拼”、谷歌的“猜画小歌”都属于这种类型，但是这类活动开发难度较大。

图3-3-19　DIY活动页面

（6）集卡类活动

集卡类活动是指用户参与即可获得一张卡片，邀请好友帮忙集齐所有卡片即可参与抽奖的活动。集卡类活动开展的高峰期是春节期间，比如支付宝的集五福活动（见图 3-3-20），百度、头条和抖音也都有做这类活动。

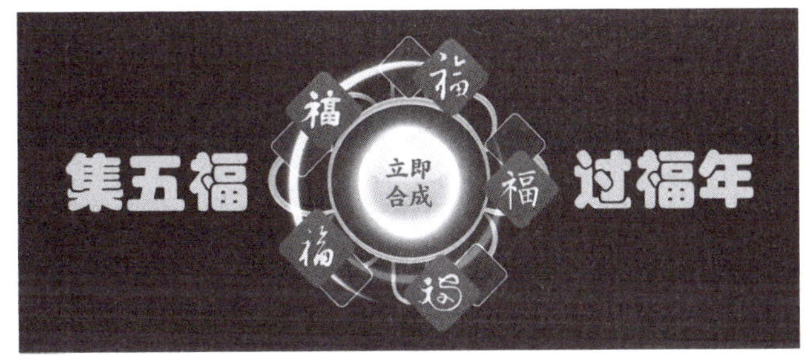

图3-3-20　支付宝集五福活动页面

2. 微信活动设计注意事项

在活动设计过程中，需要注意以下几点：

①活动创意。活动创意要符合目标受众的需求和兴趣，具有吸引力和互动性。

②奖品选择。奖品的选择要与目标受众的需求和兴趣相符，同时也需要符合法律法规和道德规范。

③参与门槛。参与门槛不宜过高，否则会影响参与者的积极性，也不宜过低，否则会影响活动效果。

④活动安全。活动中需要注意用户信息的保护和隐私安全，同时也需要注意防范欺诈和恶意攻击等问题。

综上所述，微信活动设计是一项需要综合考虑多方面因素的工作，需要合理制定策略和方案，注重活动效果和用户体验，同时也需要注意法律法规和道德规范。

【任务小结】

本任务内容主要围绕智能音箱微信推广活动展开，包括确定参与者、活动目标和主题、设计奖品和参与方式、制定活动规则、推广渠道和数据分析等方面的内容。其中，活动的目标主要是提高品牌知名度和增加销售量，通过设计奖品和参与方式吸引用户参与，通过推广渠道和数据分析实现活动效果的最大化。最后，将活动方案制作成表格形式，便于整体把握和实施。

【思考与练习】

假设你是一家健身房的市场营销经理，请设计一个微信推广活动，旨在增加会员数量和提高品牌知名度。

具体要求：

①确定活动目标和参与者。

②设计活动主题和奖品。

③制定参与方式和活动规则，并公示在微信公众号内。

④推广渠道和活动期限。

⑤数据分析和跟踪。

请给出你的设计方案，并说明你的设计思路和策略。

【任务单】	
任务名称	
任务类型	
任务负责人	
任务起止时间	
任务目标	

【执行单】		
任务步骤	负责人	截止时间
确定活动目标和参与者		
设计活动主题和奖品		
确定活动参与方式和规则		
制作活动页面和推广素材		
推广活动并监测数据		
统计并分析活动数据		

【评价单】	
任务名称：________________	
任务说明：________________	
任务完成质量（满分：10分）	
任务目标是否明确，并且符合要求？	
任务完成是否仔细、准确、完整？	
是否做到了额外要求或者做得更好？	
时间管理（满分：5分）	
是否在规定时间内完成任务？	
是否充分利用时间来完成任务？	
合作能力（满分：5分）	
是否积极参与组内合作？	
是否与他人友好沟通？	
是否在小组任务中担任了角色并完成了任务？	
创新思维（满分：5分）	
是否富有创造性地完成了任务？	
是否能够提出创新的想法和解决方案？	

总分：25 分

评价人：____________________

日期：______________________

【任务单】
1.任务名称
任务一： （1）结合所学知识，判断下列标题存在什么问题？ 标题一：充气床单人充气床单人蜂窝充气床宽99厘米单人立柱充气床包邮 （2）结合所学知识判断，当用户搜索关键词“休闲运动短裤”，标题二和标题三哪个会优先展示？ 标题二：包邮卷边短裤休闲运动短裤女夏糖果色大码纯棉毛圈短热裤显瘦 标题三：夏季纯色跑步运动短裤女宽松显瘦棉质针织家居短裤女夏 （3）结合所学知识判断，用户2023年男士短袖，标题四和标题五哪个会优先展示？ 标题四：2023年短袖男士 标题五：2023年男士短袖 任务二： （1）利用高级查询方法与搜索引擎指令查询包含“运动鞋”关键词，同时包含“阿迪达斯”或者“三叶草”关键词，但不包含“安踏”关键词的网页。 （2）使用搜索引擎指令查询网址中包含“sport”文本，页面标题中包含“运动鞋”关键词的网页。
2.达成目标
（1）标题制作。 （2）标题修改。 （3）搜索引擎使用方法操作演练。
3.方法和建议
（1）熟悉淘宝标题制作方法。 （2）熟练使用搜索引擎。
4.任务提交形式
操作截图或者报告形式。
5.困惑和建议（实施之后反馈）

【执行单】
1.任务名称
根据案例进行标题优化及修改。
2.任务执行的具体步骤
3.任务过程数据和结论
4.任务执行中的困难和反馈（实施之后反馈）

【评价单】				
任务内容	分数占比	个人评价	小组评价	教师评价
任务分工	5			
团队合作	5			
任务执行	20			
任务结论	40			
方法能力	10			
计划能力	10			
任务汇报	10			

任务四　微信公众号策划与实施

子任务一　微信公众号开设流程

【引导案例】

微信（WeChat）是腾讯公司于2011年1月21日推出的为智能终端提供即时通信服务的免费应用程序，它支持跨通信运营商、跨操作系统平台，通过网络快速发送免费语音短信、视频、图片和文字信息，只需消耗少量网络流量。同时，也可以使用共享流媒体内容的资料和基于位置的社交插件，如“摇一摇”“漂流瓶”“朋友圈”“公众号平台”“语音记事本”

等服务插件。艾媒咨询最新发布的《2022 年度中国通讯社交类 APP 月活排行榜 TOP10》中，微信以月活跃用户超过 10 亿的数据遥遥领先。相关财报显示，微信在 2022 年第四季度的月活跃用户数为 13.13 亿，同比增长 3.5%，继续保持着“第一国民 App”的地位，微信现在已经成为了大多数人必备的社交软件，而微信公众号更是公众了解外界信息的重要渠道，截至 2022 年 1 月份，微信公众号数量已经达到了 3.6 亿个，不少公司、单位以及个人都建立了自己微信公众号，以此来分享和传递信息。

【任务分析】

微信公众号的作用包括品牌宣传、产品销售、粉丝维护、公关阵地、信息资料库等，对于有营销需求的企业及个人来说，开通设立微信公众号十分必要。

本任务要求学生完成微信公众号注册。

【任务操作】

（1）打开微信公众平台官网，如图 3-4-1 所示。

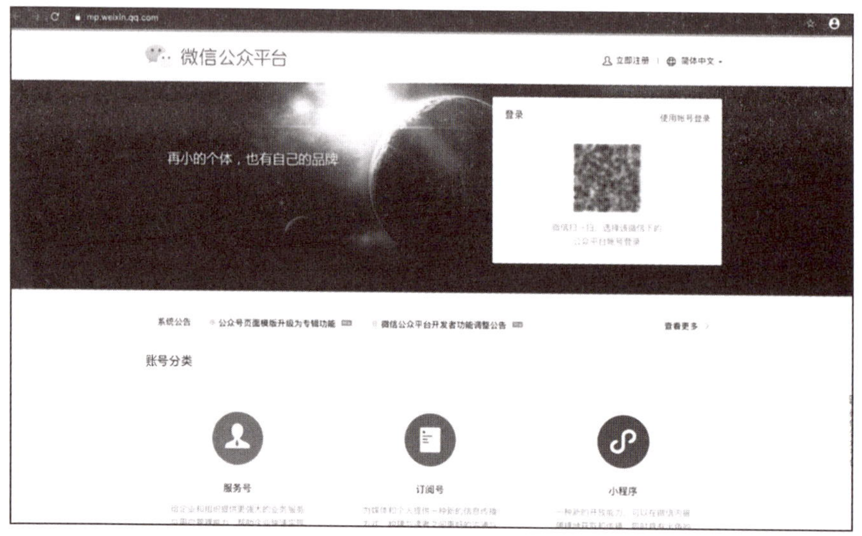

图3-4-1　微信公众平台官网

（2）单击“立即注册”，请选择“订阅号”。微信公众号有多种类型，在使用方式及功能上有诸多区别，微信公众号有以下三种账号类型，如图 3-4-2 所示。

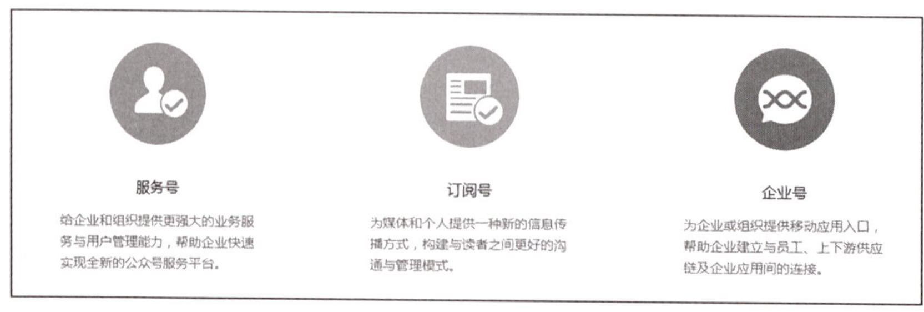

图3-4-2　微信公众号的三种账号类型

订阅号主要用于为用户传达资讯（类似报纸杂志），认证前后都是每天只可以群发一条消息。订阅号主要用于做传播，通过展示自己的特色文化、理念而树立品牌形象，每天一条信息的发送有很多传播利用空间，所以大部分企业和媒体都选择了开通订阅号。

服务号主要用于服务交互（类似银行、114 电话导航信息服务），提供服务查询，认证前后每个月可群发 4 条消息。服务号主要用于做服务，如招商银行服务号，将个人招商银行账号与该服务号绑定后，每次消费时招商银行的服务号都会发来提示信息，服务效率非常高。客户服务需求高的企业也会考虑在订阅号之外再开通服务号。

企业号主要用于公司内部通信使用，需要先有成员的通信信息验证才可以关注企业号。企业号主要用于做管理，类似于企业内部管理系统，面向的是企业内部员工或者企业运营流程的上下游用户，所以对于管理运营并不复杂的中小型企业来说，开通企业号价值不大。

（3）按要求填写相关信息，如图 3-4-3 所示。

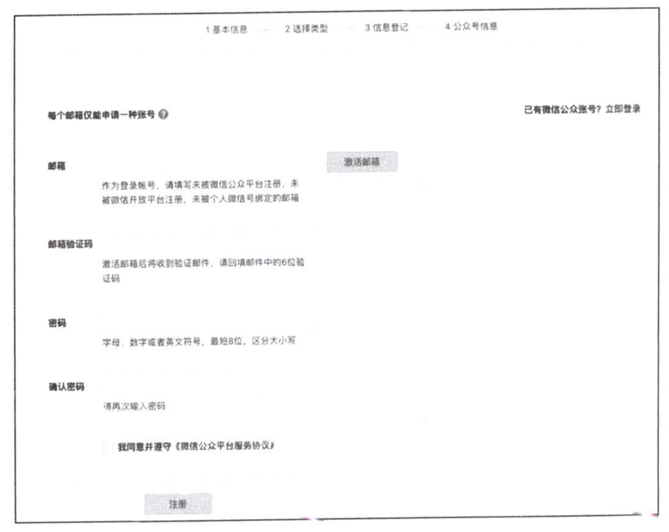

图3-4-3　填写注册基本信息

（4）填写信息后进入如下界面，请选择“订阅号”，如图 3-4-4 所示。

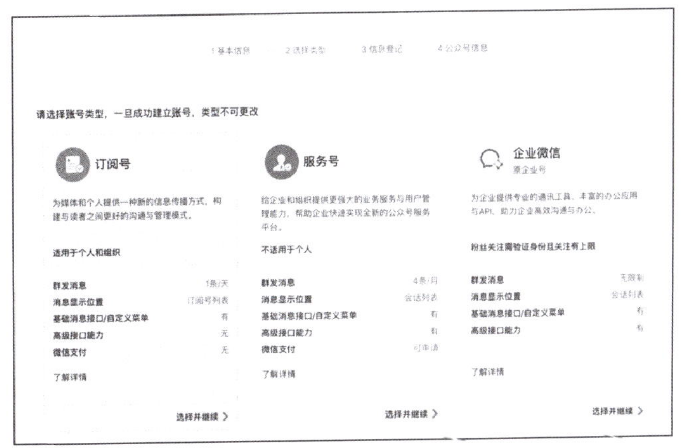

图3-4-4　选择账号类型

（5）主体类型请选择“个人”，然后完善信息。注意创作者信息是选填项，如果你有站外大流量账号，比如在抖音或者小红书上有大量粉丝和流量，那么你可以完善这部分信息，便于引流，如图 3-4-5 所示。

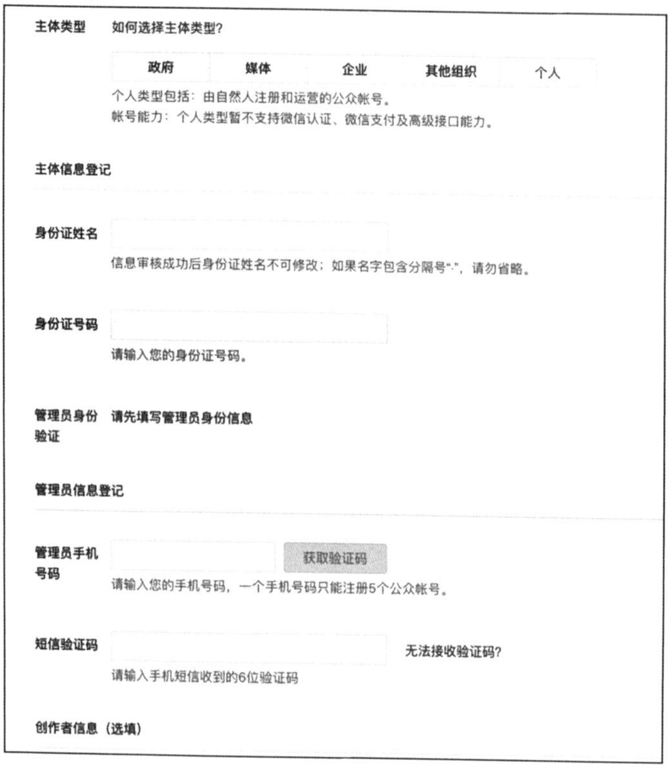

主体类型
如何选择主体类型?
政府
媒体
企业
其他组织
个人
个人类型包括：由自然人注册和运营的公众帐号。
帐号能力：个人类型暂不支持微信认证、微信支付及高级接口能力。
主体信息登记
身份证姓名
信息审核成功后身份证姓名不可修改；如果名字包含分隔号“·”，请勿省略。
身份证号码
请输入您的身份证号码。
管理员身份验证
请先填写管理员身份信息
管理员信息登记
管理员手机号码
获取验证码
请输入您的手机号码，一个手机号码只能注册5个公众帐号。
短信验证码
无法接收验证码?
请输入手机短信收到的6位验证码
创作者信息（选填）

图3-4-5　信息登记

（6）填写公众号的名称和功能介绍后，单击“完成”进入公众号后台，如图 3-4-6 所示。

公众号
首页
功能
自动回复
自定义菜单
投票管理
赞赏功能
原创管理
添加功能插件
小程序
微信搜一搜
管理
消息管理
用户管理
2020-05-12
账号整体情况
新消息
0
新增人数
0
总用户数
0
已群发消息

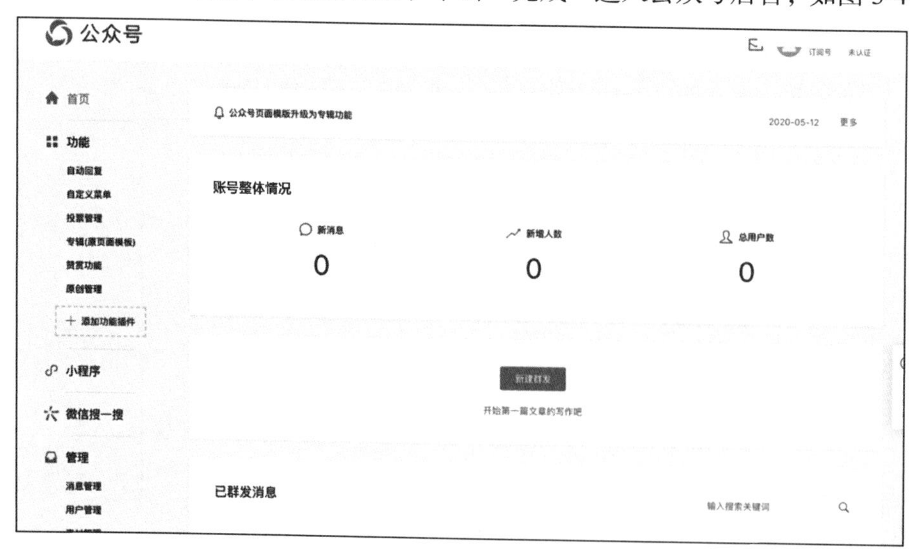

图3-4-6　公众号后台

【任务小结】

通过本任务的实操，同学们可以快速完成公众号的注册，并利用实训课进行公众号定位设计及后台设置，为后续自媒体运营打下基础。

【思考与练习】

微信公众号注册过程中遇到的问题有哪些？你是如何解决的？

子任务二 微信公众号的品牌定位

【引导案例】

对于文化创意公司或者漫画家而言，兔斯基、冷兔等漫画形象就是其最有名的代表，也最为大众所熟知。所以这样的微信公众号头像直接用产品形象再合适不过。还有一些自媒体人为了凸显定位或者人生态度，会选择知名人物作为头像，如科学类微信公众号的头像用爱因斯坦等著名科学家的画像，还有的自媒体人为了更好地传达自己的定位和性格，借用著名影视作品的角色，不过用这些名人头像做微信号头像还是有侵权嫌疑，要慎重。微信公众号的头像、名称和简介是公众号的重要识别标识，也是品牌的第一印象，作为网络营销运营人员，要根据品牌定位慎重为公众号进行定位。

【任务分析】

通过上一个子任务，学生已经完成公众号的注册，请依据品牌或自媒体定位，为公众号做好后台设置，使其充分体现品牌风格。

【任务操作】

（1）完成公众号注册后，进入后台。

（2）找准品牌或自媒体定位。

（3）根据公众号风格定位，更改头像。

一般来说，公众号的头像有三个作用——品牌识别、减少认知成本、体现个性化风格或整体形象的延伸。

第一，品牌识别。对于已经建立品牌的平台、公司或者个人而言，使用品牌标志的头像，增加公众号和品牌的关联性，可以快速被粉丝识别，降低推广成本，如果使用与品牌毫无关联的头像，在推广公众号时，需要向受众解释该公众号属于某品牌，这就增加了推广的难度。

第二，减少认知成本。对于品牌尚未建成，还处于发展中的账号来说，公众号头像应尽可能让用户在第一印象中获取有效而准确的信息认知，留住用户，减少认知成本。

第三，体现个性化风格或整体形象的延伸。微信是一个相对封闭的状态，如果你在朋友圈突然看到一篇有趣的公众号文章，会激发你的好奇心，这种情况下，一个体现个性化和独有风格的头像，可以增加好感度并诱导关注。

头像的五大类型包括 Logo 型、个人照片型、文字型、卡通图像型和角色形象型。

① Logo 型。Logo 型即把品牌的 Logo 作为头像，但是有的头像是 Logo 加上其他元素，如网址、标语等，如图 3-4-7 所示。

麦当劳

百事中国

奈雪的茶

图3-4-7 Logo型头像

②个人照片型。个人照片作为头像一般适用于自媒体或者明星认证微信公众号。

③文字型。有的公众号头像使用的是文字，大致分为纯中文文字，Logo 和文字组合、中文和英文组合等，但是文字的显示效果一般都经过了精心设计，符合公众号的风格，如文艺清新等，如图 3-4-8 所示。

故事 FM

槽值

小布家

图3-4-8 文字型头像

④卡通图像型。头像利用的卡通形象，一般由文化创意公司或者漫画作者设计，也有自媒体人为公众号量身订制漫画形象，如图 3-4-9 所示。

狗与爱的世界

圆圆谈营销

图3-4-9 卡通图像型头像

⑤角色形象型。角色形象引用的是比较知名的历史人物或者影视人物、动画形象等，主要借助名人效应，增加公众号的识别度，更好地表达公众号的定位，如图 3-4-10 所示。

阿 SIR

中医

富兰克林读书俱乐部

图3-4-10 角色形象型头像

（4）设置公众号名称及简介。公众号的名称是重要的识别标识，是搜索流量的重要来源，也是品牌的第一标签、第一印象。相同名称在平台内只有一个账号可以使用，因此在设置过程中，若系统检测到已有账号使用该名称，页面会出现提示："名字已被占用"，若名称被占用，可以通过侵权投诉的方式对占用名称的账号进行投诉，在侵权投诉页面提供名称使用权后，腾讯公司会有专人进行审核，侵权投诉成功后，该名称会被释放，即可申请使用。

起一个恰当的公众号名称一般尽可能满足以下三个条件：品牌一致、认知成本、搜索便利。

（5）了解其他后台设置功能并进行相关设置。

【任务小结】

通过对本任务的学习与实操，同学们应对自己的公众号定位有明确的方向，通过个人对细分领域的认知与了解去打造相关的公众号，并通过后台设置，如头像、名称、简介、自动关注回复等加强公众号的定位。

【思考与练习】

1. 你的个人爱好及擅长领域是什么，能否结合公众号做出类似内容的输出？
2. 结合上个问题，简单阐述你将如何打造你的公众号？

子任务三　微信公众号的运营

【引导案例】

2020 年末，Manchuan 公众号，仅用不到两个月的时间涨粉达 100 万。抖音公域引流，公众号后端承接流量，让这类情感文案号再次迎来了新的发展。很多同行在见识 Manchuan 公众号爆火之后，佩服者有之、不耻者有之、学习者有之。且不论文案是否抄袭搬运，这已经阻挡不了现今 00 后、95 后的大部分年轻群体对此类情感文案的需求，情感表达、彰显个性、宣泄情绪俨然成为年轻人的主流。这是需求，也是流量，整个新媒体行业都为之震惊，一个在校的大学生就已达到如此水平。

【任务分析】

在前面任务完成的基础上，进行公众号内容推送的编辑，要求最少推送一个主条内容，图文相符，排版精美。

对于一般的公众号来说，一天只能发一次推送，但是可以包含至多 8 篇推文，分为一个主条，其余的都是次条。推送一旦推出，每篇仅有一次修改机会，并且至多修改 20 字，并且无法修改图片视频等其他内容，同步更新的内容也会有较长延迟，所以每天的推送运营人员都要谨慎面对。

好的排版不但可以提高文章的阅读体验，增强文章的可读性，还可以形成个性化风格，这是从形态上和其他公众号区别的关键。

微信公众平台编辑器只能进行简单的内容排版，如果希望有丰富的样式效果，或者想要提高排版效率，推荐使用第三方排版工具秀米编辑器。秀米编辑器是相对来说容易上手的微信编辑器，它的界面友好清新，满足新手需求，自带很多实用模板，采用模块化编辑，满足多样化设计需求，如图 3-4-11 所示。

图3-4-11　秀米编辑器

【任务操作】

（1）使用浏览器打开秀米编辑器，完成注册，并和公众号绑定，此举便于后续内容一键迁移。

（2）使用秀米进行图文编辑，完成后通过微信公众平台进行推送。

【任务小结】

通过对本任务的学习与实操，同学们应对公众号内容推送操作有了基本的认知，并通过实训课程强化操作的熟练度，将个人特长与内容融合，打造具有特色的公众号。

【思考与练习】

1. 除了秀米，还有哪些工具可用于公众号的编辑工作？
2. 公众号内容推送涉及的版权问题有哪些？

任务五　微博营销策划与实施

子任务一　微博营销策划的步骤

【引导案例】

“野兽派花店”这个名字被很多文艺青年所熟知。它没有实体店，甚至没有淘宝店，仅凭微博上几张花卉礼盒的照片和 140 个字的文字介绍，从去年 12 月底开通微博到现在，野兽派花店已经吸引了超过 18 万粉丝。

为什么传统简单的花店生意会有如此新鲜的生命力？

答案是，他们卖的不仅仅是花。

2011 年年末，顾客 Y 先生在野兽派花店订花，希望能表现出莫奈的名作《睡莲》的意境，可是当时并没有合适的花材进行创作。

几个月过后，店主兼花艺师做成了后来野兽派花店的镇店作品之一——“莫奈花园”。

与其他花店不同的是，野兽派花店倾听客人的故事，然后将故事转化成花束，每束花因为被赋予了丰满的故事而耐人寻味。这其中，有祝自己结婚周年快乐的、有求婚的、有祝父母健康的……

野兽派花店所选用的花束绝不是市场上常见的，而是进口花卉品种，其经过精心雕饰之后，针对不同的人群，结合送花与收花人的心境，起上颇有文艺范儿的名字，就可以包装花束了，包装完成的花束只在微博上出售，顾客也都是花店的粉丝，在微博上通过私信下订单，客服通过私信回答顾客的问题，最终达成交易。

和传统的花店相比，野兽派花店绝对算得上花店中的奢侈品品牌。从野兽派出品的花卉礼盒少则三四百元，多则近千元，然而即使是如此高的价格，仍然有众多顾客追捧。

野兽派的成功源自于故事营销。对于许多花店粉丝来说，成为故事的男女主角，围观寻常生活中有趣的细节，已经成了一种买花之外的附加值。

【任务分析】

微博营销是一项重要的市场推广活动，通过在微博上进行营销，可以帮助企业品牌提升知名度，增加销售量，拓展用户群体。微博营销主要包括：确定营销目标、制定营销策略、确定推广内容、确定营销预算和制定执行计划等多个步骤，接下来我们将从以上各方面进行讲解。

【任务操作】

1. 确定营销目标

确定营销目标是微博营销策划的第一步，它需要与公司的整体营销目标紧密结合。营销目标可能包括增加品牌知名度、提高产品销售量、增加销售额、增加网站流量等。确定营销目标是为了确保整个营销策略的方向明确，具有可衡量性和可达性。确定目标受众是为了确定需要接触到的目标受众，例如消费者、业内人士、潜在客户等。

依旧以智能音箱为例，确定微博营销目标，可能包括如下几个方面，营销目标确定表见表 3-5-1。

（1）提高品牌知名度：通过微博营销宣传智能音箱的品牌特点和优势，扩大品牌影响力和知名度。

（2）增加销售量：通过微博营销促销活动、折扣优惠等手段，吸引消费者购买智能音箱产品，从而增加销售量。

（3）建立品牌形象：通过微博营销推广智能音箱品牌形象，让消费者对品牌有更深刻的认识和印象，增强品牌忠诚度和口碑。

（4）扩大社交圈：通过微博营销吸引更多用户关注智能音箱官方微博账号，建立和拓展社交圈，提高品牌曝光度和用户黏性。

表3-5-1　营销目标确定表

步　骤	详　情
确定营销目标	提高品牌知名度、增加销售量
分析目标受众	年龄在18～45岁之间，对智能科技、音乐、家居生活有兴趣的人群
确定关键信息和内容	强调智能音箱的便捷性、音质、多功能性，与用户生活和娱乐场景的结合
确定宣传渠道	微博官方账号、微博话题等
制定具体计划	发布原创内容、制作视频短片、推送折扣优惠等
监测和调整策略	监测互动量、用户反馈等数据，根据情况调整策略

根据以上目标，可以制定相应的微博营销策略和方案，达到预期的营销效果。

2. 制定营销策略

根据目标受众的特点和营销目标，制定相应的营销策略。例如，选择合适的微博账号和话题，制定合适的内容推广方式等。根据智能音箱特点我们可以通过表 3-5-2 中标准选择微博营销账号。

表3-5-2　智能音箱营销账号选择表

选择标准	目　标
粉丝数量	选择具有一定规模的账号，可以扩大品牌知名度和影响力
粉丝画像	选择与智能音箱目标用户类似的账号，可以提高宣传效果和转化率
互动情况	选择互动活跃的账号，可以增加用户参与度和话题度
发布内容	选择发布内容与智能音箱相关且有吸引力的账号，可以增加用户的关注和转化
行业影响力	选择在智能音箱所在行业有一定影响力的账号，可以提高品牌的认知度和信誉度
合作方式	根据智能音箱的营销需求和预算，选择适合的合作方式，例如：代言、广告合作、赞助活动等

综合以上因素，可以选择具有较高关注度和互动度的微博账号，例如：科技博主、智能家居博主、音乐爱好者等，以增加智能音箱的品牌知名度和销售量。同时，可以根据预算和合作方式的需求，选择合适的合作模式，例如：赞助音乐节、邀请博主代言等，以扩大营销影响和效果。

3. 确定推广内容

根据目标受众和营销策略，制定合适的推广内容，包括文字、图片、视频等，推广内容的确定见表 3-5-3。

表3-5-3　智能音箱微博推广内容确定表

推广内容	目的/主题	形　式
产品介绍	提升品牌知名度	图片/短视频
使用案例	展示产品特性和功能	长视频
互动活动	提高用户参与度和品牌互动	抽奖/话题互动
用户口碑分享	增加销售量和用户信任度	用户晒单/UGC视频
品牌合作	扩大品牌影响力	KOL合作/跨界合作

基于以上几个方面，可以制定出智能音箱的推广内容，例如制作音箱外观展示视频、功能展示视频等，突出音箱的便捷、智能等特点，并在微博等社交媒体上发布，吸引目标受众的关注。

4. 确定营销预算

根据营销目标和策略，确定需要投入的资金，包括广告投放、推广费用等。

确定需要投入的资金是营销活动设计的重要一环。在确定资金投入时，需要考虑多种因素，例如广告投放的形式、广告投放的预算、推广费用、预算控制等。具体步骤如下：

（1）确定广告投放的形式：广告投放是一个非常重要的推广手段，可以通过微博推广等形式进行投放。需要根据推广目标和推广内容来确定广告投放的形式。

（2）确定广告投放的预算：在确定广告投放的预算时，需要考虑广告投放的时间、频次、受众数量等多种因素，同时还需要预留一定的预算控制的空间。

（3）确定推广费用：除了广告投放，还需要考虑其他的推广费用，例如推广礼品、活动费用等。

（4）预算控制：在投放广告和进行其他推广活动时，需要对预算进行严格控制，确保不会超出预算。

根据以上步骤，可以制作表3-5-4。

表3-5-4　预算表

类　别	费　用	说　明
广告投放	¥50 000	包括在微博推广中进行广告投放
推广礼品	¥20 000	包括赠送智能音箱、抽奖等推广活动费用
活动费用	¥30 000	包括举办线上或线下的推广活动的费用
预留预算空间	¥20 000	预留的预算控制空间，以应对意外情况或其他额外费用的产生
总计	¥120 000	

5. 制定执行计划

根据以上策略和预算，制定具体的执行计划，包括推广时间、推广内容等。

制定执行计划是指将营销策略转化为具体行动方案，并且确定时间节点、责任人和执行方式等细节，以确保营销活动的有效实施。表 3-5-5 是智能音箱微博营销的执行计划示例。

表3-5-5 微博营销执行计划表

执行计划	时间节点	责 任 人	执行方式
制定微博推广内容和日程安排	第1周	营销部	会议讨论和制定
设计微博营销素材和海报	第2周	设计师	制作和审核
准备优惠活动和抽奖奖品	第3周	营销部	购买和准备
发布一篇微博并进行推广	第4周	运营人员	编写、发布、投放广告
每周发布至少5篇微博，并进行推广	第5～8周	运营人员	编写、发布、投放广告
每周定期与用户互动和回复评论	第5～8周	运营人员	每日监测并回复
每周公布获奖名单和抽奖结果	第5～8周	营销部	公示和发放奖品
总结活动效果并制定下一步计划	第9周	营销部	会议讨论和制定

以上执行计划仅为示例，实际执行计划需要根据具体情况和策略制定，同时需要注意时间节点的合理安排和责任人的任务分配，以确保活动的顺利实施和效果的达成。

【知识扩展】

1. 微博营销的含义与特点

微博营销是通过微博平台进行的一种网络营销方式，通过微博平台上的内容创作、互动、关注、分享等方式，将产品或服务推广给潜在的客户群体，从而实现品牌知名度提升、销售额增加等目标。

微博营销的特点包括：

（1）广泛的覆盖面：微博用户群体庞大，可以涵盖不同年龄、职业、地域等多个群体，可以覆盖更广泛的潜在客户群体。

（2）快速传播：微博上的信息传播速度快，可以在短时间内迅速扩散，有助于快速提升品牌知名度和推广效果。

（3）互动性强：微博上的用户可以进行互动，通过评论、点赞、转发等方式，增加用户的参与感和互动性，有助于建立品牌与用户的关系。

（4）高效的推广方式：微博营销相对于传统的营销方式来说，成本较低，同时也可以精准定位目标客户，提高推广的效率。

（5）数据分析能力：微博提供了多种数据分析工具，可以对营销效果进行跟踪和分析，为后续的营销决策提供有价值的数据支持。

微博营销的实施需要遵循一定的步骤，包括确定营销目标、选择适合的推广方式、制定推广计划、确定预算和投放渠道、制作优质的推广内容、进行数据分析和跟踪等。同时还需要注意用户的隐私保护和合规问题，避免出现违规行为和不良影响。

2. 微博营销账号选择

在选择微博营销账号时，需要考虑以下几个方面：

（1）粉丝数量和质量：选择粉丝数量较多、质量较高的微博账号，这样可以提高宣传效果。

（2）行业相关性：选择与智能音箱相关行业的微博账号，这样可以吸引更多相关人群的注意，提高转化率。

（3）微博内容质量：选择微博内容质量较高的账号，能够提高营销信息的转化率。

（4）微博互动性：选择微博互动性较高的账号，可以增加用户参与度，提高转化率。

（5）合作费用：选择合作费用合理的微博账号，以控制营销成本。

在确定微博营销账号时，需要综合考虑以上因素，以达到最优的宣传效果。建议选择一到两个微博账号进行合作，以避免过度分散宣传效果。

【任务小结】

本任务主要针对智能音箱的微博营销推广活动进行了实践讲解，首先需要明确营销目标、确定推广策略，之后选定适合的营销账号。接着制定执行计划，包括内容创作、投放广告等。在营销过程中要注重互动，及时回复用户，增加用户体验。最终才能提高智能音箱品牌的知名度和销售量，并拓展品牌粉丝群体。

【思考与练习】

请设计一个微博推广策划方案，以提高某家健身房的品牌知名度和吸引更多潜在客户。

【任务单】

步　　骤	详　　情
确定营销目标	
分析目标受众	
确定关键信息和内容	
确定宣传渠道	
制定具体计划	
监测和调整策略	

【任务单】

选择标准	目　　标
粉丝数量	
粉丝画像	
互动情况	
发布内容	
行业影响力	
合作方式	

【任务单】		
推广内容	目的/主题	形　　式
产品介绍		
使用案例		
互动活动		
用户口碑分享		
品牌合作		

【任务单】		
类　　别	费　　用	说　　明
广告投放		
推广礼品		
活动费用		
预留预算空间		
总计		

【执行单】			
执行计划	时间节点	责任人	执行方式
制定微博推广内容和日程安排			
设计微博营销素材和海报			
准备优惠活动和抽奖奖品			
发布一篇微博并进行推广			
每周发布至少5篇微博，并进行推广			
每周定期与用户互动和回复评论			
每周公布获奖名单和抽奖结果			
总结活动效果并制定下一步计划			

【评价单】	
任务名称：________________	
任务说明：________________	
任务完成质量（满分：10分）	
任务目标是否明确，并且符合要求？	
任务完成是否仔细、准确、完整？	

是否做到了额外要求或者做得更好？	
时间管理（满分：5分）	
是否在规定时间内完成任务？	
是否充分利用时间来完成任务？	
合作能力（满分：5分）	
是否积极参与组内合作？	
是否与他人友好沟通？	
是否在小组任务中担任了角色并完成了任务？	
创新思维（满分：5分）	
是否富有创造性地完成了任务？	
是否能够提出创新的想法和解决方案？	

总分：25 分

评价人：______________________

日期：________________________

子任务二　微博营销的实施

【引导案例】

一家时尚潮流品牌决定通过微博营销策略，提升品牌知名度，增强用户黏性，同时促进产品销售。品牌旨在与年轻时尚群体建立更紧密的连接，传递品牌理念和推广最新产品。

阶段一：策略规划

品牌明确了微博营销的目标，即提高品牌知名度、增强用户黏性，制定了明确的目标受众，以年轻时尚群体为主。在策略中包括内容规划、互动策略、推广活动等方面。

阶段二：微博账号创建与优化

品牌在微博平台上创建了专业且富有吸引力的品牌账号，完善了账号信息，包括品牌介绍、联系方式等。优化了页面风格，使之与品牌形象相符。

阶段三：内容产出与发布

品牌团队着重产出高质量的文案、图片、视频等内容，涵盖潮流趋势、时尚搭配、品牌故事等方面。定时发布内容，同时通过与时事热点的结合，保持内容的新鲜感。

阶段四：推广活动执行

品牌结合特定的节日或促销季，执行推广活动。例如，推出限时购物优惠、线上潮流趋势投票等，以激发用户互动和参与，增加品牌关注度。

阶段五：数据分析与优化

品牌利用微博平台提供的数据分析工具，收集用户参与数据，包括互动量、关注增长等。根据数据分析结果，不断优化内容策略和互动形式，以提升微博营销效果。

阶段六：合规性与品牌形象

品牌在微博营销过程中始终遵守相关法规和规定，不发布虚假信息，不进行恶意攻击。并通过维护良好的品牌形象，建立与用户之间的信任关系。

通过精心设计和实施微博营销策略，时尚潮流品牌成功引爆了微博平台上的关注度，提高了品牌知名度，增强了与目标用户的互动，进一步推动了产品的销售。不仅如此，品牌还建立了稳固的社交媒体存在感，为未来的市场拓展和品牌建设打下了坚实的基础。

【任务分析】

综合来看，微博营销是一项通过在微博平台上发布高质量内容，与用户进行互动和推广活动，从而增强品牌知名度、用户黏性和销售额的市场营销策略。

要实施微博营销，首先需要制定明确的营销策略，包括目标、受众、内容等方面，然后创建微博账号，产出优质的文案、图片、视频等内容，定时发布和转发互动。另外，可以结合不同的节日、促销活动等进行推广活动，进一步吸引用户关注和参与。同时，还要根据数据分析结果对营销策略进行不断优化和调整。

需要注意的是，在进行微博营销时，要遵守相关法规和规定，不得恶意攻击他人，不得发布虚假信息等。同时，还应该根据具体情况制定不同的营销策略，逐步提升微博营销效果。

【任务操作】

1. 微博营销实施推广

根据前一任务的分析结果，智能音箱微博营销的实施推广可以按照以下步骤进行：

（1）编写微博推广内容：根据前面确定的营销目标和策略，编写符合目标受众和推广内容的微博推广内容。

（2）确定推广时间：根据营销策略和目标，确定推广时间，包括每天发布微博的时间段和活动推广的时间段。

（3）发布微博：按照推广计划，每天发布符合营销目标和策略的微博内容，包括宣传智能音箱的特点、功能、应用场景等，同时结合各种热点话题和趋势进行推广，提高微博曝光率。

（4）利用微博互动功能增加用户参与度：通过微博互动功能，如转发、评论、点赞等，增加用户参与度，吸引更多用户关注智能音箱品牌，并促进用户对智能音箱的认知和购买意愿。

（5）利用微博广告投放增加曝光率：通过微博广告投放，提高智能音箱微博推广的曝光率和覆盖面，吸引更多潜在用户了解智能音箱品牌，并促进购买。

（6）数据跟踪和分析，用于对推广活动效果的评估。

通过以上步骤的实施，可以实现智能音箱微博营销的目标，增强品牌知名度和用户购买意愿，提高销售量和市场份额。监测和分析：在推广期间，根据数据监测和分析，及时调整营销策略，提高营销效果。

2. 数据跟踪和分析

通过微博数据分析工具，对微博推广活动进行数据跟踪和分析，包括微博曝光量、转发量、评论量、点赞量、互动率等，及时评估推广效果，根据结果调整和优化营销策略和推广计划。具体的步骤如下：

（1）收集数据：使用微博数据分析工具收集相关数据，包括微博曝光量、转发量、评论量、点赞量、互动率等。整理相关数据至 Excel 表格，见表 3-5-6。

表3-5-6　微博营销数据统计表

日期	微博曝光量	微博转发量	微博评论量	微博点赞量	微博互动率
2023年2月1日	20 000	500	100	2 000	0.132 5
2023年2月2日	18 000	450	90	1 800	0.129 6
2023年2月3日	22 000	550	110	2 200	0.140 9
2023年2月4日	24 000	600	120	2 400	0.145 8
2023年2月5日	19 000	475	95	1 900	0.131 6
2023年2月6日	21 000	525	105	2 100	0.138 1
2023年2月7日	23 000	575	115	2 300	0.143 5
2023年2月8日	25 000	625	125	2 500	0.148
2023年2月9日	19 000	475	95	1 900	0.131 6
2023年2月10日	21 000	525	105	2 100	0.138 1
2023年2月11日	23 000	575	115	2 300	0.143 5
2023年2月12日	25 000	625	125	2 500	0.148

（2）数据分析：对收集到的数据进行分析，比较不同推广活动之间的表现，确定哪些活动效果最好，哪些需要改进。我们仅以每日图文微博营销情况为例进行分析，首先对微博曝光量、转发量、评论量数据进行分析，如图 3-5-1 所示。

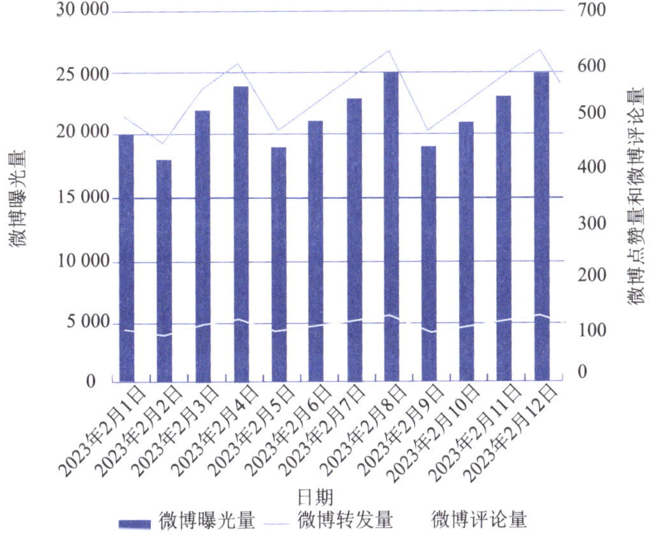

图3-5-1　微博曝光量、转发量、评论量分析图

从图 3-5-1 可以看出微博发酵时间基本以四天为一个周期，所以企业可以每隔三天推出一个新的微博活动或者内容。

接下来对点赞量和互动率进行分析，分析结果如图 3-5-2 所示。

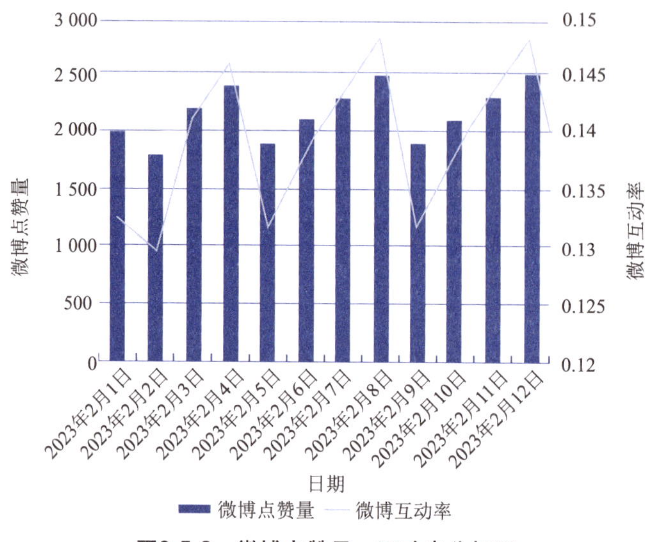

图3-5-2 微博点赞量、互动率分析图

（3）评估推广效果：根据分析结果，评估推广效果，看是否达到了预期的目标，如提高品牌知名度、增加销售量等。

（4）调整和优化策略和计划：根据评估结果，及时调整和优化营销策略和推广计划，以更好地达到营销目标。优化策略和计划是微博推广的一个重要环节。根据微博推广过程中收集的数据和反馈，及时进行调整和优化，以达到更好的推广效果。具体步骤如下：

①优化推广内容：根据数据分析结果，优化推广内容，使其更符合用户需求和喜好，提高微博互动率。

②调整推广时间：根据数据分析结果，调整微博推广时间，选择更适合用户的发布时间段和活动时间段。

③调整推广方式：根据数据分析结果，调整微博推广方式，如改变推广方式、提高广告投放的效率等。

④优化推广资源：根据数据分析结果，优化推广资源的分配和利用，如增加投入资金、调整推广人员的工作内容和方式等。

⑤测试和评估：根据调整后的推广策略和计划进行测试和评估，收集反馈和数据，进一步优化策略和计划。

总之，通过不断的调整和优化，可以使智能音箱微博推广的效果不断提升，吸引更多用户关注和购买智能音箱产品。

（5）持续监测：通过持续的数据跟踪和分析，不断优化推广计划，实现营销效果最大化。

（6）结束总结：推广结束后，对整个营销过程进行总结，包括优点和不足，以便下次优化营销策略。

通过以上步骤，可以帮助营销团队及时评估和优化微博推广活动效果，不断提升营销效果和用户互动体验，从而为智能音箱的品牌推广和销售增长提供更有力的支持。

【知识扩展】

1. 微博营销数据检测注意事项

在进行微博营销数据分析和跟踪时，需要注意以下几点：

（1）数据来源的准确性：需要确保数据来源可靠，避免出现数据错误或失真的情况。在选择数据分析工具时，需要确保其具备可信度和可靠性。

（2）数据收集的全面性：需要收集全面的数据，包括微博曝光量、转发量、评论量、点赞量、互动率等指标，以充分评估推广效果。

（3）数据分析的针对性：需要针对性地进行数据分析，根据具体的营销目标和策略，对关键指标进行深入分析，寻找优化和改进的空间。

（4）数据分析的及时性：需要及时对数据进行跟踪和分析，及时发现问题并采取相应的措施。同时，需要对数据进行周期性的汇总和分析，以及时调整和优化营销策略和推广计划。

（5）数据的保密性：需要对数据进行保密，避免数据泄露或被其他竞争对手利用。同时，需要遵守相关法律法规，保护用户隐私。

2. 推广效果分析

（1）数据统计与分析：需要对微博推广活动的数据进行统计和分析，包括曝光量、转发量、评论量、点赞量、互动率等指标，从而了解推广效果和受众反应情况。

（2）受众分析：通过微博数据分析工具，可以对参与活动的受众进行分析，包括年龄、性别、地域、兴趣爱好等方面，从而更好地了解受众需求和兴趣，为后续的营销策略制定提供参考。

（3）竞品分析：通过对竞品在微博上的推广情况进行分析，了解竞品的营销策略和推广效果，以便制定更具针对性的营销方案。

（4）用户评价分析：需要对用户在微博上对智能音箱的评价进行分析，包括好评、差评、建议等方面，从而了解用户对产品的看法和意见，及时进行调整和优化。

（5）ROI 分析：通过对推广活动的投入和获得的效益进行分析，计算推广活动的 ROI（投资回报率），以便评估活动的盈利能力和效益，从而为后续的推广活动提供参考。

通过以上分析，可以更好地了解智能音箱在微博上的推广情况和效果，及时进行调整和优化，为产品的推广和营销提供有力的支持和指导。

【任务小结】

智能音箱微博推广项目是一个综合性强的营销项目，涉及到多个方面的工作。在实施项目过程中，需要经过策划、实施、跟踪和分析等多个阶段的工作，才能够取得预期的效果。

在项目策划阶段，需要明确营销目标和策略，并根据目标受众和推广内容编写微博推广内容。同时，需要确定推广时间，制定执行计划，为项目实施打下基础。

在项目实施阶段，需要按照计划每天发布微博内容，并利用微博互动功能和微博广告投放提高推广效果和曝光率。同时，需要及时跟踪和分析微博推广数据，评估推广效果，根据结果调整和优化营销策略和推广计划。

在项目总结阶段，需要总结推广效果和经验，为今后类似项目的实施提供参考。同时，需要归档相关数据和文档，方便今后查阅和使用。

通过智能音箱微博推广项目的实施，可以提高品牌知名度和产品销售量，促进目标受众对智能音箱的认知和购买意愿，为企业带来更多的商业价值。

【思考与练习】

假设你是一家智能手表品牌的市场营销负责人，希望通过微博推广活动提高品牌知名度并增加销量，你已经确定了以下的营销目标和策略：

（1）营销目标

①提高品牌知名度。

②增加销量。

（2）营销策略

①利用微博热点话题和趋势进行推广，吸引受众关注。

②发布有关智能手表的特点、功能、应用场景等的微博，提高用户对产品的认知和购买意愿。

③利用微博广告投放增加推广曝光率。

④利用微博互动功能增加用户参与度，例如提问互动、抽奖活动等。

请根据以上营销目标和策略，设计一份微博营销推广计划，并在实施后通过微博数据分析工具对推广效果进行分析，并总结优化策略和计划的方法。

【任务单】
详细任务说明： 1.确定营销目标和策略 确定提高品牌知名度和增加销量为主要营销目标，并制定相应的策略方案。 2.确定微博热点话题和趋势 分析当前微博热点话题和趋势，寻找与智能手表相关的话题，并确定推广方向。 3.创作和发布有关智能手表的微博内容 创作有吸引力、有趣味性的微博内容，突出智能手表的特点、功能和优势，并定期发布。 4.设计并投放微博广告 设计吸引眼球的微博广告内容，确定投放时间和目标受众，提高品牌曝光率。 5.策划并开展微博互动活动 策划具有互动性和参与度的微博活动，如问答互动、抽奖活动等，增加用户参与度和黏性。 6.实施微博营销推广计划 按照计划执行微博营销推广活动，确保活动顺利进行。 7.收集微博推广数据 收集微博推广活动的数据，包括曝光量、转发量、互动量等。 8.分析推广效果并总结调整优化策略和计划 使用微博数据分析工具对推广效果进行分析，根据分析结果总结调整和优化策略和计划。

任　务	负　责　人	完成日期
确定营销目标和策略		
确定微博热点话题和趋势		
创作和发布有关智能手表的微博内容		
设计并投放微博广告		
策划并开展微博互动活动		
实施微博营销推广计划		
收集微博推广数据		
分析推广效果并总结调整优化策略和计划		

【执行单】			
任　务	负　责　人	完成日期	结果分析
确定营销目标和策略			
确定微博热点话题和趋势			
创作和发布有关智能手表的微博内容			
设计并投放微博广告			
策划并开展微博互动活动			
实施微博营销推广计划			
收集微博推广数据			
分析推广效果并总结调整优化策略和计划			

【评价单】（非必须项）	
任务名称：________________	
任务说明：________________	
任务完成质量（满分：10分）	
任务目标是否明确，并且符合要求？	
任务完成是否仔细、准确、完整？	
是否做到了额外要求或者做得更好？	
时间管理（满分：5分）	

是否在规定时间内完成任务?	
是否充分利用时间来完成任务?	
合作能力（满分：5分）	
是否积极参与组内合作?	
是否与他人友好沟通?	
是否在小组任务中担任了角色并完成了任务?	
创新思维（满分：5分）	
是否富有创造性地完成了任务?	
是否能够提出创新的想法和解决方案?	

总分：25 分

评价人：____________________

日期：______________________

任务六　社群营销策划与实施

子任务一　构建完整社群

【引导案例】

星巴克对社群营销的操作，可谓炉火纯青。星巴克的社群营销玩法包括：

（1）借助各大平台推广新产品。顾客可以从中了解新品资讯、优惠福利等。星巴克也开展宣传，并通过文章引流。

（2）运用贴合热点的广告和主题标签。如美国曾遭遇“尼莫”（Nemo）大风雪，星巴克便推出了在寒冬中握着热咖啡的广告；并且利用 #Nemo 和 #blizzard 等标签，贴合顾客的生活。

（3）与 Foursquare 合作慈善活动。星巴克曾与 Foursquare 合作，推出抗艾滋慈善活动，顾客到星巴克消费，并在 Foursquare 上打卡，星巴克就会捐出 1 美元。

【任务分析】

社群营销是一种基于社交媒体平台的营销方式，旨在通过与目标受众建立联系和互动，提高品牌知名度、促进销售和增加忠诚度。社群营销与传统营销方式不同，它注重建立与目标受众之间的互动和关系，从而建立品牌认知度和口碑，增加销售转化率和忠诚度。本任务将以智能音箱为例和大家一起分享如何构建一个完整的社群。

【任务操作】

1. 构建社群的步骤

要构建一个完整的社群，需要经历以下步骤：

（1）确定社群营销目标和受众

首先，需要确定社群的营销目标和受众，即想要通过社群营销达到什么目的，以及针对哪些受众建立社群。例如，针对智能音箱的社群目标可能是提高品牌知名度和销售转化率，受众可能是智能音箱用户和潜在用户。

确定社群营销目标和受众的方法有很多，以下是几种常用的方法：

①市场调研：进行市场调研可以帮助我们了解目标受众的需求和兴趣，以及市场上的竞争情况。可以通过调查问卷、焦点小组、深度访谈等方式进行市场调研。这个部分内容比较简单，我们这里给出一个调查问卷的示例供大家参考，如图 3-6-1 所示。需要注意的是调查问卷的设计重点在于了解调查群体的需求和兴趣，因此在问题设置上要围绕以上内容进行。

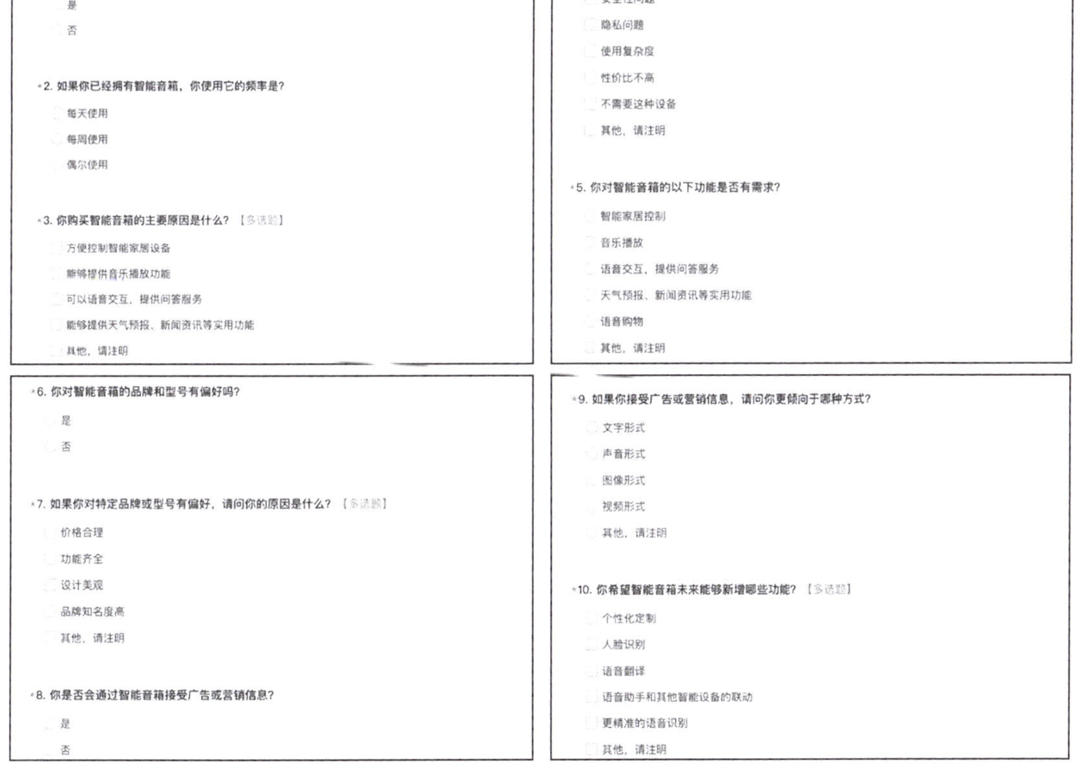

*1. 你是否拥有智能音箱?
是
否

*2. 如果你已经拥有智能音箱，你使用它的频率是?
每天使用
每周使用
偶尔使用

*3. 你购买智能音箱的主要原因是什么? 【多选题】
方便控制智能家居设备
能够提供音乐播放功能
可以语音交互，提供问答服务
能够提供天气预报、新闻资讯等实用功能
其他，请注明

*4. 如果你没有购买智能音箱，你最主要的担忧是什么? 【多选题】
安全性问题
隐私问题
使用复杂度
性价比不高
不需要这种设备
其他，请注明

*5. 你对智能音箱的以下功能是否有需求?
智能家居控制
音乐播放
语音交互，提供问答服务
天气预报、新闻资讯等实用功能
语音购物
其他，请注明

*6. 你对智能音箱的品牌和型号有偏好吗?
是
否

*7. 如果你对特定品牌或型号有偏好，请问你的原因是什么? 【多选题】
价格合理
功能齐全
设计美观
品牌知名度高
其他，请注明

*8. 你是否会通过智能音箱接受广告或营销信息?
是
否

*9. 如果你接受广告或营销信息，请问你更倾向于哪种方式?
文字形式
声音形式
图像形式
视频形式
其他，请注明

*10. 你希望智能音箱未来能够新增哪些功能? 【多选题】
个性化定制
人脸识别
语音翻译
语音助手和其他智能设备的联动
更精准的语音识别
其他，请注明

图3-6-1　目标受众需求和兴趣调查问卷

②竞品分析：通过分析竞争对手的社群营销策略和受众，可以了解市场上的优劣势和机会，进而确定自己的社群营销目标和受众。表 3-6-1 为市场上目前几款主流智能音箱对比分析表。

表3-6-1 主流智能音箱对比分析表

品　牌	产品名称	价　格	功能特点	用户评价	市场份额
Amazon	Echo Dot	$49.99	Alexa语音助手，智能家居控制，音乐播放	4.6/5（50，000+ 评价）	30.7%
Google	Nest Mini	$49	Google语音助手，智能家居控制，音乐播放	4.5/5（10，000+ 评价）	23.9%
Apple	HomePod mini	$99	Siri语音助手，音乐播放，智能家居控制	4.8/5（2，000+ 评价）	9.8%
Xiaomi	XiaoAI Speaker HD	¥399	小爱同学语音助手，音乐播放，智能家居控制	4.7/5（10，000+ 评价）	7.6%
Baidu	Xiaodu Smart Speaker	¥199	小度语音助手，音乐播放，智能家居控制	4.6/5（20，000+ 评价）	6.2%

以上是智能音箱竞品分析表格的示例，我们可以根据具体情况选择不同的比较指标。比如，除了价格、功能特点、用户评价和市场份额之外，我们还可以比较不同品牌的产品在语音识别准确度、互动体验、音质效果等方面的差异，以及市场上的趋势和竞争格局。通过竞品分析，我们可以了解市场上的优劣势和机会，进而制定相应的市场营销策略。

③专家意见：咨询市场专家和行业专家，了解行业发展趋势和目标受众的特点，可以帮助我们确定社群营销目标和受众。

总之，确定社群营销目标和受众需要通过多种途径获取信息，并根据实际情况进行分析和判断。同时，需要对目标受众进行细致的分类和分析，以确保社群营销策略更具针对性和有效性。

（2）选择社交媒体平台

选择合适的社交媒体平台非常重要，不同的社交媒体平台受众和功能不同，要选择与受众和目标相匹配的平台。例如，智能音箱社群可以选择在微信、微博、豆瓣等平台上建立。

（3）制定社群营销策略

社群营销策略是社群建设的关键，需要根据社群目标和受众制定具体的策略。例如，可以通过在社交媒体平台上发布有趣的内容、举办线上活动、提供优惠券等方式，吸引用户参与并提高品牌认知度和销售转化率。

（4）建立社群内容和规则

社群内容和规则是社群建设的基础，需要根据目标和受众制定社群内容和规则。社群内容包括文字、图片、视频等，需要有趣、有价值、有互动性，进而提高用户参与度和忠诚度。社群规则需要明确，以便管理者和用户都清楚哪些行为是允许的，哪些是不允许的。

（5）监测和优化

最后，需要不断监测社群运营效果并进行优化，以达到更好的效果。可以通过社交媒体平台的数据分析和用户反馈，了解用户的需求，及时调整社群内容和策略，提高社群营销效果。

总之，要构建一个完整的社群，需要考虑社群目标和受众、选择社交媒体平台、制定社群营销策略、建立社群内容和规则，并进行监测和优化，以实现社群营销的最佳效果。

2. 智能音箱社群构建方案

智能音箱作为一种新兴智能硬件，已经成为越来越多家庭的智能化生活工具，因此构建一个社群营销方案可以帮助企业更好地推广产品，提高品牌知名度和用户满意度。以下是为智能音箱构建的社群营销方案：

（1）目标及受众确定

经过问卷调查、竞品分析，并听取了专家意见后确定智能音箱的目标及受众。

①目标。

- 提高智能音箱品牌知名度。
- 增加智能音箱的销售量。
- 改善智能音箱用户的使用体验。
- 建立智能音箱用户社群，促进用户之间的交流和互动。
- 提供智能音箱相关的知识和技巧，提高用户对智能音箱的使用率。

②受众。

- 智能音箱用户。这是最直接的受众群体，他们已经购买了智能音箱，有使用体验和需求。
- 智能音箱潜在用户。这是有可能购买智能音箱的人群，他们对智能音箱感兴趣，但还没有购买。
- 技术爱好者。这是对智能音箱技术感兴趣的人群，他们有技术背景，喜欢探究智能音箱的技术特性。
- 智能家居爱好者。这是喜欢智能家居设备的人群，他们已经拥有智能家居设备，对智能音箱作为智能家居控制中心感兴趣。
- 新科技追随者。这是对新科技有强烈兴趣的人群，他们关注最新的科技发展，有使用新产品的冲动。

当然，不同的目标和受众需要采取不同的社群营销策略和内容。需要针对具体目标和受众进行进一步的规划和执行。

（2）建立社交媒体账号

建立智能音箱的社交媒体账号，如微信公众号、微博、抖音等，与用户建立联系和互动，增加品牌知名度。

（3）发布有趣有价值的内容

在社交媒体平台上发布与智能音箱相关的内容，如产品介绍、功能教程、使用技巧、智能家居场景等，让用户更好地了解智能音箱。

（4）提供优惠活动

在社交媒体平台上推出智能音箱的优惠活动，如满减、赠品等，吸引用户购买和使用。

（5）组织线上社区活动

通过社交媒体平台，组织线上社区活动，如问答、互动、抽奖等，增加用户参与度和黏性，提高用户忠诚度。

（6）定期推送信息

定期向用户推送有关智能音箱的信息，如新产品推出、升级信息、重要通知等，增强用户对品牌的信任感和关注度。

（7）用户反馈和建议

及时关注用户的反馈和建议，提供专业的客户服务和技术支持，建立良好的用户体验和口碑。

通过以上社群营销方案，可以增加智能音箱的品牌知名度、提高用户参与度和满意度，进而促进销售和提高品牌忠诚度。

【知识扩展】

1. 社群营销的含义与特点

社群营销是一种基于社交媒体平台的营销方式，旨在通过与目标受众建立联系和互动，提高品牌知名度、促进销售和增加忠诚度。社群营销的特点包括：

（1）建立品牌认知：社群营销可以帮助企业在社交媒体上展示品牌形象和文化，建立品牌知名度和认知度。

（2）提高用户参与度：社群营销鼓励用户参与并互动，提高用户的参与度和忠诚度，有助于培养品牌信任和口碑。

（3）有效推广产品和服务：通过社交媒体平台，企业可以向目标受众推广产品和服务，并且有机会获得更多的转化和销售。

（4）节约营销成本：与传统营销方式相比，社群营销成本较低，而且效果更容易被测量和监控。

（5）实时互动和反馈：社交媒体平台提供了一个实时互动和反馈的机会，企业可以及时了解受众的反馈和需求，为品牌优化提供指导。

总之，社群营销是一种以用户为中心的营销方式，旨在与目标受众建立联系和互动，提高品牌知名度、促进销售和增加忠诚度。它具有实时互动和反馈、节约成本等特点，是企业营销中不可忽视的重要方式。

2. 构建完整社群的步骤

要构建一个完整的社群，需要遵循以下步骤：

（1）确定目标群体：首先要确定你想要吸引哪些群体，他们的需求是什么，他们的兴趣爱好是什么等等。这将有助于你了解他们的需求和期望，以便你能够创建一个符合他们需求的社群。

（2）选择合适的社交平台：根据你的目标群体，选择合适的社交平台。并确保你的目标群体在这些平台上有活跃的社交活动，以便能够吸引到他们。

（3）创建社群的品牌：为你的社群创建一个独特的品牌，并确保它与你的目标群体的兴趣和需求相符。你可以选择一个具有吸引力的名称和标志，以帮助你在社交媒体上更好地宣传和推广。

（4）发布有价值的内容：为了吸引和保持用户的兴趣，你需要发布高质量的、有价值的内容。这可以包括博客文章、新闻、视频、图片等。定期发布这些内容，并确保它们符合你的目标群体的需求和兴趣。

（5）与社群成员互动：社交媒体不仅是一种宣传工具，也是一个互动平台。与你的社群成员互动并建立关系非常重要。你可以回复他们的评论和提问，定期发起讨论和问答活动，并创建一个社交媒体组，以便与他们保持联系。

（6）发展社群的规模和声望：通过定期推广和广告，可以吸引更多的用户加入你的社群。你还可以邀请有影响力的人士加入你的社群，并通过合作和交换资源来扩大你的声望。

（7）监控社群的活动：定期监控你的社群活动，了解用户的需求和反馈，并及时采取行动，以便优化你的社群。你还应该监测竞争对手的活动，以便保持在市场中的优势地位。

总之，构建完整的社群需要一定的时间和努力，但是如果你能够在社交媒体上发布高质量的内容，并与你的社群成员建立紧密的联系，你将能够吸引和保留一批忠诚的用户，并发展一个强大的社群。

【任务小结】

构建完整的产品营销社群需要充分了解目标受众的需求和兴趣，结合竞品分析制定出有效的社群营销策略，同时需要通过建立社群平台、定期更新社群内容、建立用户反馈机制、积极参与社群互动等方式来吸引和维护用户。

【思考与练习】

请为一款智能手表构建一个完整的营销社群。（产品介绍及定价请见任务单）

【任务单】	
请根据以下信息为智能手表构建一个完成的营销社群：	
产品介绍：	
这款智能手表采用了最先进的技术和材料，拥有多项实用的功能。它可以连接智能手机，提供通信、信息查看、日历管理等功能；还能实时监测用户的健康数据，例如心率、血压、睡眠质量等，并提供定制化的健康指导；此外，智能手表还配备了多种运动模式，可以实时记录用户的运动数据并进行数据分析，帮助用户更好地掌握自己的运动情况。智能手表还拥有GPS定位系统和语音助手，方便用户进行导航和语音控制操作。 这款智能手表有着时尚的外观，且十分轻便，适合各种场合佩戴。	
定价：	
基础版：399元	豪华版：799元

执行单	
1.确定社群营销目标和受众：	
a.请描述您认为智能手表最适合的目标受众，他们通常有哪些特点和需求？	
b.您认为智能手表的市场竞争格局如何，有哪些竞争对手？	
2.进行智能手表竞品分析：	
a.请列举至少三个智能手表品牌，并比较它们的优缺点。	
b.您认为智能手表竞品中最具有竞争力的是哪一个？为什么？	
3.制定智能手表社群营销策略：	
a.请描述您认为最适合智能手表的社交媒体营销策略是什么。	
b.您认为智能手表社群管理应该如何进行，需要关注哪些方面。	
c.请列举您认为智能手表社区建设的重要性和方法。	
4.创建智能手表社群平台：	
a.您认为智能手表应该在哪些社交媒体平台上建立社群？	
b.请描述您认为智能手表社群平台应该具备哪些功能。	
5.定期更新社群内容：	
a.请列举您认为适合智能手表社群的内容类型。	
b.请描述您认为更新社群内容的最佳时间和频率。	
6.建立用户反馈机制：	
a.请描述您认为适合智能手表的收集用户反馈的方法。	
b.您认为智能手表品牌应该如何回复用户的反馈和意见？	
7.积极参与社群互动：	
a.您认为智能手表品牌应该如何与用户进行积极的互动？	
b.请描述您认为智能手表品牌应该如何处理用户的投诉和疑问。	

【评价单】	
任务名称：________________	
任务说明：________________	
任务完成质量（满分：10分）	
任务目标是否明确，并且符合要求？	

任务完成是否仔细、准确、完整？	
是否做到了额外要求或者做得更好？	
时间管理（满分：5分）	
是否在规定时间内完成任务？	
是否充分利用时间来完成任务？	
合作能力（满分：5分）	
是否积极参与组内合作？	
是否与他人友好沟通？	
是否在小组任务中担任了角色并完成了任务？	
创新思维（满分：5分）	
是否富有创造性地完成了任务？	
是否能够提出创新的想法和解决方案？	

总分：25 分

评价人：______________

日期：______________

子任务二　组织社群活动的方法和步骤

【引导案例】

一个以可持续发展为核心理念的社群，旨在通过活跃的社群运营，鼓励成员分享绿色生活方式、环保经验，共同推动可持续发展的理念。通过一场绿色生活分享大赛，组织者希望引爆社群活跃度，促活社群成员，为可持续发展理念的传播奠定基础。

步骤一：活动策划

确定活动目标：促进社群成员分享可持续发展的生活方式和环保经验，提高社群活跃度，树立社群的绿色品牌形象。

明确活动形式：通过绿色生活分享大赛，鼓励成员以文字、图片、视频等多种形式分享自己的绿色生活经验，推动互动交流。

步骤二：活动准备

创建活动宣传素材：设计吸引人的宣传海报、图文素材，突出活动主题，激发成员参与热情。

确定奖品和奖项：设立有吸引力的奖品，如环保商品、可持续生活用品等，以及最佳分享者、最具创意分享等奖项。

步骤三：活动执行

开展报名阶段：通过社群发布报名帖，邀请成员参与分享大赛，并设置报名截止日期。

宣传活动规则：发布详细的活动规则，包括参赛要求、提交方式、评选标准等，确保活动的公平和透明。

鼓励互动交流：在活动期间，组织者定期发布相关话题，引导成员在评论区进行互动交流，增加社群互动性。

步骤四：评选与公示

设立评选委员会：邀请有影响力的社群成员、专业从业者组成评选委员会，确保评选的客观性。

评选标准：制定明确的评选标准，如绿色度、创意度、分享的实用性等，以便评选出最具价值的分享。

公示获奖名单：在社群中公示获奖名单，同时为获奖成员颁发奖品，并在社群中分享他们的优秀分享案例。

步骤五：总结与反馈

整理活动数据：收集活动期间的参与数据、互动情况，以及社群成员的反馈意见。

总结活动经验：通过数据分析和成员反馈，总结活动的成功经验和改进点，为未来的社群活动提供参考。

通过组织绿色生活分享大赛，社群成功引爆了成员的参与热情，促活了社群的活跃度。成员们通过分享绿色生活方式，推动了可持续发展理念在社群中的传播，为社群建设和可持续发展理念的推广奠定了坚实的基础。

【任务分析】

可持续发展的社群运营离不开丰富有效的社群活动。因为社群想要保持持久的活跃，没有社群活动的辅助就难以获得预期的效果。很多社群正是通过一次次的活动引爆社群，促活社群成员，为取得社群营销效果打好了基础。接下来我们将从做好社群活动的核心步骤入手和大家一起分享如何策划一场成功的社群活动。

【任务操作】

1. 明确目标阶段

在社群活动启动的前期，要想好活动目标是什么，也就是首先要确定希望通过本次活动，达到一个怎样的效果。是实现品牌曝光，促进社群活跃;还是实现用户留存，完成社群转化。因为不同的活动目标，决定着活动的运营方向和核心方法。

如果想要引爆品牌影响力，就要出奇制胜，通过有记忆点的活动，来增加用户对品牌的认知。比如一个有特别记忆点的活动文案，即使在活动结束后仍然让每个用户记忆犹新，让大家对企业的品牌有一个清晰且明确的记忆。

如果想要获取流量，就要对裂变流程、诱饵和用户需求深度分析，让用户对你的活动欲罢不能，想要马上进入到你的社群参与。如果想营销转化，则需要运营人员对产品进行精心设计，让大家对产品产生欲望，并且想要下单购买。当然，很多活动并不是只有一个目标，而是多维目标。由于不同的活动目标需要对应不同的活动内容及活动设计，所以一定要有一个主要的目标，不能泛泛而谈，所有活动路径的设计和动作都要直至主要目标。

对于企业刚刚上市的智能音箱来讲，策划社群活动的主要目标就是提高社群成员的使用体验和互动频率，增加社群的活跃度，以此来增加社群黏性，提高社群成员对产品的兴趣；次要目标就是通过社群活动提高社群成员使用智能音箱的频率和掌握技巧，增加社群成员之间的互动和交流。

2. 社群活动形式选择阶段

社群活动的玩法策划是社群营销的一个重要环节，通过有趣、新颖、富有互动性的玩法策划，可以吸引更多的目标受众参与活动，提高品牌曝光度和用户黏性。在实践中比较常见的社群活动形式如下：

（1）签到打卡活动：设定一定时间内每天签到打卡，连续签到达到一定天数可以获得奖励，可以通过抽奖或积分兑换等方式进行激励。

（2）话题讨论活动：设定一个有趣的话题，邀请社群成员进行讨论，可以在讨论中加入抽奖或评选最佳评论等方式进行激励。

（3）投票评选活动：邀请社群成员参与产品功能或设计方案的投票评选，可以设定多项投票，每项投票获胜者均有奖励。

（4）活动联动活动：将社群活动与线下或线上活动进行联动，例如邀请社群成员参与线下体验活动，并在社群中分享体验。

（5）用户分享活动：邀请社群成员分享产品或品牌的使用心得或照片，并设定分享量或互动量达到一定目标可以获得奖励。

通过以上玩法策划，可以有效提升社群成员的互动度和黏性，加强品牌和用户的互动关系，从而达到社群营销的目的。

同时设计玩法时，既要在内容上有趣，又要在形式上新颖，一定要思考活动的趣味性、易操作性、实用性。

①趣味性：在活动中，要不断植入“游戏感”，比如通过积分奖励、通关升级、PK竞赛等方式，让用户乐在其中，而不是枯燥参与。

②易操作性：用户参与活动时，尽量要简单易操作，复杂的参与流程会让用户不耐烦，导致用户流失。比如要让用户参与活动时填写各种表格，就会很影响用户的体验感。

③实用性：用户参与活动以后，能够回味无穷，有所收获，而不是参与结束后没有留下记忆点。

基于以上内容，考虑到智能音箱的社群成员多为年轻人，我们可以选择线上互动问答的方式开展社群活动，这种方式一方面可以增加社群成员的活跃度，另一方面也可以增强社群成员对产品功能的了解，并且线上活动不受时间和地点的限制，符合年轻人的时间安排，可以让更多的社群成员参与到活动中来。

3. 活动筹备阶段

（1）确定活动预算和奖励

①在筹备社群活动之前，需要确定活动的预算和奖励，确保能够吸引社群成员的参与，同时也需要注意预算的合理分配，以避免预算浪费。确定一个社群活动的预算需要考虑以下几个因素：

• 活动规模：活动规模越大，需要投入的预算也越多。

• 活动内容：不同的活动内容需要不同的预算。例如，组织一次品鉴会需要购买食品和饮料，而组织一次户外活动则需要考虑交通、住宿和餐饮等费用。

• 活动场地：场地租赁也是一个重要的费用。需要考虑场地租金、设备租赁、布置和清洁等方面的费用。

• 活动宣传：宣传活动也需要一定的费用。例如，设计海报、制作宣传视频等费用。

• 人员成本：如果需要雇佣人员协助活动的筹备和执行，那么雇佣人员的成本也需要计算在内。

②在确定社群活动预算时，需要注意以下事项：

• 确定活动的优先级和目标：在预算分配时，需要优先考虑核心的活动内容，确保活动的目标能够达成。

• 留足余地：在预算分配时需要考虑到不可预知的情况和意外开支，留足一定的余地。

• 精打细算：在每个预算项目上都需要精打细算，尽可能地减少不必要的开支。

• 监督和控制：在活动执行过程中需要对预算进行监督和控制，确保预算能够得到充分的利用。

• 经验总结：活动结束后需要对预算进行总结和分析，得出经验教训，为下一次的活动做好预算准备。

从本次活动的形式选择来看，线上活动省去了场地方面的预算，我们仅需要对活动宣传、人员成本和奖品等方面进行预算即可。具体预算可参考表 3-6-2。

表3-6-2　智能音箱线上问答活动预算表

活动预算表（智能音箱社群）	金　额（元）	备　　注
活动策划费用	10 000	包括策划方案、活动流程设计等
活动宣传费用	3 000	包括微博、微信公众号、抖音宣传推广费用
嘉宾邀请及用餐费用	6 000	包括邀请演讲嘉宾、赠送礼品等费用
社群会员奖励费用	10 000	包括抽奖礼品、活动纪念品等奖励费用
其他杂费	1 000	包括押金、保险等其他费用
总预算	30 000	

③奖励机制。社群活动的奖励是激励社群成员积极参与活动的重要手段之一。

• 确定奖励类型：根据活动目的和活动内容，可以选择不同的奖励类型，比如实物奖励、虚拟奖励、经验值、排名奖励等。

● 确定奖励级别：根据活动的难易程度和参与人数，可以设置不同的奖励级别，比如一等奖、二等奖、三等奖等。

● 确定奖励数量：根据活动预算和参与人数，可以确定奖励的数量和价值。

● 设计公平公正的评选机制：为了保证奖励的公平公正性，需要设计出明确的评选机制，并公示给所有参与者。

● 奖励发放方式：确定好奖励后，需要确定奖励的发放方式，可以选择现场颁奖、快递寄送等方式。

由于企业本次活动主推产品为智能音箱，因此可以设置奖励及积分获取机制，见表 3-6-3 和表 3-6-4。

表3-6-3　活动奖励情况一览表

等级/积分	奖励内容
100积分	10元优惠券
200积分	20元优惠券
500积分	50元优惠券
1 000积分	100元优惠券
2 000积分	200元优惠券
5 000积分	全新智能音箱一台

表3-6-4　积分获取机制

活动类型	积分获取机制	积分值
参加社群活动	参加智能音箱社群活动，如线上问答、转发微博、参与微博话题讨论、转发朋友圈等	50~200分
分享活动	分享智能音箱社群活动信息至朋友圈、微博等社交媒体，每次分享可获得积分	20分
邀请好友	邀请好友加入智能音箱社群并完成注册，每个成功邀请可获得积分	50分
发布内容	在社群内发布有价值的内容，如音箱使用技巧、音乐分享等，每次发布可获得积分	10~50分
答题活动	参加线上答题活动，回答正确可获得一定积分	10~20分

以上仅为一些可能的积分获取机制，具体实施根据活动主题和社群目标进行定制。积分值的设定应考虑到活动的难易程度以及积分与奖励的对应关系。

（2）制定活动流程和细节

在确定了活动的形式、时间、预算和奖励后，需要制定详细的活动流程和细节，包括活动的开场白、互动环节、讲解内容等，以确保活动顺利进行。以智能音箱为例的活动流程简表见表 3-6-5。

表3-6-5　智能音箱活动流程简表

活动环节	活动内容	时　间	负责人
报名阶段	发布活动海报和报名链接，开启报名通道	7月1日～7月15日	社群管理员
筛选阶段	对报名人员进行筛选，挑选出合适的参赛者	7月16日～7月22日	社群管理员
培训阶段	组织智能音箱技能培训，让参赛者掌握技能	7月23日～7月29日	智能音箱技能培训讲师
初赛阶段	参赛者参与问答活动、微信朋友圈转发、微博转发活动	8月1日～8月7日	参赛者
初赛评选阶段	社群管理员和智能音箱专业评委对参赛者问答活动、微信朋友圈转发、微博转发等活动参与情况进行统计	8月8日～8月14日	社群管理员和专业评委
复赛阶段	进入复赛的参赛者进行在线问答竞赛，并由评委打分	8月15日～8月21日	参赛者和评委
复赛评选阶段	社群管理员和智能音箱专业评委对复赛参赛者进行评选	8月22日～8月28日	社群管理员和专业评委
颁奖典礼	颁发智能音箱活动奖项，并颁发证书和奖金	9月1日	社群管理员和颁奖嘉宾

（3）筹备活动所需物资和道具

根据活动形式和主题，筹备所需的物资和道具，例如礼品、背景板、道具等。本次活动属于线上活动，因此我们需要根据活动内容设计活动宣发图片，如图 3-6-2 所示。

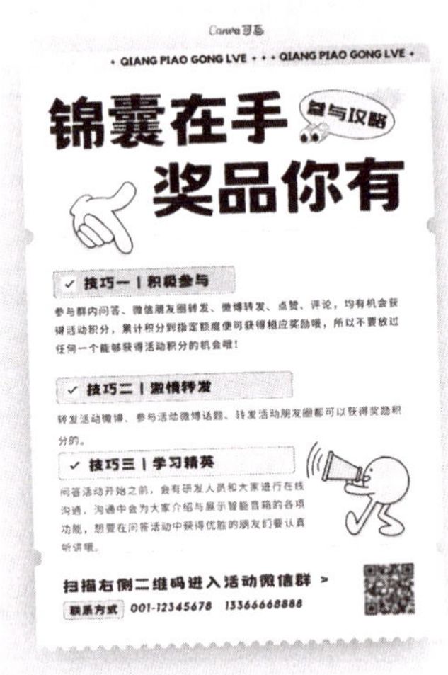

图3-6-2　智能音箱微信群活动宣传图

4. 宣传和推广活动

（1）确定宣发时间

在筹备社群活动的同时，需要进行宣传和推广，通过社交媒体、邮件、短信等方式，向社群成员宣传活动的信息和细节，吸引社群成员的参与。根据活动流程时间我们可以确定宣发时间表，见表 3-6-6。

表3-6-6　社群活动宣发时间表

时间节点	活动内容
6月1日	确定活动目标和策划方案
6月8日	发布活动预告和报名链接
6月15日	活动宣传海报和口号设计
6月23日	发布活动规则和注意事项
7月1日	活动正式开始报名，发布第一轮任务
7月13日	发布第二轮任务
7月23日	发布第三轮任务
8月22日	活动截止，开始统计积分
8月30日	公布活动成绩和获奖名单
9月1日	发放奖品，结束活动

（2）注意事项

①充分考虑社群成员的需求和兴趣，设计合适的活动形式和奖励。

②保证活动的合法合规，遵守相关法规和规定。

③注意活动的时间和地点的安排，避免与其他重要事件冲突。

④确保活动所需物资和道具的充足，并提前准备。

⑤确保活动流程和细节的合理安排，避免出现意外情况。

5. 复盘总结

活动结束后，最重要的就是要复盘总结，总结出可复用的经验，为下次做活动积累经验。那么该如何做好复盘呢?

（1）回顾目标

活动总体目标是否完成，每个环节的目标是否完成，比如课程满意度的目标，活动体验度的目标。

（2）评估效果

粉丝满意度怎么样，活动流畅度怎么样，分享内容的干货度、趣味度怎么样，是否有需要改进的地方。

（3）分析原因

活动没有做好的地方在哪里，原因是什么。

（4）总结经验

哪些内容可以放进日常活动清单中，下一次活动应该避免犯哪些错，有哪些经验可以总结下来。

那么针对本次智能音箱微信社群问答活动的复盘总结可以列出以下几点：

①活动形式新颖，受到了群成员的喜爱。

②活动奖励设置有吸引力，有效提高了参与度。

③宣传方式还需进一步改进，活动参与人数有待提高。

④活动预算控制得当，节省了成本。

通过对经验的总结和复用，社群活动才能越做越好，社群影响力才能越来越大。

【知识扩展】

1. 社群活动的含义与特点

社群活动是指在特定的社群中，通过举办各种线上或线下活动，促进社群成员之间的交流、互动和合作。社群活动具有以下特点：

（1）提高社群凝聚力：社群活动可以让社群成员更加了解彼此，建立更紧密的联系，增强社群的凝聚力和归属感。

（2）增强社群互动性：社群活动可以让社群成员积极参与，分享经验、知识和资源，增强社群互动性和互惠互利的关系。

（3）带动社群发展：社群活动可以带动社群的发展，吸引更多的潜在用户加入社群，提高社群的知名度和影响力。

（4）提升品牌价值：社群活动可以将品牌融入社群中，让社群成员更好地了解和认同品牌价值，增强品牌忠诚度和影响力。

（5）建立用户反馈机制：社群活动可以建立与用户的密切联系，了解用户的需求和反馈，为产品和服务的优化提供参考和指导。

2. 常见的线上及线下社群活动形式

（1）在线交流会：社群成员通过线上平台（如 Zoom、微信、钉钉等）进行互动交流，分享经验、心得和观点。

（2）线下活动：组织社群成员参加线下聚会、活动和研讨会，增强社群凝聚力和互动性。

（3）专题讲座：邀请领域专家进行主题演讲和分享，增强社群成员的知识和技能水平。

（4）活动竞赛：组织社群成员参加各类竞赛和游戏活动，增强社群互动和竞争性。

（5）义务服务：组织社群成员参加公益活动和志愿服务，增强社群成员的社会责任感和社会影响力。

（6）亲子活动：组织社群成员和家庭成员参加亲子活动，增强家庭和社群之间的联系和互动。

（7）品牌推广活动：组织社群成员参与品牌推广活动和试用体验，增强品牌知名度和忠诚度。

以上是常见的一些社群活动形式，不同类型的社群可以根据自身特点和需求选择合适的活动形式，以提升社群的凝聚力、互动性和价值。

【任务小结】

通过以上的学习与训练，我们学习到了关于社群营销和社群活动的许多知识点，包括社群营销的含义和特点、构建完整社群的方法和步骤、社群活动的策划和实施、活动预算和奖励机制的设计等等。在具体的练习中，我们通过对智能音箱进行营销和策划活动的练习，学习了如何针对不同的活动目标，制定相应的社群营销和社群活动方案。同时，在练习中我们也学习到了如何确定目标受众的需求和兴趣、如何设置活动形式等等，这些都是进行社群营销和活动策划的重要前置工作。此外，我们还学习到了如何进行社群活动的预算和奖励设计，如何设计活动流程和积分获取机制，以及如何根据实际情况进行复盘和总结等等。这些知识点对于我们进行社群营销和活动策划都非常重要，可以帮助我们更好地了解受众需求和市场情况，设计出更加精准、有效的营销和活动方案，提升品牌影响力和用户忠诚度。

【思考与练习】

请为智能手表的微信社群设计一个社群活动。

【任务单】	
目标	
活动类型	
目标受众	
活动目标	
活动方案	
设计问答题目	
设置奖励	
宣传活动	
活动时间	
活动流程	
活动指标	

【任务单】		
活动预算表（智能手表社群）	金额（元）	备　注
总预算		

【执行单】		
时间节点	任务描述	负　责　人

【评价单】	
任务名称：________________	
任务说明：________________	
任务完成质量（满分：10分）	
任务目标是否明确，并且符合要求？	
任务完成是否仔细、准确、完整？	
是否做到了额外要求或者做得更好？	
时间管理（满分：5分）	
是否在规定时间内完成任务？	
是否充分利用时间来完成任务？	
合作能力（满分：5分）	
是否积极参与组内合作？	
是否与他人友好沟通？	
是否在小组任务中担任了角色并完成了任务？	
创新思维（满分：5分）	
是否富有创造性地完成了任务？	
是否能够提出创新的想法和解决方案？	

总分：25 分

评价人：______________________

日期：______________________

任务七　直播电商策划与实施

【引导案例】

“东升沙发”是一家经营沙发和家具的企业，公司成立于2017年，经过一段时间的运营，公司业务渐渐有了起色，同时打算进军网络市场，于是公司开发了自己的门户网站，并在第三方平台注册开通了企业店铺，近段时间以来，由于直播电商的火爆，公司计划开展直播电商，可是公司不知道如何开展抖音直播，你能帮帮他吗？

【任务分析】

直播电商近年来发展迅猛，直播平台也比较多，较为常见的直播电商平台有抖音、快手、火山、淘宝直播、京东直播等，企业也要根据自身产品定位选择直播平台，由于不同平台流量分配原则有一定差异，所以企业在开展直播电商前一定要弄清楚直播平台的规则和流量分配规则，才能更好开展直播电商，本案例任务以抖音电商为例为大家介绍。

【任务操作】

随着短视频、直播带货兴起，传统流量红利的逐渐消失，以直播为表现形式的内容营销快速发展，直播与电商实现有效融合，产生了直播电商这一商业模式。随着平台端对直播的持续加码、用户在直播中购物的习惯逐渐养成，直播电商产业链日渐成熟与完善，再加上网络基础环境的进一步普及和提升，直播电商将持续呈现爆发式的成长状态。接下来以抖音为例，介绍一下抖音直播电商的做法。

第一步：达到开通抖音直播的条件

抖音直播带货权限的开通需要达成两个条件：一是主页的视频数（公开且审核通过）不得少于 10 条，二是账号粉丝数不得低于 1 000 个。

第二步：开通抖音小店

抖音电商首页如图 3-7-1 所示。入驻分为三种身份，分别是商家入驻、达人入驻和机构入驻，根据企业实际情况我们选择商家入驻。

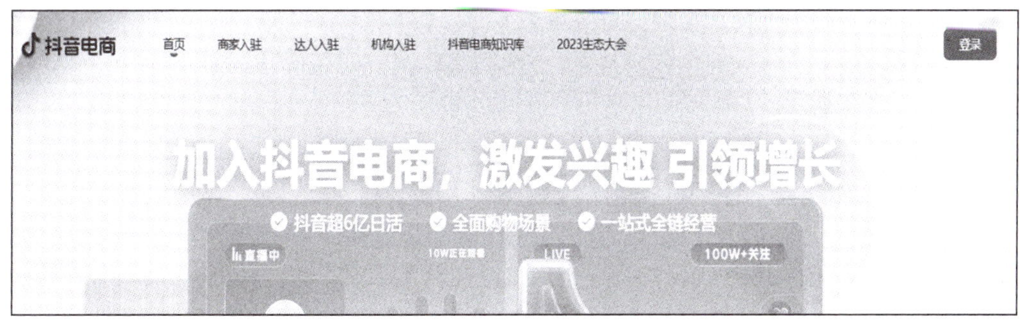

图3-7-1　抖音电商首页

商家入驻分两种类型，分别是境内商家和跨境商家。根据需要，选择合适的身份，需要了解抖店入驻流程，如图 3-7-2 所示，在入驻流程中明确告知抖音入驻所需要的材料和审核所需要的时间。

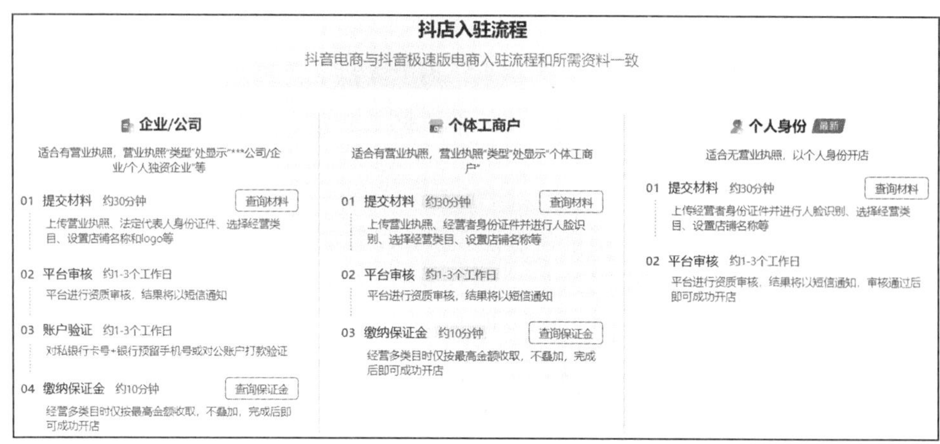

图3-7-2 抖店入驻流程

在企业/公司项目下，单击“提交材料”右侧的“查询材料”按钮，依次选择入驻方向、开店主体、店铺类型和品牌类型，如图 3-7-3 所示。

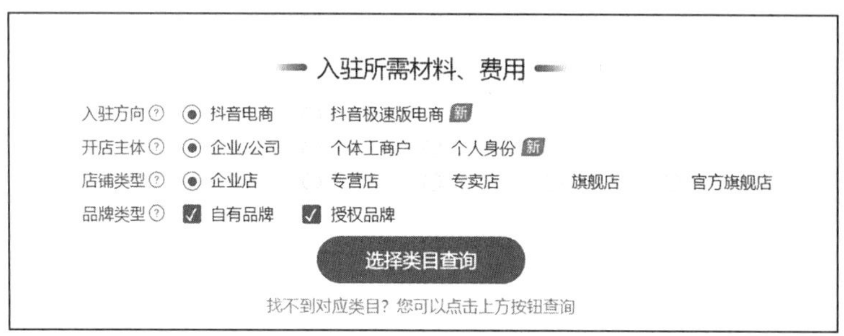

图3-7-3 入驻所需材料和费用

根据需要选择好选项后，单击“选择类目查询”按钮，再根据企业经营产品选择具体经营大类、一类类目、二级类目和三级类目，由于案例企业主营沙发，所以在二级类目中选择“沙发类”，如图 3-7-4 所示。

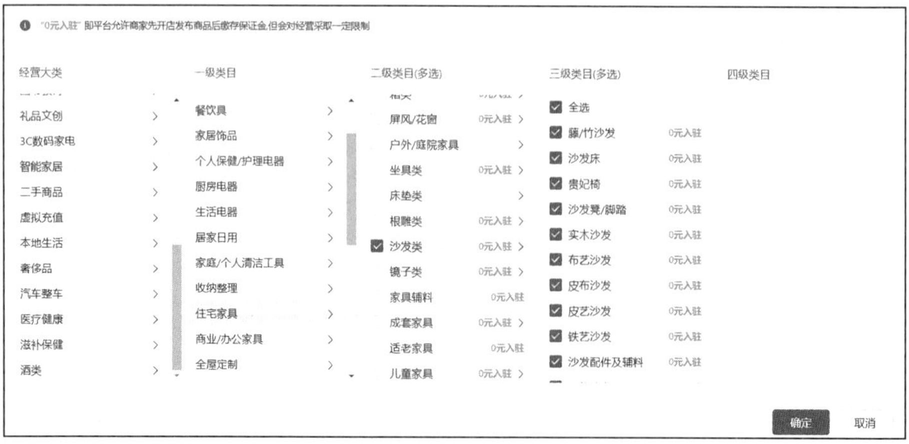

图3-7-4 类目选择

选择类目后，需要准备相关材料，首先准备营业执照相关材料，具体要求包括：需提供三证合一的营业执照原件扫描件或加盖公司公章的营业执照复印件；确保未在企业经营异常名录中且所售商品在营业执照经营范围内;距离有效期截止时间应大于15天;须露出证件四角，请勿遮挡或模糊，保持信息清晰可见；新办理的营业执照，因国家市场监督管理总局信息更新有延迟，建议办理成功后至少等待7个工作日后再入驻；若营业执照的公司名称为星号或空白等，则不支持入驻，须先前往工商局添加公司名称；图片尺寸为800像素 ×800像素以上，支持PNG、JPG和JPEG格式，大小不超过5 MB。

身份信息方面，需要根据身份归属地，提供相应的经营者身份证件；提供有效期限范围内的证件，且证件须露出四角，请勿遮挡或模糊，保持信息清晰可见；图片尺寸为800像素 ×800像素以上，支持PNG、JPG和JPEG格式，大小不超过5 MB。

账户验证方面，支持实名认证和打款验证两种方式。法人/经营者为大陆身份证的个体工商户默认实名认证，企业可自由选择，非大陆身份证仅支持打款验证。实名认证应填写经营者/法人个人名下的银行卡号，输入银行预留手机号，填写验证码即可验证；打款验证应填写企业对公银行卡号、开户银行、开户支行的所在地及名称，输入平台给该账户的打款金额即可验证。

品牌资质方面，企业店入驻时可不填写品牌信息，品牌资质分为自有品牌和授权品牌。查询和填写适合自己的品牌授权模板，如图3-7-5所示。

完成相关信息提交后，等待平台审核，审核通过后，进行账户认证，完成认证后，企业缴纳保证金，就完成了店铺申请工作。

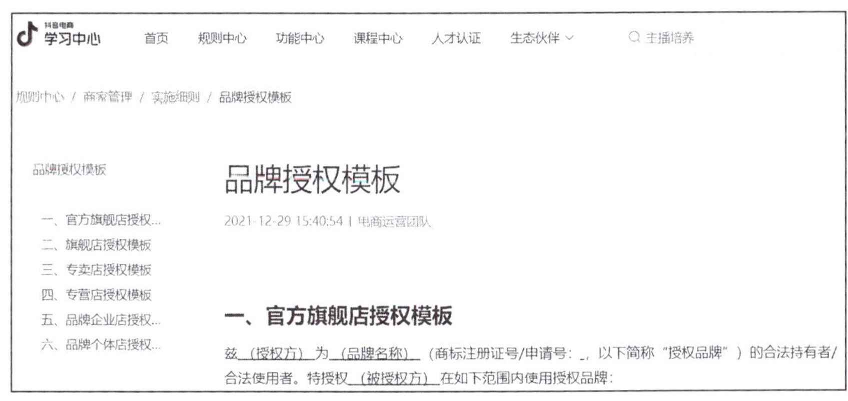

图3-7-5　品牌授权模板

第三步：抖音直播选品

企业要根据自己产品的实际情况来选品，没必要把所有商品进行直播销售，在选择商品时一般考虑以下内容：

1. 商品的降价空间要大

因为直播需要做活动，如果商品降价空间不大，不能够给观众足够的吸引力，也很难开展各种活动，影响直播间人气和互动效果。

2. 商品核心卖点的展示要直观

直播前必须准确归纳直播商品的核心卖点，卖点可以多，但是核心卖点不能太多，归纳 2 ~ 4 条核心卖点，可以准备相关道具或场景烘托或强化卖点，让消费者能够清晰感知。

3. 商品品类要多元化

一般而言，单品类很难使受众留存时间太长，所以直播时商品的品类要多元化，给消费者更多选择，增加受众留存时间。

第四步：确定直播定价策略

1. 根据主播人设选择价格区间

根据主播的人设类型，其所在的直播间的商品价格区间可以分为三种类型。专业人设主播在为商品定价时，价格以高客单价为主，中客单价为辅；主播在为商品定价时，价格要以中客单价为主，低客单价为辅；亲民人设主播和励志人设主播为商品定价时，要以中客单价为主，中低客单价为辅。

2. 商品组合定价法

商品组合定价法是指为了迎合用户的某种心理，特意将有的商品的价格定高一些，有的商品的价格定低一些，一般将互补商品或关联商品进行组合定价，从而有利于各种商品销售量同时增加。

3. 阶梯策略

阶梯策略又称为花式价格策略，主要用于销售客单价较低或成套售卖的商品，相当于传统“买一送一”的升级版。

第五步：拟定直播方案

直播方案要简明扼要，直达主题。

1. 直播目标

明确直播需要实现的目标、期望吸引的观众人数等。

2. 直播简介

对直播的整体思路进行简要的描述，包括直播的形式、直播平台、直播特点、直播主题等。

3. 人员分工

对直播运营团队中的人员进行分组，并明确各人员的职责。一般而言，主播团队构成见表 3-7-1，企业也可以根据实际情况调整。

表3-7-1 人员和职能分工

人员安排	职能分工
主播（1人）	熟悉商品脚本；熟悉直播活动脚本；做好商品讲解；控制直播节奏；做好直播复盘
副播（1~2人）	临时或替代主播进行直播；准备直播商品、道具等；协助配合主播的工作，做主播的模特，在镜头外完成画外音互动等
运营（1人）	分解直播营销任务；规划直播商品品类；规划直播商品上架顺序；规划直播商品陈列方式；分析直播间数据
策划（1~2人）	策划直播间优惠活动；设计直播间粉丝分层规则和粉丝福利；策划直播平台排位赛直播活动；策划直播间引流方案；撰写直播活动规划脚本；设计直播话术；搭建并设计直播间场景；筹备直播道具等
场控（1人）	调试直播设备和直播软件；保障直播视觉效果；上架商品链接；配合主播在后台发放优惠券

正常直播对于主播要求较高，所以主播必须具备较强的专业能力，一般而言，应该具备如下素质，见表 3-7-2。

表3-7-2　直播能力素质要求

主播素质要素	具体要求
塑造IP能力	能够塑造主播人设，创造具有自我特色的话术、直播风格等，以体现差异性，提高自己的辨识度
形象管理能力	①主播的穿着要整洁、得体，着装要以简洁、自然、大方为原则 ②直播妆容大方、自然
选品、议价能力	①能够根据自身人设特点、粉丝特点选择适合自己的直播商品 ②能与商品品牌方就商品价格、合作模式等进行谈判，为用户争取最优惠的商品价格，提高直播商品对用户的吸引力
商品讲解能力	①具备良好的语言表达能力，讲解商品时发音准确，语速得当，具有感染力 ②深刻了解商品相关信息，清楚商品的卖点，能在直播中对商品进行详细的讲解和展示 ③能使用逻辑性强、具有技巧性的语言激发用户购买商品的欲望 ④有一定的镜头感，知道怎样在镜头前展示才能将商品的最佳状态展现出来，彰显商品的美观、美味等特征，让用户有下单购买的欲望
直播控场能力	①直播前要做好商品排序，根据直播营销效果随时调整商品上架顺序，单品上架时间一般为10分钟，效果不好可以立即切换商品，效果好可以适当延长上架时间 ②擅长营造直播间的氛围，知道在什么情况下活跃气氛，调动用户的积极性，如主动引导用户刷屏、点赞，当转粉率较低时积极引导用户关注自己 ③灵活应对直播中遇到的突发状况，控制直播效果
心理承受能力	要有强大的心理承受能力，面对用户负面、消极的声音能够理智、冷静地应对。主播在经受各方面的压力与挑战时，要能快速调整自己的心态，善于疏导自己的心理

4. 时间节点

明确直播中各个时间节点，包括直播前期筹备的时间点、宣传预热的时间点、直播开始的时间点、直播结束的时间点等，见表 3-7-3。

表3-7-3　直播时间节点安排

直播活动安排	
直播主题	冬季补水护肤
直播目标	吸粉目标：吸引10万观众观看；销售目标：从直播开始至直播结束，直播中推荐的三款新品销量突破10万件
主播、副播	主播：×××（品牌主理人、时尚博主）；副播：×××
直播时间	2022年10月8日，20：00～22：30
注意事项	①合理把控商品讲解节奏 ②放大对商品功能的讲解 ③注意对用户提问的回复，多与用户进行互动，避免直播冷场

直播流程				
时 间 段	流程安排	人员分工		
		主 播	副 播	后台/客服
19：00～19：10	开场预热	暖场互动，介绍开场截屏抽奖规则，引导用户关注直播间	演示参与截屏抽奖的方法；回复用户的问题	向粉丝群推送开播通知；收集中奖信息
19：10～19：20	活动剧透	剧透今日新款商品、主推款商品，以及直播间优惠力度	补充主播遗漏的内容	向粉丝群推送本场直播活动
19：20～19：40	讲解商品	分享冬季护肤注意事项，并讲解、试用第一款商品	配合主播演示商品使用方法和使用效果，引导用户下单	在直播间添加商品链接；回复用户关于订单的提问
19：40～19：50	互动	为用户答疑解惑，与用户进行互动	引导用户参与互动	收集互动信息
19：50～20：10	讲解商品	分享冬季护肤补水的技巧，并讲解、试用第二款商品	配合主播演示商品使用方法和使用效果，引导用户下单	在直播间添加商品链接；回复用户关于订单的提问
20：10～20：15	福利赠送	向用户介绍抽奖规则，引导用户参与抽奖、下单	演示参与抽奖的方法	收集抽奖信息
20：15～20：40	讲解商品	讲解、试用第三款商品	配合主播演示商品使用方法和使用效果	在直播间添加商品链接；回复用户关于订单的提问
20：40～21：20	商品返场	对三款商品进行返场讲解	配合主播讲解商品；回复用户的问题	回复用户关于订单的提问
21：20～21：30	直播预告	预告下一场直播的时间、福利、直播商品等	引导用户关注直播间	回复用户关于订单的提问

5. 预算

说明整场直播活动的预算情况，以及直播中各个环节所需的预算，以合理控制和协调预算。

第六步：直播引流

在围绕“人”“货”“场”的直播带货活动中，人是核心。如果只有直播场地和直播商品，用户不来，直播也就没有了意义。直播带货的最终目的是销售商品，要想实现这个目的，首先要吸引用户进入直播间，将商品展示给他们，然后提升直播间的氛围，使用户在热烈的互动氛围中下单购买。同时，主播也要善于引导用户关注自己，让用户成为自己忠实的粉丝，并努力维持粉丝的黏性。

1. 通过短视频引流

直播前的引流非常重要，企业可以在直播前发布直播引流短视频，短视频预热的方式主要有以下五种：第一种是短视频常规内容 + 直播预热，也就是正常发布短视频并预告直播；第二种是纯直播预告，直接告知受众直播和活动概况；第三种是添加利益点，让直播有足够吸引力；第四种是视频植入直播预告并发布直播片段视频。

2. 通过直播封面图、标题的设置引流

好的直播封面图干净、清晰，与直播内容有所关联，直播封面图不能低俗，不要频繁更换封面图，封面上的文字要简洁。此外，主播在设置抖音直播标题时，可以巧借数字来吸引受众，提出疑问，引起受众好奇，提供有价值的信息和服务。

3. 商业产品引流

（1）投放 DOU+

投放 DOU+ 时，既可以选择在开播前预热投放，即短视频预热，也可以在直播过程中根据实时数据选择定向投放，即直接“加热”直播间。

（2）投放 FEED 流

FEED 流采用的是广告竞价投放模式，投资回报率是最核心的考核目标，直播间环境和主播能力是最重要的条件。除了需要具备能稳定进行转化的重要条件之外，投放 FEED 流还需要有充足的预算和最起码的信息流相关产品的操盘能力。

4. 组件引流

组件引流有五个方面，分别是个人主页及账号昵称，直播预告贴纸，主页直播动态，同城定位以及粉丝群功能。

个人主页及账号昵称是用账号昵称、简介编辑直播预告，包括直播时间、直播内容，告知粉丝的同时让粉丝养成习惯，定时定点观看直播。

直播预告贴纸是发布视频时，在“贴纸”工具中选择“直播预告”贴纸，设置开播时间即可发布直播预告视频，用户看到预告并点击贴纸上的“想看”按钮后，开播时就会收到对应的开播消息推送。

主页直播动态是在个人主页设置并修改直播公告，当用户访问主页时，能够随时在直播动态栏看到直播公告，并标记“想看”进行预约。

同城定位是发布视频时加上定位，粉丝更有可能因为同城推荐而进入直播间，直播时打开同城定位，可以让身边的朋友看到我们。

粉丝群功能是直播前在粉丝群内进行预热，给出当日带货清单，并发放限量优惠券，引发群内直播前的讨论。

5. 第三方引流

第三方引流是广告主在微信群、朋友圈、微博、公众号、小红书等平台进行直播预告，从而将站外流量引入到直播间的一系列操作。

第七步：直播间的互动玩法

1. 灵活巧妙利用红包

一般在线人数较少的新直播间，需要通过派发红包增加直播间人气和留存受众，因为派发红包可以有以下作用：

①发红包可以解决直播间在线人数太少、无人互动的尴尬局面。派发红包和接收红包的过程本就是互动的过程，增加直播间互动指数，有利于增加人气。

②发红包可以增加关注量，关注量也是衡量直播效果非常重要的因素，关注量越高，说明直播效果越好，被分配的直播间流量就越多，为后期直播提供保障和支撑。

③每介绍完一款商品就派发一次红包，这样可以延长用户在直播间里的停留时长，提高直播权重，为后期直播奠定基础。

在线人数较多的直播间，派发红包一样很有用，在某个活动节点或时间节点发红包，例如，点赞满 3 万时发红包也会进一步拉新和巩固直播间在线人数和用户留存时间。只是人数较多的直播间派发红包金额不要太少，否则会影响直播间受众对主播的好感度。

2. 设置抽奖环节

直播间抽奖环节的具体设置形式有以下五种方式：

（1）福袋抽奖

主要作用：公屏互动→停留时长→口令引导→拉新流量

充分利用福袋时间，能够做多重引导，利用新进来的路人公屏互动，可以做不同的利益触发。如图 3-7-6 所示，设置口令“福袋里有华为手机” = 新进来的一进来就知道此时此刻的活动福利。

（2）整点抽奖

主要作用：停留时长→关注点赞→回头率

整点抽奖的预告能够让用户驻足，等待你说完内容，如果接近整点，用户会等待，如果时间还久，用户会先关注，整点回到直播间，多次来回提高整体权重。这种抽奖方式比较简单，基本上是每隔 30 分钟至 1 个小时进行抽奖，用户到点抽奖即可，不需要进行其他的操作。整点、半点抽奖利用了用户“损失规避”的心理，让他们不愿意离开直播间，主要目的是为了增加用户停留的时长。

图3-7-6 福袋红包

（3）问答抽奖

主要作用：互动→停留时长

通过主播提问，产生大量观众互动，在等待的同时能够加长停留的时间。

（4）红包抽奖

主要作用：停留时长→关注点赞→忠实粉

为了回馈粉丝，适当的粉丝红包可以给老粉一些“工资”，而且可以提高新进用户的参与度。

（5）下单抽奖

在直播过程中，提前公布奖品内容，并限定抽奖的条件，比如：只有下单了的用户才能参与抽奖，满 300 可获得 2 次抽奖机会等等。

这个时候主播说明抽奖的方式与条件，引导用户下单购买产品，并参与抽奖，最后在下播前，公布中奖名单。

3. 与其他主播“连麦”

（1）账号导粉

账号导粉可以直接增加粉丝，提高直播间人气。

（2）连线 PK

通过连线 PK 提升直播间关注度，提高受关注机会，提升直播间活跃度。

4. 邀请名人进直播间

根据实际情况，定期或不定期邀请名人或网红做客直播间，提高直播间人气和流量，提升活跃度，增加销售机会。

5. 企业领导助播“增流”

有很多企业领导看准了直播的影响力和营销力，纷纷开始站到直播镜头前，比如小米雷军和格力董明珠所参与的直播都获得了很大成功。因为一些知名企业的领导在外界有着一定的影响力，他们亲临直播间也能为直播间吸引一定的流量，在一定程度上提升直播间的影响力。

6. 设计促销活动

（1）开展秒杀

创作者宣传的秒杀活动的商品规格、数量等秒杀信息，需与商家发布的“限时秒杀”商品详情页信息保持一致。此外，需按宣传的时间准时发起秒杀活动，并按照宣传上架对应的秒杀商品，不得进行虚假或引人误解的描述。

（2）设置赠品

创作者宣传的赠品信息需在商品详情页进行展示，并使用平台发布的赠品工具进行发布。涉及商品详情页信息发布的，创作者需与商家协商一致并由商家代为发布，商品详情页未展示赠品信息的，直播间推广时不得宣传。创作者需清晰、真实宣传赠品品种、规格、数量等信息,不得出现误导消费者的信息。赠品为临期商品（指临近保质期的商品)、有瑕疵、二手等情形的，创作者宣传赠品信息时需明确说明，不得虚假描述或误导消费者。赠品价值不得超过主品（即消费者实际购买的商品)，例如宣传“商品价格 100 元，赠送 2999 体检卡”是不可以的。

（3）拼团

创作者宣传拼团的商品规格、价格、数量等信息，需与商家发布的“拼团”商品详情页信息保持一致。售卖件数未达成拼团件数要求时则拼团失败，系统自动退款给参与拼团的消费者。创作者宣传的拼团信息不得对拼团成功、一定可以购买的拼团价格等信息做保证性承诺。

（4）粉丝团任务

严禁求助粉丝刷礼物、语言刺激等烘托 PK 打赏氛围，诱导用户冲动打赏。粉丝团任务涉及赠送的商品、红包等粉丝权益和激励的，需在直播间背景板、OBS 自播组件、展板等场景对粉丝团任务权益和激励进行清晰明确展示，展示信息必须包括粉丝团任务等级要求及对应的权益和激励。规范展示示例：

- 加入粉丝团，送 3 元红包。
- 粉丝团达到 4 级，送大肚杯 1 个。

（5）免单返现

创作者宣传免单返现的限制条件、商品名称、兑现方式、兑现时效（时效不得超过 7 天）等信息需在商品详情页进行清晰展示。涉及商品详情页信息发布的，创作者需与商家协商一致并由商家代为发布，商品详情页未展示免单返现相关信息的，直播间推广时不得宣传。创作者宣传免单返现信息的，不得以发表“好评”等作为限制条件，即不得以免单、返现或其他利益承诺诱导消费者“好评”。

第八步：抖音直播后期管理

1. 直播商品物流、售后管理

（1）物流管理。要求根据承诺及时发货，保证物流正常流转，提升物流效率。

（2）售后管理。针对可能出现的售后问题，做好预案，产生售后问题及时、有效处理，提升客户对企业的好感度。

2. 直播数据分析

在直播数据复盘的过程中，主播必须进行数据分析，在回顾直播流程时用数据量化地总结直播表现，然后再制订相应的执行方案并进行测试，以优化直播数据。

一般而言，抖音直播数据分析的常用指标包括六大类。

①人气数据。及时了解受众人数和不同阶段的人气数量，及时总结，为下次直播提供参考和依据。

②带货数据。对销售数量和金额进行分析，计算投入产出比，优化直播环节和效果，提高销售量。

③带货商品数据。了解客户对商品的喜好度，发掘爆款产品，优化商品结构。

④流量来源。通过流量来源分析，及时改进引流方案，提升引流效果，对于引流效果较好的方法加大投入力度，不断提升直播间流量，进而带动销售量。

⑤用户画像。精准把握消费者的基本情况和消费特点，开展有针对性的促销活动，提高用户满意度。

⑥互动数据。通过互动数据的分析，了解直播间活动的效果，更清楚哪种活动更受欢迎，对于互动效果不好的互动减少使用或不用。

3. 直播内容二次传播

对于抖音直播来说，主播不仅可以把直播链接分享到微信、QQ 等站外平台进行二次传播，还可以使用抖音平台上线的直播高光时刻功能，通过将直播的精彩时刻自动生成短视频并发布到抖音平台上，来吸引更多的用户关注主播。

【知识扩展】

1. 抖音平台的特点

（1）短、平、快

（2）用户群体量大

（3）能够进行精准推送

（4）霸屏模式

（5）互动性强

2. 抖音直播用户的特点

抖音直播用户的特点有以下几个方面：

①年龄分布：抖音直播在用户年龄分布上呈现出年轻且均衡的趋势，没有极端化现象，其中，18~25 岁占比 31.9%，26~30 岁占比 33%，31~40 岁占比 20%，40 岁以上占比低于 10%。

②性别分布：虽然女性是直播用户中的主力军，但直播的男性用户占比也不低，男性占比 37%，女性占比 63%。

③地域分布：抖音直播的南方用户占比较多，其中广东、浙江、江苏、安徽、湖北、四川、河南、山东和河北为用户占比较多的地区。

3. 直播电商的“人”“货”“场”要素

要素一：人

①主播的主要类型。目前，直播电商的主播主要分为专业电商主播、商家员工、名人、企业家、专家、主持人等类型。

②主播格局。头部主播数量较少，但其在粉丝数量、商品销售额上具有显著优势，在面对商家和直播平台时，在商品价格和佣金分成上有较大的决定权。腰部主播数量较多，但其在粉丝数量、商品销售额上与头部主播的差距较大。尾部主播的粉丝数量和商品销售额就更少。

要素二：货

随着直播电商的迅猛发展，直播电商涉及的商品品类不断丰富，涵盖快消品、美妆、服饰、汽车、珠宝、3C 商品等多个品类，其中复购率高、客单价低、利润率高的品类在直播电商中更为受益。

要素三：场

直播电商购物场景的优势包括良好的体验感、节约用户出行成本和价格优势。

直播电商直播场景的多元化包括搭景直播、实体店直播、产地直播、供应链基地直播、档口直播和海淘现场直播。

【任务小结】

近年来直播电商发展迅猛，传统电商已经发生变革，短视频、直播成为电商新的动能，企业要根据自身情况，尽早进行直播电商布局，虽然各直播平台受众、底层逻辑略有差异，但是直播电商的整体思路是相同的，从引流到转化，再到成交，企业不能一蹴而就，需要不断提升直播能力。

【思考与练习】

请根据引导案例材料，结合实际情况帮助公司进行抖音直播的整体策划和实施。后附加任务单、执行单、评价单。

【任务单】
1.任务名称
根据案例制定抖音直播策划方案。
2.达成目标
（1）科学选品。 （2）开通抖音小店。 （3）商品上架。 （4）直播方案拟定。 （5）直播前引流。 （6）直播脚本和时间安排。 （7）直播后的复盘。
3.方法和建议
（1）准备材料。 （2）开通小店。 （3）做好方案。
4.任务提交形式
分析报告或PPT 。
5.困惑和建议（实施之后反馈）

【执行单】
1.任务名称
根据案例制定抖音直播策划方案。
2.任务执行的具体步骤
3.任务过程数据和结论
4.任务执行中的困难和反馈（实施之后反馈）

【评价单】				
任务内容	分数占比	个人评价	小组评价	教师评价
任务分工	5			
团队合作	5			
任务执行	20			
任务结论	40			
方法能力	10			
计划能力	10			
任务汇报	10			

任务八　短视频营销策划与实施

【引导案例】

某教育集团是一家主营英语教育培训的公司，业务内容包括大学英语四六级培训、考研、考博英语辅导等多项业务，市场认可度较高，品牌在业内有较高的知名度，公司在全国有多家分支机构，经营业绩很好，但是公司企划部副总认为，随着短视频、直播带货的兴起，公司应该开展短视频营销和直播业务，但是他无从下手，如果你是公司新媒体业务负责人，应该如何策划该公司的短视频营销呢？

【任务分析】

该公司属于教育行业相关企业，市场需求较大，开展短视频营销业务很有必要，公司可以组建自己的短视频开发团队，系统规范公司短视频业务，有针对性地开展短视频营销，进一步提升品牌影响力和知名度，提升业务量，也为下一步开展直播业务奠定基础。

【任务操作】

在激烈的短视频内容竞争中，短视频创作者要想脱颖而出，就必须做好内容策划工作。短视频创作和运营不是一朝一夕的事情，必须做出合理的规划才能确保走对方向。一个优质的短视频账号，应当明确目标受众，确定用户的精准需求，找到合适的短视频展现形式，并能够源源不断地找到优秀的选题，并在此基础上打造高质量的短视频内容。

第一步：分析目标受众，精准定位用户需求。

锁定目标群体，提炼主流需求，解决用户的需求痛点。

用户画像分析是短视频创作者进行创作的第一要务。用户画像是真实用户的虚拟代表，是建立在一系列真实数据之上的目标用户模型，简单来说，就是把用户信息标签化。

1. 用户信息数据分类

用户信息的数据分类，如图 3-8-1 所示。

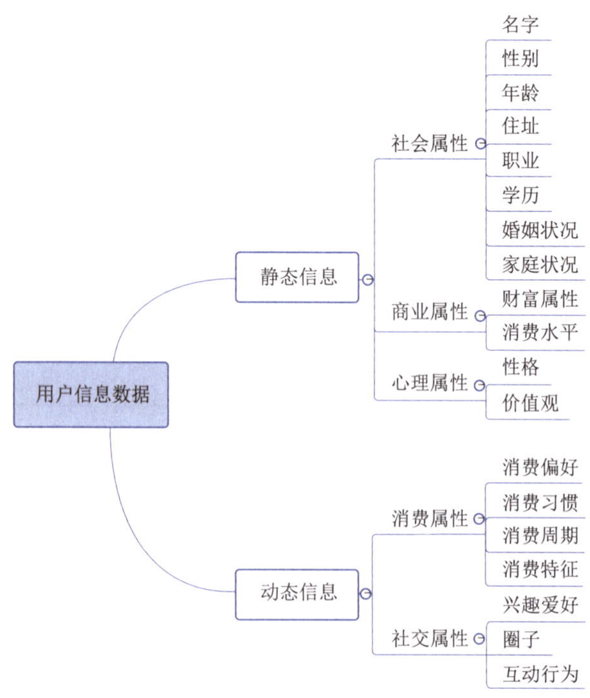

图3-8-1 用户信息数据

2. 确定用户使用场景

确定用户使用场景可以从表 3-8-1 所示的要求和内容进行梳理和思考，这样更能准确地了解用户使用场景。

表3-8-1　确定用户使用场景的思考要素

思考要素	主要思考内容
Who	短视频用户是谁？
When	观看短视频的时间？什么时候看？
Where	观看短视频的地点？使用场景位置？
What	观看什么样的短视频？视频内容是什么？
Why	网络行为背后的动机，如关注、点赞或分享，为何如此？
How	与用户的动态和静态使用场景结合，洞察用户使用的具体场景

（1）确定用户的动态使用场景

动态使用场景模板一般包括以下内容：常用的短视频平台，使用频率，活跃时间段，周活跃时长，使用的地点，感兴趣的话题，什么情况下关注账号，什么情况下点赞，什么情况下评论，什么情况下取消关注，以及用户的其他特征等。

（2）获取用户的静态信息数据

（3）形成短视频用户画像

用户的画像将是未来短视频内容推广的重要参考依据，一切围绕用户画像开展短视频营销。

第二步：短视频的展现形式定位

当前短视频的展现形式较多，比较热门的短视频展现形式主要有图文展示形式、知识分享形式、解说形式、情景短剧形式与视频博客形式。

1. 图文展示形式

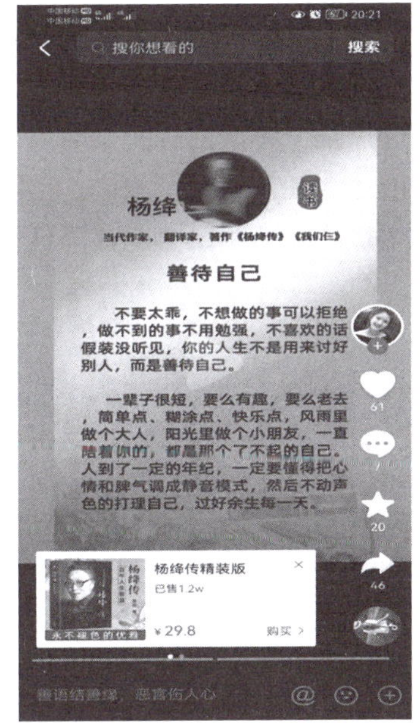

图3-8-2　图文短视频

一般是一张底图加上一些要表达的文字，有的也会出现与内容有关的人物，如图 3-8-2 所示。这种展现形式最为简单，基本上不需要视频拍摄和后期制作。不过，这种展示形式的短视频相当于内容搬运，其变现能力比较差。

2. 知识分享形式

知识分享形式的短视频变现能力很强，要想做好这类短视频，最关键的是内容要饱满充实，要能打破用户的认知，为用户提供价值，这样才能赢得用户的信任，并让其持续关注。如图 3-8-3、图 3-8-4 所示。

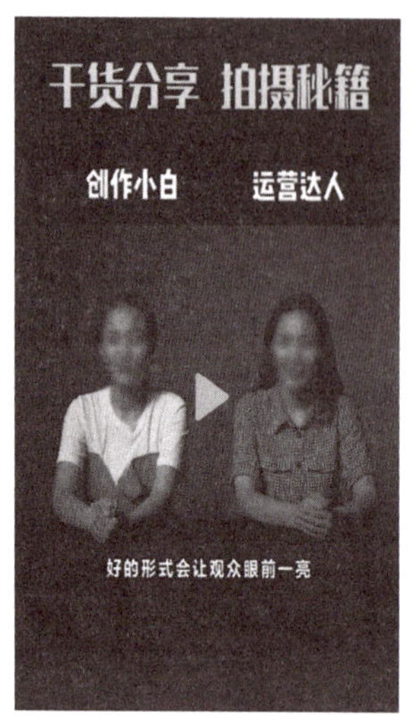

图3-8-3 知识分享型（a）

图3-8-4 知识分享型（b）

3. 解说形式

解说形式的短视频一般为短视频创作者对影视作品的解说。在制作这类视频时，短视频创作者不用自己动手拍摄视频，只要提前找好想要解说的视频素材，理清解说思路，再将剧情片段与解说内容完美对应，并添加字幕即可。虽然这类形式的短视频很受用户欢迎，但目前这类账号的数量激增，如果都是简单的内容搬运，很容易造成内容同质化，风格千篇一律，用户的互动意愿会明显降低，如图 3-8-5 所示。

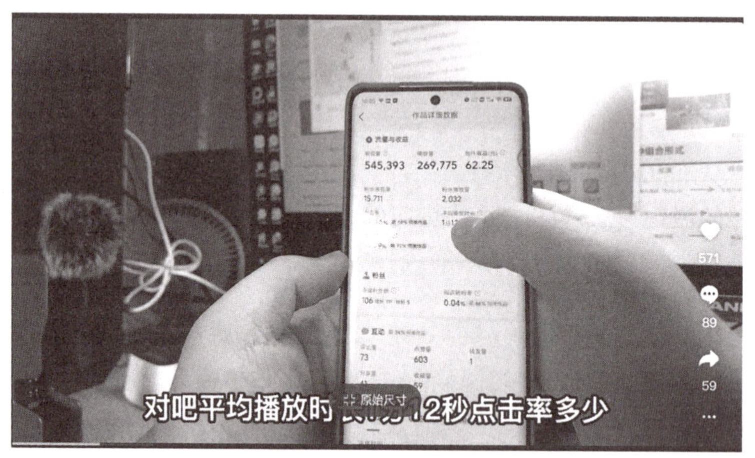

图3-8-5 解说型短视频

4. 情景短剧形式

该形式的短视频是通过视频中人物的表演，把中心思想传达给用户，其成本相对较高，因为剧情会对主题和情节有着较高的要求，所以短视频创作者要提前准备文案脚本。这种形式的短视频在拍摄时，通常要由两个以上的人来表演，并且要反复拍很多次，后期制作也比其他形式的短视频复杂得多。不过，这种形式的短视频往往对用户的吸引力比较大，短视频的情节和结果如果能够让用户产生情感共鸣，就会吸引更多的用户，如图 3-8-6 所示。

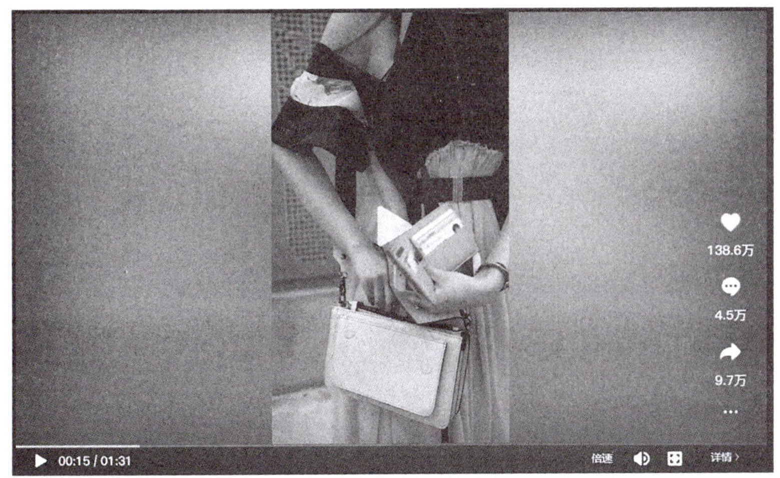

图3-8-6　情景型短视频

5. 视频博客形式

视频博客形式是创作者以影像代替文字或照片创作个人网络日志，并上传到短视频平台分享给网友。这种形式的短视频重在记录生活，虽然是记录生活，但是不能过于随意，一定要有主题，主次分明，突出重点，并注意拍摄效果。视频博客的拍摄要注重脚本思维，创作者要提前构思好重要的镜头，做好开场和转场，在后期剪辑时一定要保证叙事流畅，有内容有质量。

第三步：短视频的选题策划

要想做好短视频，短视频创作者一定要进行选题策划，找对方向，在内容上做好定位，这样才更容易创作出精品，精准地吸引用户的关注，进而提升用户的黏性。

1. 策划短视频选题的基本原则

策划短视频选题的基本原则有以下几点：

①以用户为中心。也就是用户希望看什么类型和内容的短视频，这是选题的出发点，所需即所得。

②保证价值输出。选题内容要能够对用户产生价值，这一点非常重要。

③保证内容垂直度。短视频内容要延续一个内容或主题，不能总是调整选题方向，否则无法真正留存客户。

④选题内容与运营相结合。选题要和企业产品或服务密切结合，在考虑用户喜欢的基础上植入产品信息。

⑤选题内容多结合行业或网络热点。热点总会赢得更多的关注，所以选题最好能和热点结合，既借助了热点的热度，又传达了企业或产品的信息。

⑥远离平台的敏感词汇。注意在选题时不要用敏感词汇，否则平台会对该视频进行屏蔽，使视频无法播出。

⑦增强互动性。如果视频能够实现互动，效果会更好，所以在视频选题时要充分考虑互动的内容和方向。

2. 寻找选题的五个维度

选题一般从人物、工具和设备、精神食粮、方式方法、环境几个角度进行综合考虑，最终选出适合的选题。以沙发为例，如图 3-8-7 所示。

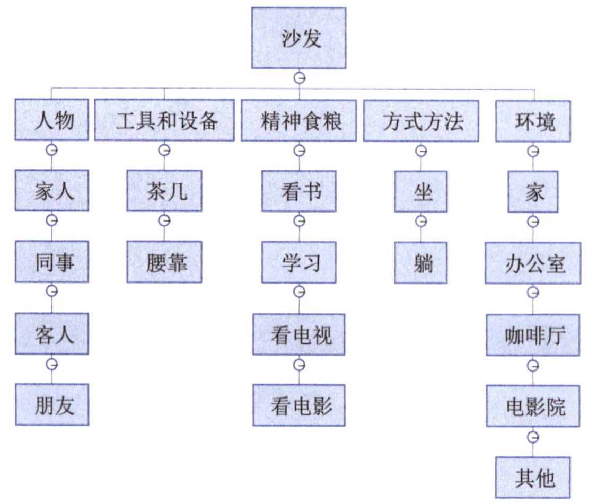

图3-8-7　五维度选题样例

第四步：构思有吸引力的短视频内容

有吸引力的高质量短视频内容一般有四个特点，即内容深度垂直细分、坚持内容的原创性、保证内容的价值性和内容触动用户的痛点。

1. 内容深度垂直细分

短视频内容紧密围绕一个专题或主题开展，给人一种专业和专注的认知，提升短视频的好感度，进而增强粉丝留存度。

2. 坚持内容的原创性

在内容设计上要坚持原创设计，并打造自己的风格和特点，让客户能够记住并形成认知依赖。

3. 保证内容的价值性

内容对客户有价值是短视频设计的核心内容。

4. 内容触动用户的痛点

通过短视频触动用户痛点，用户才有兴趣继续看和关注，所以在内容设计上要争取融合热点、痛点和利益点。

第五步：短视频脚本的写作

拍摄提纲是指短视频拍摄要点，只对拍摄内容起到提示作用，拍摄提纲的写作一般包括以下六个步骤：

①明确短视频的选题、立意和创作方向，明确创作目标。

②呈现选题的角度和切入点，切入点要明晰。

③阐述不同体裁短视频的表现技巧和创作手法。

④阐述短视频的构图、光线和节奏。

⑤详细呈现场景的转换、结构、视角和主题。

⑥完善细节，补充剪辑、音乐、解说、配音等内容。

第六步：拍摄与剪辑

短视频的拍摄与剪辑一般需要专业的拍摄和后期制作团队完成。小企业也可以自己拍摄，根据营销需求的不同，短视频拍摄与剪辑的难易程度也有所不同，这里不展开详细论述，仅介绍一些拍摄提纲的写作和视频剪辑软件。

在分镜头脚本完成以后，就可以开始着手拍摄了。根据拍摄的难易程度，制作团队可以在拍摄前写出拍摄提纲。拍摄提纲包含短视频的拍摄要点，对拍摄内容起提示作用，适合在拍摄一些不易掌握和预测的内容时使用。

借助各类视频剪辑软件，视频制作人员能够轻松实现短视频的合并与剪辑、视频调速、视频调色、添加字幕、设计音频特效等操作。

常用的视频剪辑软件包括 PC 端视频剪辑软件和移动端视频剪辑软件，如图 3-8-8 所示。

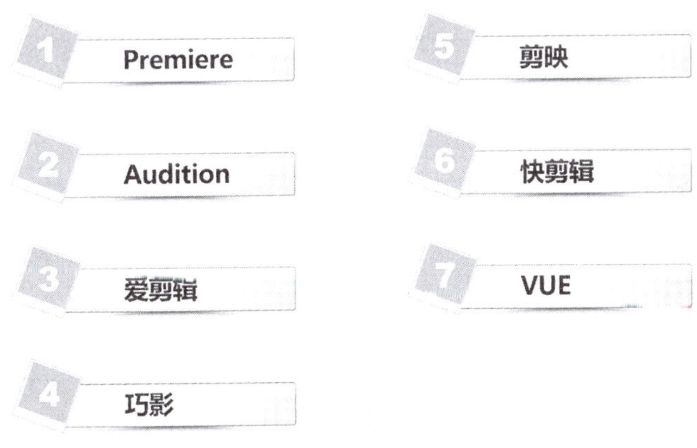

图3-8-8　常用视频剪辑软件

1.Premiere

Adobe Premiere Pro，简称 Pr，是由 Adobe 公司开发的一款视频编辑软件。[9] 常用的版本有 CS4、CS5、CS6、CC 2014、CC 2015、CC 2017、CC 2018、CC 2019、CC2020、CC2021、CC2022 以及 2023 版本。Adobe Premiere 有较好的兼容性，且可以与 Adobe 公司推出的其他软件相互协作。这款软件广泛应用于广告制作和电视节目制作中。Premiere 提供了采集、剪辑、调色、美化音频、字幕添加、输出、DVD 刻录等一整套视频制作流程，并和其他 Adobe 软件高效集成，使您足以完成在编辑、制作中遇到的所有挑战，满足您创建高质量作品的要求，Premiere 2021 版本界面如图 3-8-9 所示。

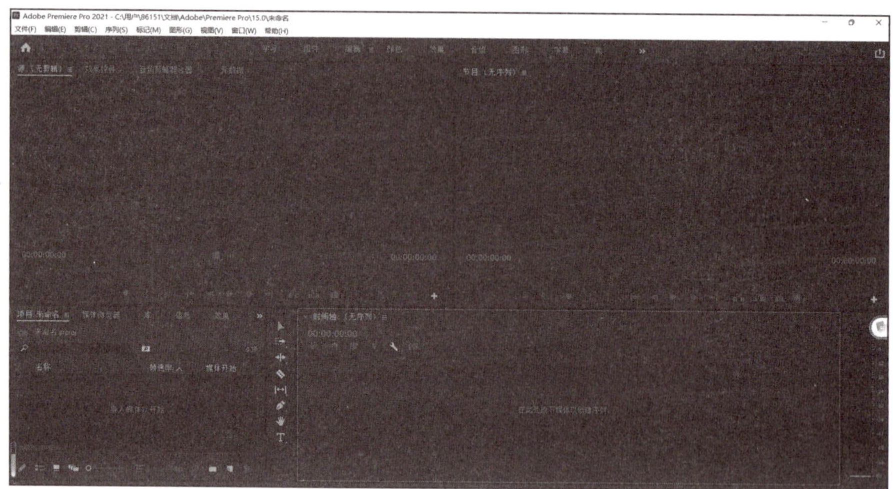

图3-8-9 Premiere 2021版本界面

2. 剪映

剪映是一款视频编辑工具，带有全面的剪辑功能，支持变速，有多样滤镜和美颜的效果，有丰富的曲库资源。自 2021 年 2 月起，剪映支持在手机移动端、Pad 端、PC 端全终端使用。该软件支持色度抠图、曲线变速、视频防抖、图文成片等高阶功能；切割、变速、倒放功能简单易学；精致好看的贴纸和字体给视频增添乐趣；抖音独家曲库，让视频更“声”动；专业风格滤镜，一键轻松美颜，让生活一秒变大片；抖音创作学院提供海量课程免费学，边学边剪易上手，剪映专业版界面如图 3-8-10 所示。

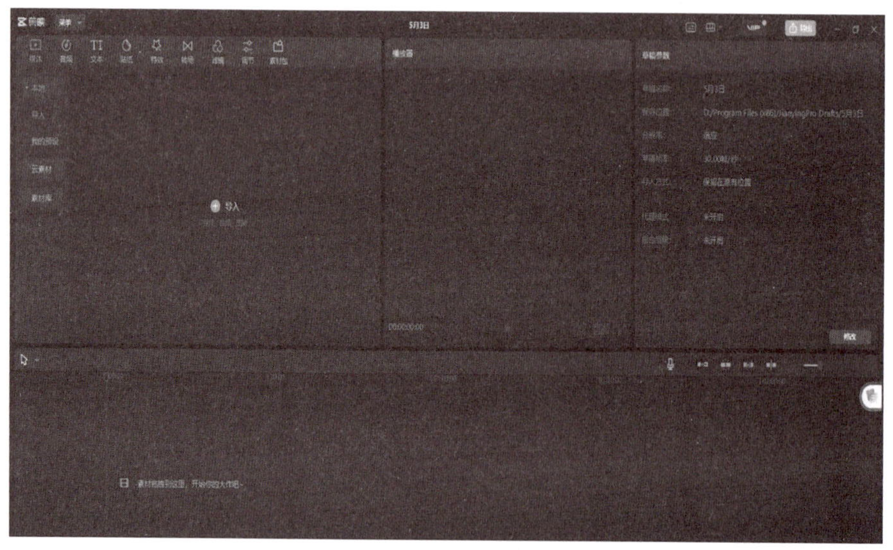

图3-8-10 剪映专业版界面

在这里主要推荐以上两款软件，Premiere 功能强大，视频制作专业精良，缺点是收费，没有免费的制作素材和模板，剪映的功能没有 Premiere 强大，但是手机端和 PC 端都可以操作，不仅免费，还好学易上手，适合初学者和对视频要求不是非常高的创作者使用，其他的视频编辑软件就不一一介绍了，同学们可自行了解和学习。

第七步：短视频的后期编辑

短视频的前期拍摄工作固然很重要，但如果短视频不经过后期编辑处理，很难给观众带来强烈的视觉冲击力，吸引观众的眼球。

后期编辑要进行短视频画面转场的设计、背景音乐的选择、短视频的配音、以及为短视频添加字幕等工作。几乎所有的短视频制作工具都支持添加字幕，在为短视频添加字幕时，要注意以下几点：

①字幕的颜色一般采用白色，但要避免字幕颜色与背景颜色相冲突，可以为白色字幕添加对比明显的边框，但边框不要太大，以免影响美观度。

②字幕最好不要遮挡短视频画面的主要内容，一般放在短视频画面的正下方。

③除了要达到幽默搞笑效果的特殊情况，字幕中不要出现错别字。

④字幕要通顺、流畅，与短视频中人物所说的话要保持一致。

第八步：短视频的复盘

短视频发布并不意味着短视频营销的结束，营销人员还需要对短视频营销的过程和效果进行复盘分析，通过复盘找出短视频营销的不足之处，找出问题，从而查漏补缺，不断地优化营销过程，提高短视频营销的转化效果。一般来讲，短视频营销复盘可分为以下三个部分：

1. 是否实现预期目标

是否实现预期目标是评判短视频营销成功与否的标准。将营销的实际结果与目标进行对比，营销人员就可以明白短视频营销的效果如何。

2. 对比结果与目标的差异并进行归因分析

分析原因是复盘的核心步骤。只有将原因分析到位，整个复盘才是有成效的。通常情况下，营销人员可以从差距入手，开启连续追问“为什么”模式，经过多次追问后，往往能找出问题背后的原因，从而找出真正的解决办法。

3. 提出优化建议

经过原因分析后，团队成员会认识到一些问题，甚至还能总结出一些经验，讨论出一些方法。这样归纳出来的经验和方法需要进行逻辑推演，符合因果关系的结论才是可参考的、有指导价值的，可以作为下次新媒体营销运营的重要参考。

【知识扩展】

不同的短视频平台有不同的功能和特点，企业和品牌方选择在不同的平台开展营销活动时，其营销方式也应该根据平台特点而有所区别。

1. 投放平台广告

企业和品牌方可以在短视频平台投放平台广告，广告的形式主要有三种：开屏广告、信息流广告和搜索栏广告。

开屏广告是用户打开短视频软件后平台推送的广告，一般适合进行新品宣传，多面向全平台用户。

信息流广告是指位于社交媒体用户的好友动态，或者资讯媒体和视听媒体内容流中的广告。

搜索栏广告是当用户搜索某个关键词时出现的广告，这种广告需要企业和品牌方在短视频平台做好相关产品的搜索引擎优化。

2. 发起活动吸引用户参与

企业和品牌方还可以在短视频平台上发起有奖活动来吸引用户参与，从而实现更大的扩散效应，提高活动的热度和品牌的曝光量。

企业和品牌方要想吸引用户参与活动，一方面要设置较轻松、无门槛的活动，另一方面要设置有吸引力的奖励，以实现更大范围的传播。

3. 自有账号宣传

企业和品牌方可以入驻短视频平台，建立自身的官方账号并做好内容运营和用户维系。官方账号的建立，一方面可以积累用户，为自身的短视频营销和直播带来基础流量，另一方面还可以通过账号的粉丝团、店铺商城等功能，实现更直接、更高效的转化。企业和品牌方还可以通过和用户进行及时互动以获取信息反馈，并根据对用户的需求分析制作短视频广告。

【任务小结】

短视频营销越来越受到青睐，很多企业都在进行短视频和直播布局，短视频也是直播电商的前锋，短视频营销做得好不仅可以增加品牌知名度和影响力，也会为后期直播电商积攒人气和粉丝，无论如何，短视频营销都要引起企业重视，而短视频能否取得成功内容是关键，一定要高度重视内容设计和规划，稳步实施，不要总想一蹴而就。

【思考与练习】

请根据引导案例材料，结合实际情况帮助公司进行短视频营销的规划。后附加任务单、执行单、评价单。

【任务单】
1.任务名称
根据“新西方教育集团”的案例制定该企业的短视频营销方案。
2.达成目标
（1）明确短视频用户目标画像。 （2）拟定短视频营销方案。 （3）制定短视频拍摄脚本。 （4）短视频后期复盘。
3.方法和建议
（1）开展相关调研。 （2）注册平台账号。 （3）拟定相关方案并实施。 （4）实施总结。

4.任务提交形式
分析报告或PPT 。
5.困惑和建议（实施之后反馈）

【执行单】
1.任务名称
根据“新西方教育集团”的案例制定该企业的短视频营销方案。
2.任务执行的具体步骤
3.任务过程数据和结论
4.任务执行中的困难和反馈（实施之后反馈）

【评价单】

任务内容	分数占比	个人评价	小组评价	教师评价
任务分工	5			
团队合作	5			
任务执行	20			
任务结论	40			
方法能力	10			
计划能力	10			
任务汇报	10			

项目四　网络营销效果评估

【知识目标】

1. 了解网络营销广告效果评估的方法。
2. 理解生意参谋核心板块指标的意义。
3. 了解网络广告评估的指标。
4. 了解百度统计评估的内容。

【能力目标】

1. 能进行网络广告效果的评估。
2. 会用百度统计获取运营数据。
3. 能用生意参谋评估店铺。
4. 能根据网络营销评估数据提出运营优化建议。

【素质与思政目标】

1. 培养学生分析和解决问题的能力。
2. 培养学生团队意识。
3. 培养学生增强民族自信。
4. 培养学生具有品牌意识。

任务一　评估网络广告效果

【引导案例】

“东升沙发”作为一家经营沙发和家具的企业，其网站和网店开设之初的访问量很低，对销售没有太大的促进效果，公司有人提出要打网络广告进行网站和网店推广，可是网络广告打出一段时间后，网站访问量有所上升，网店销量却没有增长，而且公司投了关键词广告、直通车广告、钻展，并不清楚那种广告效果更好，如果你是公司网络运营人员，你将如何帮助公司评估广告效果呢?

【任务分析】

广告效果的评估涉及到广告的下一步投放的方式和方法，对于促进企业销售起到非常重要的作用，网络广告的投放需要运营人员根据自身广告投放的经验不断优化投放效率，提升资金利用率和投产比，所以网络运营人员必须清楚广告投放的评估指标和方法，才能不断优化网站或网店运营的效率和效果。

【任务操作】

网络广告效果的评估要确定广告的评估指标、评估方式、评估方法等内容。

第一步：确定网络广告评估指标

网络广告效果主要评估两方面的内容。一是评估不同发布平台的效果，虽然在发布广告之前会筛选投放平台，但是具体效果仍然需要用客观事实验证，从中找出最佳选择；二是评估相同平台不同广告位的效果，在同一个平台会有许多不同的广告位，不同广告位的效果也是不尽相同的，因此需要评估不同广告位的效果，从中找出最佳选择。

网络广告效果的评估指标有以下几种，广告主、网络广告代理商和服务商可结合自身广告效果评估的要求，运用这些指标进行效果综合评估。

1. 点击率

点击率是指网上广告被点击的次数与被显示次数之比。它一直都是网络广告最直接、最有说服力的评估指标之一。点击行为表示那些准备购买产品的消费者对产品感兴趣的程度，因为点击广告者很可能是那些受广告影响而形成购买决策的客户，也可能是对广告中的产品或服务感兴趣的潜在客户，也可视为高潜在价值的客户，如果准确识别出这些客户，并针对他们推广有效的定向广告和活动，可以对业务开展有很大的帮助。

2. 二跳率

二跳量与到达量的比值称为广告的二跳率，该值初步反映广告带来的流量是否有效，同时也能反映出广告页面的哪些内容是购买者所感兴趣的，进而根据购买者的访问行径来优化广告页面，提高转化率和线上交易额，大大提升了网络广告投放的精准度，并为下一次的广告投放提供指导。

3. 业绩增长率

对一部分直销型电子商务网站，评估他们所发布的网络广告最直观的指标就是网上销售额的增长情况，因为网站服务器端的跟踪程序可以判断买主是从哪个网站链接而来、购买了多少产品、什么产品等情况，从而对于广告的效果有了更直接的评估。

4. 回复率

回复率一般是指信息接收者在收到消息后的回复或互动比率，回复率可作为辅助性指标来评估网络广告的效果，但需注意它应该是由于看到网络广告而产生的回复。

5. 转化率

“转化”被定义为受网络广告影响而形成的购买、注册或者信息需求。有时，尽管顾客没有点击广告，但仍会受到网络广告的影响而在其后购买商品。

第二步：确定网络广告效果评估的方式

网络广告效果评估可以通过以下几种方式进行：

1. 访问统计软件

使用一些专门的软件（如 WebTrends、AccessWatch 等），可随时监测广告发布的情况，并能进行分析、生成相应报表，广告主可以随时了解在什么时间、有多少人访问过载有广告的网页，有多少人通过广告直接进入到广告主自己的网址等等。

2. 广告管理软件

可从市场研究监测公司购买或委托软件公司专门设计适合需要的广告管理软件，用以对网络广告进行监测、管理与评估。

3. 反馈情况

通过统计 HTML 表单的提交量以及 E-mail 的数量在广告投放后是否大量增加来判断广告投放的效果。如果投放之后目标受众的反应比较激烈，反馈大量增加，则可以认为广告的投放是成功的。一般而言，成功的网络广告具有以下几个特征：从外界发回的企业电子邮件的数量增加 2~10 倍；在 2 个月、3 个月的周期内，向企业咨询广告内容的电子邮件和普通信件明显增多；广告发布后的 6 个月至 2 年内，由广告带来的收益开始超过广告支出。

第三步：确定网络广告效果评估的方法

在广告的效果评估中，使用最多的就是 DAGMAR 方法，根据使用评估指标的情况可以将评估方法大体分为以下两大类：

1. 单一指标评估法

单一指标评估法是指当广告主明确广告的目标后，应该采取适当的单个指标来对网络广告效果进行评估的方法。当广告主所追求的广告目的是提升和强化品牌形象时，只需要选择那些与此相关的指标，如浏览量、访问量、停留时间等指标；当广告主所追求的广告目的是追求实际收入时，只需要选取转化次数与转化率、广告收入、广告支出（成本）等相关指标进行评估。

2. 综合指标评估法

综合指标评估法就是在对广告效果进行评估时所使用的不是简单的某个指标，而是利用一定的方法，在考虑几个指标的基础上对网络广告效果进行综合衡量的方法。下面介绍两种综合指标评估方法，其评估结果从不同方面反映了网络广告的效果。

（1）传播效能评估法

传播效能就是指随着网络广告的刊登，其广告宣传对象的信息也在不断传播，从而产生了对品牌形象和产品销售潜力的影响，这种影响侧重于长期的综合的效果。而传播效能评估法就是对网络广告刊登后的一段时间内，对网络广告所产生的效果的不同层面赋予权重，以判别不同广告所产生效果之间的差异。这种方法实际上是对不同广告形式、不同投放媒体，或者不同刊登周期等情况下的广告效果比较，而不仅仅反映某次广告刊登所产生的效果。

（2）耦合转化贡献率评估法

广告主在以往网络广告的经验基础之上，会产生一个购买次数与点击次数之间的经验比例数值，根据这个比例即可估算广告在网站刊登时一定的点击次数可产生的购买转化次数，而该网站上广告的最终转化次数可能与这个估计值并不完全吻合，由此产生了实际转化次数相对于预期转化次数的变化率，我们称之为该网络广告与该网站的耦合转化贡献率。

【知识扩展】

1. 网络广告传播效果评估的内容及指标

网络广告可以利用 AIDA 模式检验广告的效果，AIDA 模式可以理解为潜在消费者从接触广告开始，一直到完成某种消费行为的几个阶段：A（Attention）注意、I（Interest）兴趣、D（Desire）欲望、A（Action）行动。AIDA的每一个阶段都可以作为网络广告传播效果评估的内容，其与评估指标的对应关系见表4-1-1。

表4-1-1　网络广告AIDA评估内容与评估指标关系

网络广告AIDA（评估内容）	网络广告的传播效果评估指标
Attention注意	广告曝光次数（媒体网站）
Interest兴趣	点击次数与点击率（媒体网站）
Desire欲望	网页阅读次数（广告主网站）
Action行动	转化次数与转化率（广告主网站）

2. 网络广告经济效果评估的内容及指标

网络广告的最终目的是促成产品的销售，那么广告主最关注的是由于网络广告的影响而得到的收益。收益是广告收入与广告成本两者的差，因此，网络广告经济效果评估的内容及指标包括：

（1）网络广告收入（income）

（2）网络广告成本（cost）

目前有以下几种网络广告的成本计算方式：

第一，千人印象成本（cost per mille）

第二，每点击成本（cost per click）

第三，每行动成本（cost per action）

3. 网络广告社会效果的评估内容及标准

网络广告的社会影响涉及到整个社会的政治、法律、艺术、道德伦理等上层建筑和社会意识形态。所以，网络广告社会效果只能用法律规范标准、伦理道德标准和文化艺术标准来衡量。

4. 网络广告效果评估所需数据的获得方式

目前网络广告效果评估主要通过以下三种方式来获得数据：

①服务器端通过使用访问统计软件获得评估数据。

②通过查看客户反馈量获得评估数据。

③委托第三方机构进行监测来获得评估数据。

【任务小结】

通过网络广告效果不断改进网络运营策略，才能不断提升网络运营效果，提高销量，提升品牌，网络广告效果的评估需要时时进行，根据网络环境的变化动态调整广告评估指标和内容，要采用网络工具更精准、更有效地获取真实信息才能作为运营参考依据。

【思考与练习】

请根据引导案例材料，结合实际情况帮助公司进行网络广告效果的评估。后附加任务单、执行单、评价单。

【任务单】
1.任务名称
根据案例制定该企业的网络广告评估方案。
2.达成目标
（1）确定网络广告评估工具。 （2）确定网络广告评估指标。 （3）确定网络广告评估方式。 （4）制定网络广告评估预算。
3.方法和建议
（1）开展相关调研。 （2）分析广告内容和载体。 （3）选择适合的评估工具。 （4）做好效果评估和预算。
4.任务提交形式
分析报告或PPT。
5.困惑和建议（实施之后反馈）

【执行单】
1.任务名称
根据案例制定该企业的网络广告评估方案。
2.任务执行的具体步骤
3.任务过程数据和结论
4.任务执行中的困难和反馈（实施之后反馈）

【评价单】

任务内容	分数占比	个人评价	小组评价	教师评价
任务分工	5			
团队合作	5			
任务执行	20			
任务结论	40			
方法能力	10			
计划能力	10			
任务汇报	10			

任务二　评估网络营销效果

【引导案例】

“东升沙发”是一家经营沙发和家具的淘宝店，开店之初店铺信用级别低、无评价，浏览量也很少，店主尝试了各种方法，包括免费推广和直通车广告，店铺慢慢有了起色，店铺等级达到了 3 颗心，但是评价却比较低，此外，虽然店铺业绩略有提升，但是店铺销量增长依旧缓慢，不知道在店铺运营中哪些方面存在问题？也不太了解竞争店铺的做法，于是他请教了很多人才了解，店铺需要进行数据分析来进行网络营销的策略优化，可是如何进行店铺数据分析呢？他亟需了解。

【任务分析】

公司开展网络营销，采用不同的平台，网络营销的工具也就不同，比如淘宝店对应的数据分析工具是“生意参谋”，如果在京东平台开店可以采用“京东商智”来进行店铺数据分析和优化运营，如果是抖音小店可以采用“抖音罗盘”工具来进行数据分析，本任务案例是淘宝店，所以在此为大家介绍一下淘宝店铺数据分析工具的应用。

【任务操作】

用“生意参谋”评估网店运营，需要进入“生意参谋”，把握其主要板块内容，并根据板块反映的数据进行分析，进而改进运营，提高绩效。

第一步：进入“生意参谋”

“生意参谋”目前有三个版本，即生意参谋零售电商版（面向淘宝和天猫商家）、生意参谋千牛插件（面向淘宝和天猫商家）、生意参谋 1688 版（面向 1688 商家），根据案例任务描述，可以通过千牛工作台登录，操作流程如下：

①下载千牛工作台；

②登录千牛工作台；

③在窗口右侧，选择“数据”；

④打开生意参谋主界面如图 4-2-1 所示。

第二步：掌握和运用“生意参谋”主要板块

（1）在首页中看“实时概况”，如图 4-2-2 所示。在这里你会看到店铺支付金额、访客数、支付买家数、浏览量、支付子订单数和店铺近 30 天的支付金额排名，了解店铺所在位置。

（2）看首页“运营视窗”中的“整体看板”，如图 4-2-3 所示。其内容包括在一定时期内的支付金额、访客数、支付转化率、客单价、成功退款金额、直通车花费、引力魔方花费等。

（3）看首页“运营视窗”中的“流量看板”，如图 4-2-4 所示。在“流量看板”中你会看到流量的走向，流量是店铺运营评估的关键环节，没有流量，销量无从谈起，所以这里至关重要，这里的一级流量包含“平台流量”和“广告流量”，帮助我们分析平台流量和广告流量对营销的促进效果，有利于我们选择更有效的手段和工具。与此同时，你也会看到二级流量来源，包括排名、访客数、下单转化率。

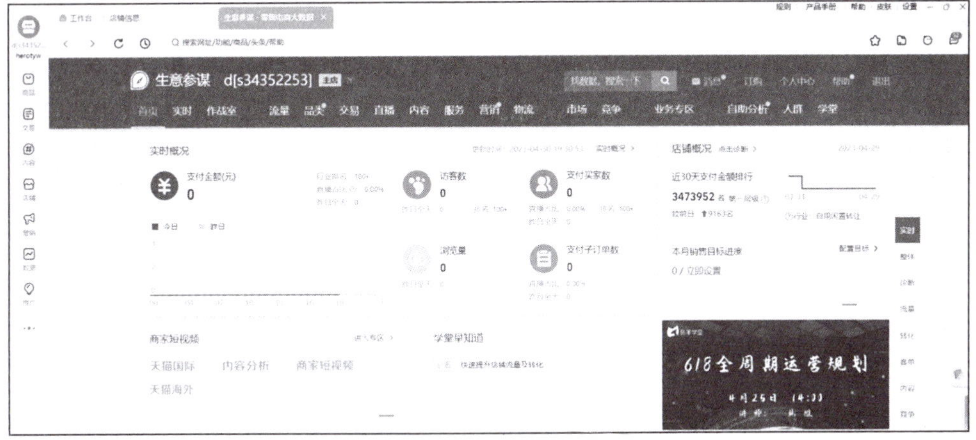

图4-2-1　千牛工作台首页

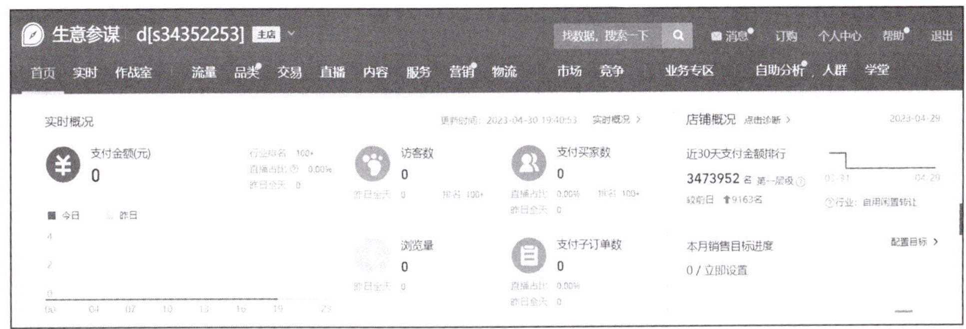

图4-2-2　实时概况

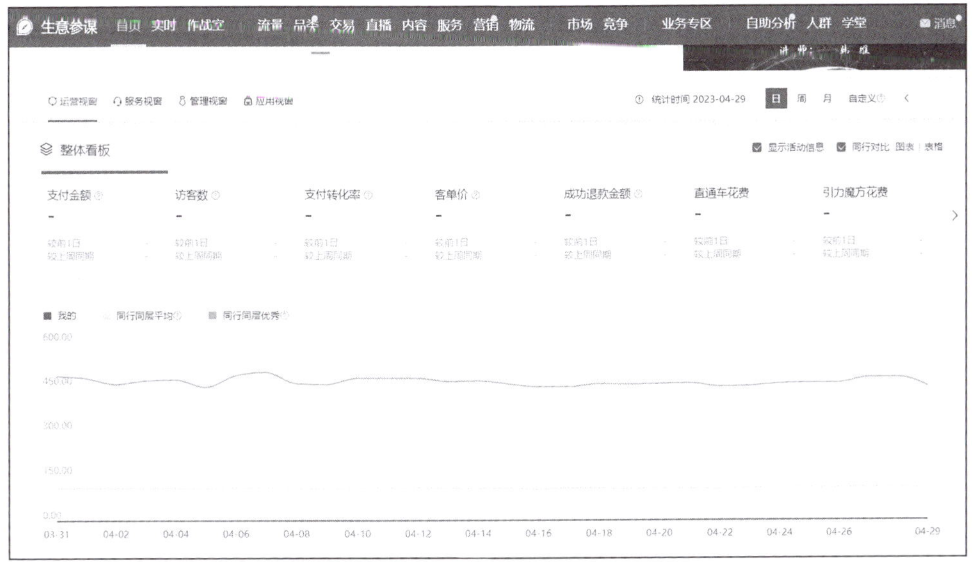

图4-2-3　运营视窗“整体看板”

同时，这里还有跳失率、人均浏览量、平均停留时长。这些指标对于优化店铺运营也起到非常重要的作用。

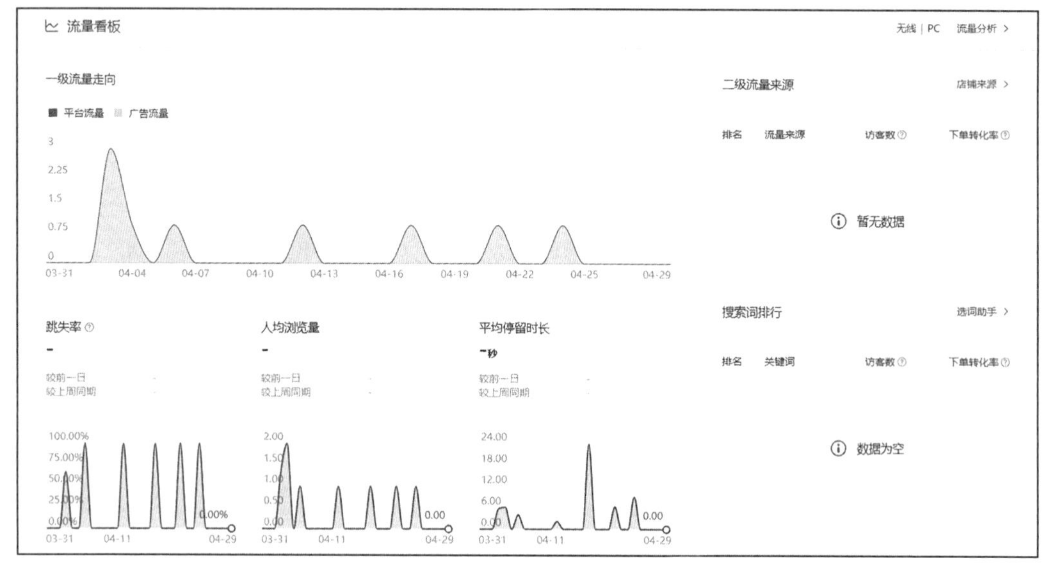

图4-2-4 流量看板

（4）看首页“运营视窗”中的“转化看板”，如图 4-2-5 所示。“转化看板”主要了解访客和收藏转化情况，通过这个看板能了解潜在消费者的数量和产品的关注程度，进而采取一些营销策略快速转化潜在消费者。

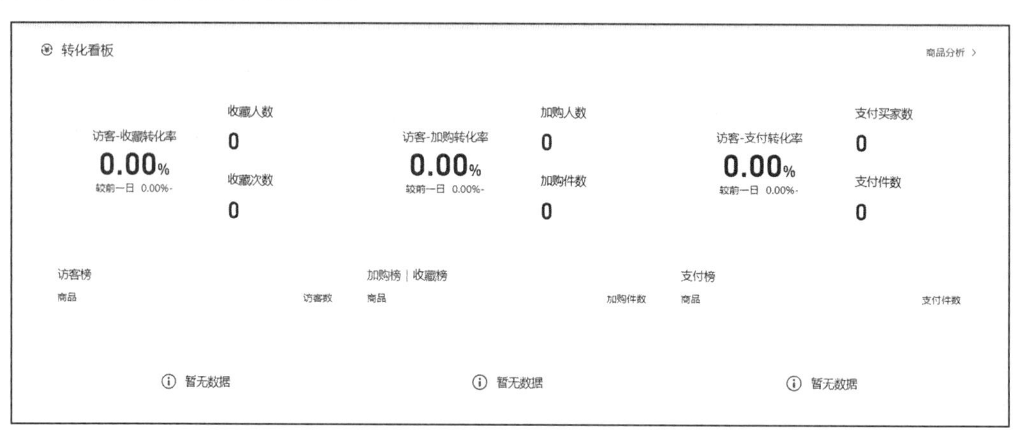

图4-2-5 转化看板

（5）看首页“运营视窗”中的“客单看板”，如图 4-2-6 所示。“客单看板”方便了解客单价和人均支付件数、连带率等，也可以了解搭配推荐的效果，进而优化搭配产品，提高搭配推荐销售量。

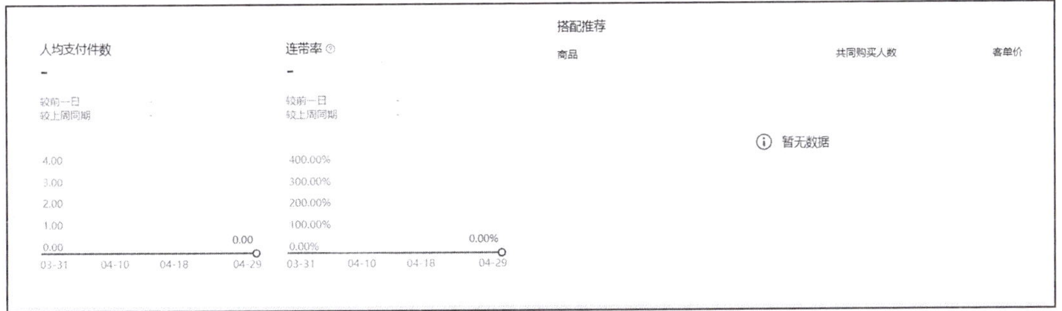

图4-2-6　客单看板

（6）看首页“运营视窗”中的“内容看板”，如图 4-2-7、图 4-2-8 所示。“内容看板”包括两部分，第一部分为图表，第二部分为表格。在运营中结合新增内容的商品策略指定内容规划，发现存量内容问题，从而优化内容结构和效率，提升内容运营效率。

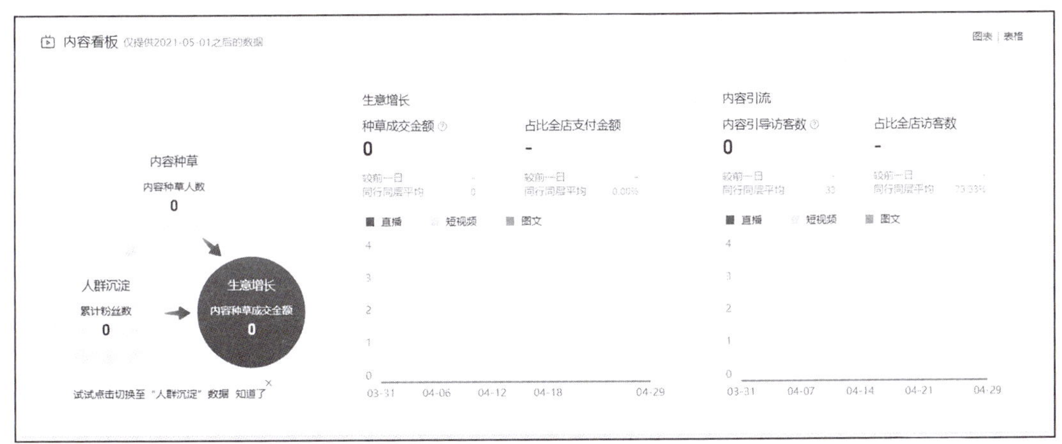

图4-2-7　内容看板（图表）

内容看板 仅提供2021-05-01之后的数据　　图表 | 表格

		2023-04-29	较上周同期	同行同层平均	2023-04-28	较上周同期	同行同层平均	2023-04-27	较上周同期	同行同层平均	2023-04-26	较上周同期	同
生意增长	种草成交金额	0	-	0	0	-	0	-	-	0	-	-	
	占比全店支付金额	-	-	0.00%	-	-	0.00%	-	-	0.00%	-	-	
内容种草	内容种草人数	0	-	21	0	-	23	-	-	0	-	-	
	种草粉丝人数	0	-	0	0	-	0	-	-	0	-	-	
人群沉淀	累计粉丝数	0	-	845	0	-	821	-	-	0	-	-	
内容引流	内容引导访客数	0	-	33	0	-	53	-	-	0	-	-	
	占比全店访客数	-	-	73.33%	-	-	81.54%	-	-	0.00%	-	-	

图4-2-8　内容看板（表格）

（7）看首页“运营视窗”中的“行业排名”，如图 4-2-9 所示。“行业排名”看板可以了解同类店铺排名、同类商品交易指数排名和搜索词排名，方便店铺了解店铺在整个行业的位置，有利于找到竞店，对标运营，与此同时，也可以及时发现行业爆品，有利于重新选择自己店铺的爆品，在搜索词方面，了解更多产品的热门搜索词，在商品标题和内容优化上增加热词，提升店铺产品的点击量和曝光量。

行业排行　　主营类目：自用闲置转让　　统计周期：2023-04-23 至 2023-04-29　　市场行情 >

店铺			商品			搜索词		
排名	店铺	交易指数	排名	商品	交易指数	排名	搜索词	搜索人气
1	乱七八乱七八糟	207,895	1	全新intel 酷睿i9-11900K	147,323	1	vgnn75	16,558
2	d[s33318097]	168,117	2	(粉丝价更优)沃尔玛卡密，山姆礼品卡1000 卡包/卡密	110,530	2	优酷会员--周卡	13,061
3	中国石化直充1	161,812	3	I7 12700T 低功耗 现货	92,085	3	电动车二手	11,111
4	玥玥摄影数码相机店	160,557	4	新品首发国行gopro10 special bundle套装	89,673	4	迅雷超级会员1天	10,396
5	凉瓜瓜的杂货铺	158,756	5	特价国行gopro11国行全新未拆封GoPro HERO10	83,768	5	我的评价	10,100

图4-2-9　行业排名

（8）看首页“服务视窗”中的“咨询看板”，如图 4-2-10 所示。“咨询看板”方便了解店铺的访客数、咨询人数、日均在线客服数和咨询率等信息，可以按照日、周、月进行横向比较分析，从中可以评估店铺活动的有效性，如果广告或活动有效，访客数和咨询人数必然增加，这时就可以加大投入，提升咨询数和访客数，再考虑进一步提高访客转化率来提高销量。

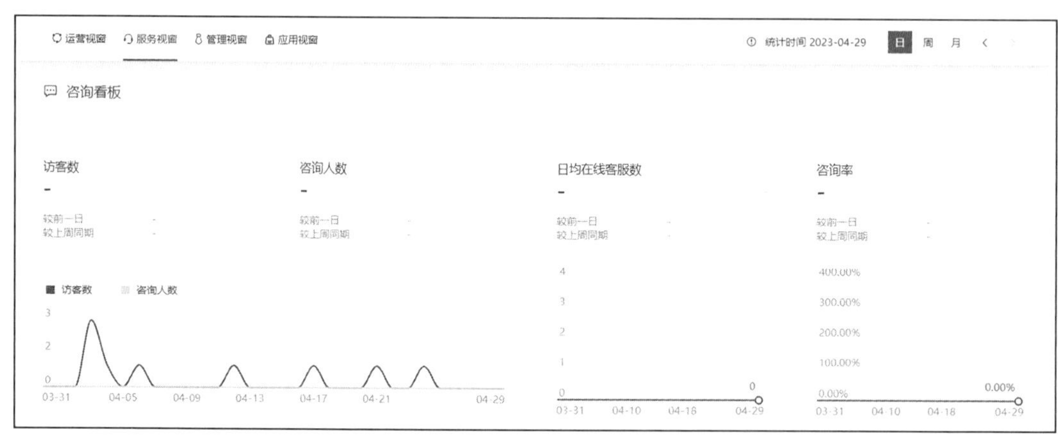

图4-2-10　咨询看板

（9）看首页“服务视窗”中的“评价看板”，如图 4-2-11 所示。“评价看板”利于分析店铺描述评分、卖家服务评分和物流服务评分，及时发现店铺运营的短板，从负面评价榜里发现某个商品或某类商品的负面评价多，及时调整或更换产品，降低差评率，提高店铺权重和排名。

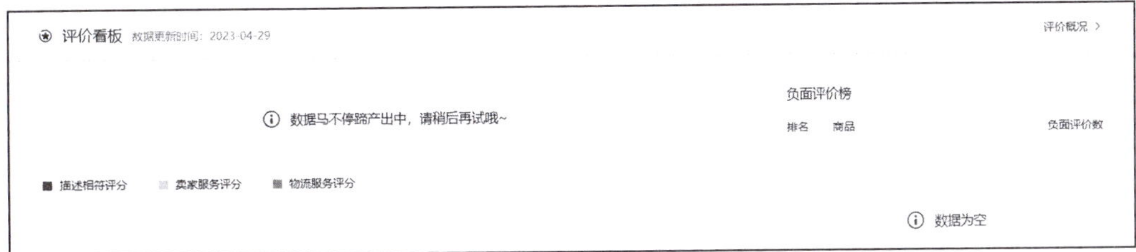

图4-2-11　咨询看板

（10）看首页“服务视窗”中的“退款看板”，如图 4-2-12 所示。“退款看板”能够及时发现退款率、成功退款金额、成功退款笔数和退款商品榜，及时发现问题商品。可以从商品品质、商品价格、商品服务等方面分析，通过优化商品，提升商品竞争力。

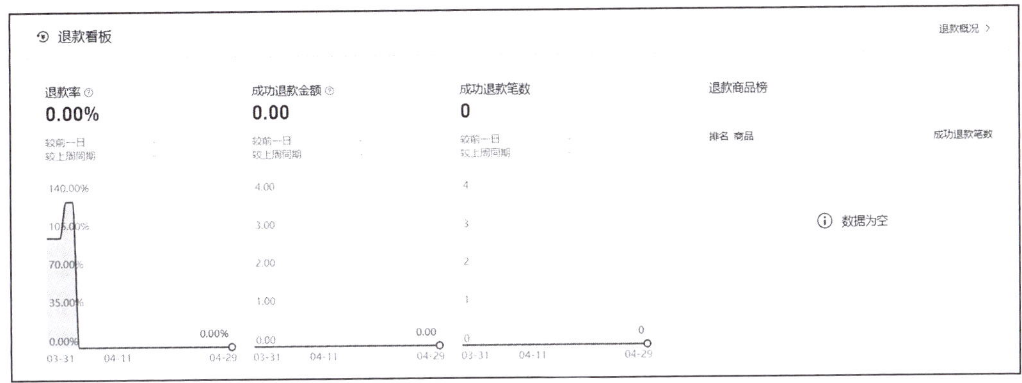

图4-2-12　退款看板

（11）看首页“管理视窗”中的“整体看板”，如图 4-2-13 所示。“整体看板”更多从销售目标、访客数等信息横向、纵向比较店铺运营效果，优化运营策略，不断提高店铺运营效果。

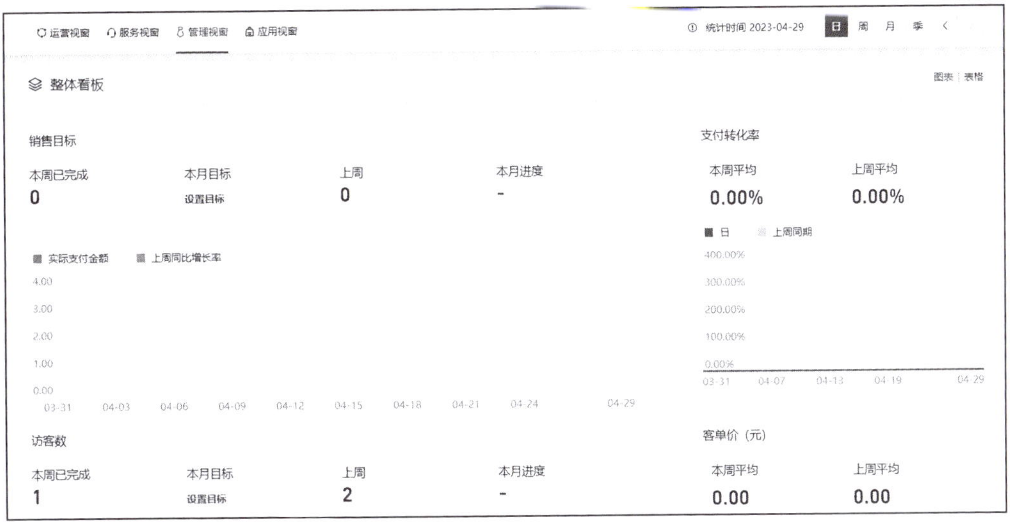

图4-2-13　管理视窗

（12）看首页中的“应用视窗”，“应用视窗”会链接到“应用市场”，如图 4-2-14 所示。系统会推荐一些常用的店铺管理工具，一般以付费为主，店铺主可以根据店铺运营需要选择适合的应用工具。

图4-2-14 应用视窗

（13）看“实时”中的“实时直播”，如图 4-2-15 所示。在“实时直播”中可以了解店铺的实时概况，从实时总览中，了解店铺的实时信息，进行店铺的战术调整，也方便了解相关行业排名。

图4-2-15 实时概况

（14）看“数据作战室”，如图 4-2-16 所示。“数据作战室”是围绕商家日常监控、活动营销、大促作战三大场景打造的实时数据分析平台，主要提供作战大屏、活动分析等数据服务。作战大屏可实时追踪经营动态，彰显企业数字化形象；活动分析可沉淀历史活动数据，深度分析聚划算、双十一、双十二等多种活动效果。

图4-2-16　“数据作战室”

（15）看“流量”，如图 4-2-17 所示。“流量”是店铺监控和分析的重要内容，在流量界面中除了可以了解流量总览，还可以了解有关流量的其他重要指标，比如人均浏览量、关注店铺人数、店铺页访客数，还包括短视频访客数和直播间访客数，是整个店铺所有流量的集合体，对于店铺优化和评估起到非常重要的作用。

流量　品类　交易　直播　内容　服务　营销　物流　市场　竞争　业务专区　自助分析　人群　学堂

统计时间 2023-04-30 23:02:09　　实时　1天　7天　30天　日　周　月　自定义

流量总览　　分时段趋势　所有终端

访问店铺　访客数 0　较前日同时段
访问商品　商品访客数 0　较前日同时段
转化　支付买家数 0　较前日同时段

访客数 0　较前日同时段
浏览量 0　较前日同时段
人均浏览量 0.00　较前日同时段
关注店铺人数 0　较前日同时段
直播间访客数 -　助力直播　较前日同时段
短视频访客数 -　较前日同时段
图文访客数 -　较前日同时段
店铺页访客数 -　较前日同时段

图4-2-17　“流量”

（16）看“品类”“交易”“直播”等板块，这些板块也是“生意参谋”的核心板块，对于店铺运营评估和优化起着重要的参谋作用。

第三步：用“百度统计”获取数据评估网络营销效果

“百度统计”是百度推出的一款免费的专业网站流量分析工具，能够告诉用户访客是如何找到并浏览用户的网站，在网站上做了些什么，有了这些信息，可以帮助用户改善访客在用户网站上的使用体验，不断提升网站的投资回报率。

基于百度强大的技术实力，百度统计提供了丰富的数据指标，此外，它的系统稳定、功能强大且操作简易。登录系统后按照系统说明完成代码添加，百度统计便可马上收集数据，为用户提高投资回报率提供决策依据。是提供给广大网站管理员免费使用的网站流量统计系统，帮助用户跟踪网站的真实流量，并优化网站的运营决策。目前百度统计提供的功能包括：流量分析、来源分析、网站分析等多种统计分析服务，更多统计分析服务将在后续推出。

（1）进入百度统计首页，如图 4-2-18 所示。

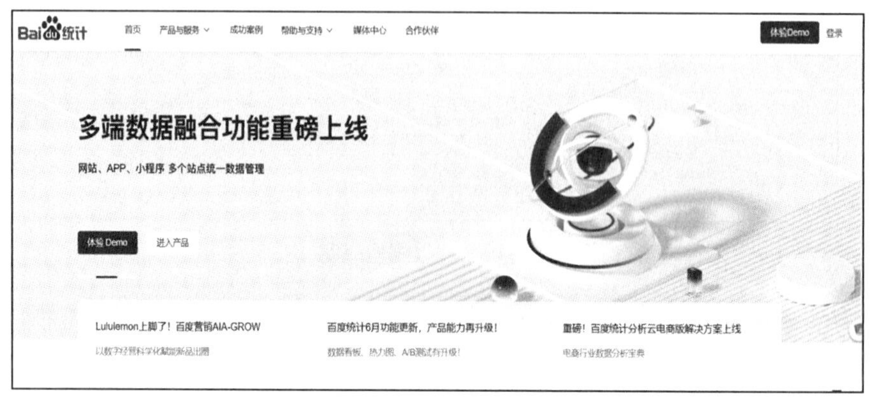

图4-2-18　百度统计首页

（2）在百度统计的“概况”栏目中看“网站概况”，以某网站为例，如图 4-2-19 所示，可以及时了解网站进入流量和昨日流量的比较，获取浏览量、访客数、IP 数、跳出率、平均访问时常等重要信息，方便企业调整网站内容。

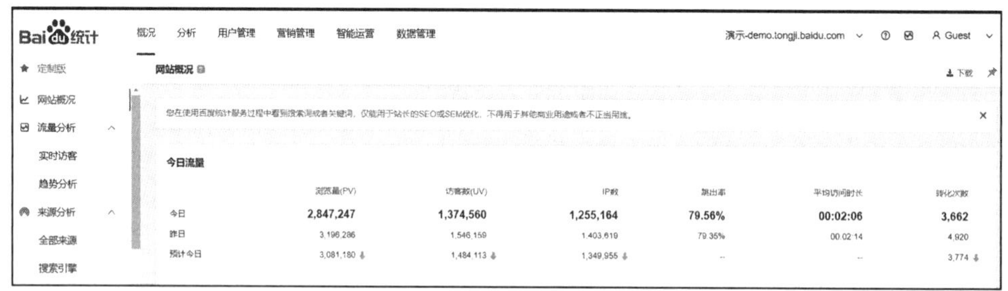

	浏览量(PV)	访客数(UV)	IP数	跳出率	平均访问时长	转化次数
今日	2,847,247	1,374,560	1,255,164	79.56%	00:02:06	3,662
昨日	3,196,286	1,546,159	1,403,619	79.35%	00:02:14	4,920
预计今日	3,081,180	1,484,113	1,349,955	--	--	3,774

图4-2-19　某网站概况

（3）看“网站概况”中的趋势图和搜索词，及时洞悉网站的变化。优化和调整搜索词和关键词，如图 4-2-20 所示。

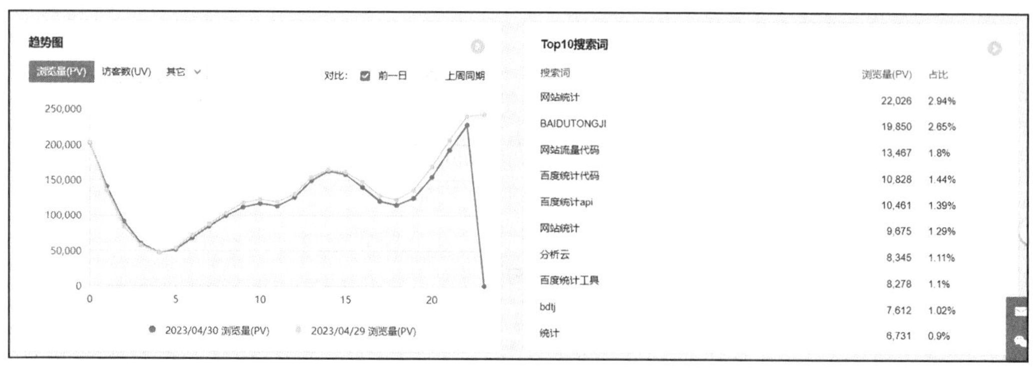

搜索词	浏览量(PV)	占比
网站统计	22,026	2.94%
BAIDUTONGJI	19,850	2.65%
网站流量代码	13,467	1.8%
百度统计代码	10,828	1.44%
百度统计api	10,461	1.39%
网站统计	9,675	1.29%
分析云	8,345	1.11%
百度统计工具	8,278	1.1%
bdtj	7,612	1.02%
统计	6,731	0.9%

图4-2-20　趋势图和搜索词

（4）看“网站概况”中的来源网站和入口页面，及时洞悉网站的入口来源，优化网站的推广策略，加大对前十流量入口的投入，如图 4-2-21 所示。

Top10来源网站

来源网站	浏览量(PV)	占比
百度	1,547,250	54.41%
直接访问	767,669	27%
https://demo.tongji.baidu.com/web/opt/speed	101,601	3.57%
神马搜索	67,964	2.39%
搜狗	67,874	2.39%
360搜索	65,222	2.29%
https://demo.tongji.baidu.com/sc-web/home/customevent	63,323	2.23%
https://demo.tongji.baidu.com/web/custom/subdir	34,770	1.22%
https://demo.tongji.baidu.com/sc-web/home/site/getjs	26,232	0.92%
其他	101,695	3.58%

Top10入口页面

入口页面	浏览量(PV)	占比
https://demo.tongji.baidu.com/sc-web/home/user/info	321,617	13.97%
https://demo.tongji.baidu.com/web/visit/attribute	77,358	3.36%
https://demo.tongji.baidu.com/analytics/conversion/overview	66,309	2.88%
https://demo.tongji.baidu.com/web/visit/type	64,602	2.81%
https://demo.tongji.baidu.com/sc-web/home/js/install	61,028	2.65%
https://demo.tongji.baidu.com/web/optes	47,028	2.04%
https://demo.tongji.baidu.com/web/optes	38,267	1.66%
https://demo.tongji.baidu.com/web/pro/hour	30,125	1.31%
https://demo.tongji.baidu.com/web/source/all	28,090	1.22%
https://demo.tongji.baidu.com/web/optes	26,409	1.15%

图4-2-21　TOP10来源网站和入口页面

（5）看“网站概况”中的受访页面和新老访客，及时洞悉网站的入口来源，了解新老访客占比，了解网站的黏性，及时调整网站内容，如图 4-2-22 所示。

Top10受访页面

受访页面	浏览量(PV)	占比
https://demo.tongji.baidu.com/sc-web/home/user/info	281,359	14.2%
https://demo.tongji.baidu.com/web/visit/type	63,613	3.21%
https://demo.tongji.baidu.com/analytics/conversion/overview	62,840	3.17%
https://demo.tongji.baidu.com/web/visit/attribute	57,481	2.9%
https://demo.tongji.baidu.com/sc-web/home/js/install	50,849	2.57%
https://demo.tongji.baidu.com/sc-web/home/subdir/create	36,188	1.83%
https://demo.tongji.baidu.com/sc-web/home/media	31,715	1.6%
https://demo.tongji.baidu.com/web/optes	26,848	1.36%
https://demo.tongji.baidu.com/web/visit/district	24,157	1.22%
https://demo.tongji.baidu.com/web/trend/history	22,703	1.15%

新老访客

	新访客	老访客
	55.15%	44.85%
浏览量	1429145	1418102
访客数	758023	616537
跳出率	77.59%	81.53%
平均访问时长	00:01:45	00:02:28
平均访问页数	1.46	1.46

图4-2-22　受访页面和新老访客

（6）看“网站概况”中的访客属性 - 年龄分布，及时洞悉网站访客的来源，访客的属性和特征，方便网站锁定目标群体，加大对目标市场的投入，如图 4-2-23 所示。

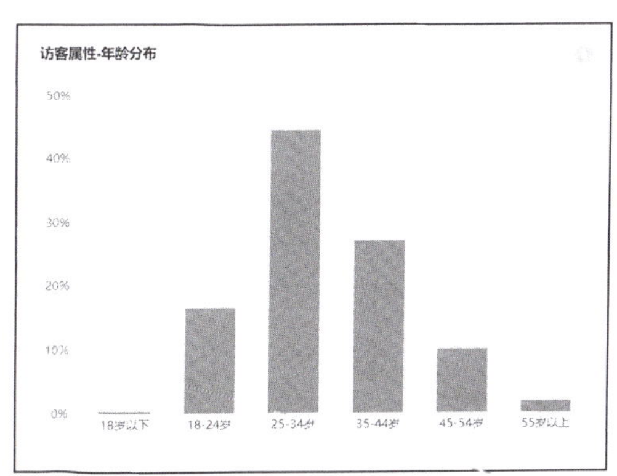

图4-2-23　访客属性-年龄分布

京东商智

商智是京东面向商家的一站式运营数据开放平台，如图 4-2-24 所示，提供全方位、路的数据解决方案。所有数据接口均经过严格校验，保障业务数据更通用、更精准。提完善专业的数据分析方案，多维度展示运营数据及行业现状。

图4-2-24　京东商智首页

平台的核心功能有以下几个方面：

1. 实时数据，即刻洞察

店铺实时数据汇总，大促运营作战阵地。实时销售、流量数据细分，任务进度精准把握。实时商品明细，实时成交转化，拆分细节，发现问题。实时大屏提升运营士气，烘托大促气氛。

2. 流量明细，深度解析

流量来源去向细分，付费、免费流量全覆盖，丰富的流量数量、质量、转化指标，支持评估引流效果。搜索排名，支持获取更准确的原始排名。

3. 商品表现，全面分析

全方位的商品表现数据。流量、销量、关注、加购、评价等数据的全面支持，单品流量来源、客户画像等深度解读，助力商品运营。

4. 交易转化，深度挖掘

订单明细、下单转化漏斗等数据全面汇总，多维度剖析交易构成，为客户制定营销策略提供合理的科学理论依据。

5. 行业态势，多维解读

行业特征实时掌握，数据多维解读，实时了解行业动态，跟踪 TOP 商家运营进展。类目、品牌、属性、客户数据全面开放，实时了解行业动态，跟踪 TOP 商家商品的运营进展，洞察行业客户的消费需求，为运营决策提供更全面的数据支持。

6. 竞争对手，全程跟踪

对竞店竞品的核心数据全程跟踪，知己知彼，良性角逐，洞悉流失问题，辅助精细化运营。

【任务小结】

目前网络营销效果的评估主要依赖数据分析，因为数据最能体现网络营销的效果，还能够及时了解访问量、转化率、回购率等重要指标，流量是网络营销成功与否的关键因素，所以电商运营人员要及时洞悉流量走向，采取多种措施办法提升流量，提高客户转化率，留住老顾客，店铺才会越做越好。获取运营流量的工具也很多，有些付费、有些免费，企业要根据自身运营实际情况，选择最适合自己平台。

【思考与练习】

某企业是一家生产薯片的企业，有自己的网站，希望通过网站推广企业的品牌和产品，公司网站运行一段后，网站运营人员对于“网站有多少人看？谁在看网站？停留多长时间？”等问题无法获悉和把握，网站运营人员亟需了解并优化网站内容布局。

请根据以上材料，结合调查研究，帮助运营人员解决以上问题。后附加任务单、执行单、评价单。

【任务单】
1.任务名称
根据案例情况，获取网站相关数据并提出优化建议。
2.达成目标
（1）确定数据分析平台或工具。 （2）确定获取数据指标。 （3）得到相应数据。 （4）做好数据分析。 （5）提出优化建议。
3.方法和建议
（1）开展相关调研。 （2）比较工作优缺点和适用性。 （3）有效获取数据并提出建议。
4.任务提交形式
分析报告或PPT 。

后反馈）

【执行单】
1.任务名称
根据案例情况，获取网站相关数据并提出优化建议。
2.任务执行的具体步骤
3.任务过程数据和结论
4.任务执行中的困难和反馈（实施之后反馈）

【评价单】

任务内容	分数占比	个人评价	小组评价	教师评价
任务分工	5			
团队合作	5			
任务执行	20			
任务结论	40			
方法能力	10			
计划能力	10			
任务汇报	10			

参考文献

[1] 冯英键 . 网络营销基础与实践 [M].5 版 . 北京：清华大学出版社，2016.
[2] 黄文莉 . 网络营销实务 [M]. 北京：机械工业出版社，2022.
[3] 邹益民 . 直播营销与运营 [M]. 北京：人民邮电出版社，2022.
[4] 徐骏骅 . 直播营销与运营 [M]. 北京：人民邮电出版社，2022.
[5] 刘凯 . 短视频与直播运营：微课版 [M]. 北京：人民邮电出版社，2022.
[6] 隗静秋，廖晓文，肖丽辉 . 短视频与直播运营：视频指导版 [M]. 北京：人民邮电出版社，2020.
[7] 瞿彭志 . 网络营销 [M].2 版 . 北京：高等教育出版社，2015.
[8] 付珍鸿 . 网络营销 [M]. 北京：电子工业出版社，2017.
[9] 杨韧，肖凯 . 搜索引擎优化 [M]. 北京：人民邮电出版社，2020.
[10] 陈广明 . 网络营销实战：数字教材版 [M].3 版 . 北京：中国人民大学出版社，2023.
[11] 庄小将，吴波虹 . 网络营销 [M]. 北京：中国人民大学出版社，2021.
[12] 尹万岭,李海刚. 网络环境下知识驱动的新产品开发的流程优化 . 研究与设计 [J]. 微型电脑应用，2008（9）：3-6.
[13] 宋俊骥 . 网络营销与策划实务 [M]. 北京：人民邮电出版社，2018.
[14] 范小青 . 网络营销 [M]. 北京：高等教育出版社，2016.
[15] 杨丽萍 . 网络营销基础与实践 [M]. 北京：教育科学出版社，2013.
[16] 秋叶 . 微信营销与运营 [M]. 北京：人民邮电出版社，2018.